Staatshaftung bei der Zulassung von Arzneimitteln

RECHT&MEDIZIN

Herausgegeben von den Professoren
Dr. Erwin Deutsch, Dr. Adolf Laufs, Dr. Hans-Ludwig Schreiber

Bd./Vol. 21

PETER LANG
Frankfurt am Main · Bern · New York · Paris

FRANZISKA KNOTHE

Staatshaftung bei der Zulassung von Arzneimitteln

PETER LANG
Frankfurt am Main · Bern · New York · Paris

CIP-Titelaufnahme der Deutschen Bibliothek

Knothe, Franziska:

Staatshaftung bei der Zulassung von Arzneimitteln / Franziska
Knothe. - Frankfurt am Main ; Bern ; New York ; Paris : Lang,
1990
    (Recht & [und] Medizin ; Bd. 21)
    Zugl.: Göttingen, Univ., Diss., 1989
    ISBN 3-631-42826-X

NE: GT

D 7
ISSN 0172-116X
ISBN 3-631-42826-X

© Verlag Peter Lang GmbH, Frankfurt am Main 1990

Printed in Germany 1   3 4 5 6 7

Vorwort

Diese Arbeit hat der Juristischen Fakultät
der Georg-August Universität im WS 1988/89
als Dissertation vorgelegen.
Die Dissertation entstand auf Anregung und
unter ständiger Förderung von Herrn Prof. Dr.
Erwin Deutsch, dem ich dafür herzlich danke.

Inhaltsverzeichnis

ABKÜRZUNGSVERZEICHNIS

a.A.	anderer Ansicht
a.a.O.	am angegebenen Ort
Abs.	Absatz
Abschn.	Abschnitt
AcP	Archiv für die civilistische Praxis
a.E.	am Ende
AgrarR	Agrarrecht
AIFO	Aids-Forschung
AK	Alternativkommentar
ALR	Allgemeines Landrecht für die Preußischen Staaten
Alt.	Alternative
AMG	Arzneimittelgesetz
Anh.	Anhang
Anm.	Anmerkung
Ann.intern.Med.	Annals of International Medicine
AöR	Archiv für öffentliches Recht
ArbstättVO	Arbeitsstättenverordnung
Art.	Artikel
AT	Allgemeiner Teil
Aufl.	Auflage
AufzVO	Aufzugsverordnung
Ausf.Gesetz	Ausführungsgesetz
AZT	3-Azido-3-Desoxythymidin
BAG	Bundesarbeitsgericht
BAnZ	Bundesanzeiger
BauO	Bauordnung
BauR	Zeitschrift für das gesamte öffentliche und zivile Baurecht
Bay.	Bayerisch
BayVBl	Bayerisches Verwaltungsblatt
BB	Betriebsberater
Bd.	Band
Begr.	Begründung

Beil.	Beilage
Berl.	Berliner
BGA	Bundesgesundheitsamt
BGB	Bürgerliches Gesetzbuch
BGBl	Bundesgesetzblatt
BGH	Bundesgerichtshof
BGHZ	Entscheidungen des Bundesgerichtshofs
BImSchG	Bundesimmissionsschutzgesetz
BK	Bonner Kommentar
BPI	Bundesverband der pharmazeutischen Industrie
bspw.	beispielsweise
BT	Besonderer Teil
BT-Drucksache	Bundestagsdrucksache
Bull.Wld.Hlth.	Bulletin of the World Health Organization
BVerfG	Bundesverfassungsgericht
BVerfGE	Entscheidung des Bundesverfassungsgerichts
BVerwG	Bundesverwaltungsgericht
BVerwGE	Entscheidung des Bundesverwaltungsgerichts
bzgl.	bezüglich
bzw.	beziehungsweise
DÄBl	Deutsches Ärzteblatt
DampfKVO	Dampfkesselverordnung
DAR	Deutsches Autorecht
DAZ	Deutsche Apothekerzeitung
DB	Der Betrieb
d.h.	das heißt
Diss.	Dissertation
DJT	Deutscher Juristentag
DMW	Deutsche medizinische Wochenschrift
DNÄ	Die Neue Ärztliche
DöV	Die öffentliche Verwaltung
DRIZ	Deutsche Richterzeitung
Drucks.	Drucksache
DVBl.	Deutsches Verwaltungsblatt

EGBGB	Einführungsgesetz zum BGB
EGHGB	Einführungsgesetz zum HGB
Einf.	Einführung
Einl.	Einleitung
Engl.	Englisch
e. V.	eingetragener Verein
FDA	Food and Drug Administration
ff.	fortfolgende
Fßn.	Fußnote
gem.	gemäß
Ges.	Gesetz
GVBl.	Gesetz und Verordnungsblatt
Gew.Arch.	Gewerbearchiv
GewO	Gewerbeordnung
GG	Grundgesetz
ggf.	gegebenenfalls
Gruch.Bd.	Gruchot's Beiträge zur Erläuterung des Deutschen Rechts
GVBl	Gesetz- und Verordnungsblatt
HAZ	Hannoversche Allgemeine Zeitung
Hess.	Hessisch
HGB	Handelsgesetzbuch
HIV	Human immunodeficieny virus
h.L.	herrschende Lehre
HPflG	Haftpflichtgesetz
i.d.F.	in der Fassung
i.S.d.	im Sinne des
i.V.m.	in Verbindung mit
JAMA	The American Journal of Medicine
JR	Juristische Rundschau
JuS	Juristische Schulung
JZ	Juristenzeitung
KF	Karlsruher Forum
KWG	Kreditwesengesetz

LM	Lindenmaier-Möhring
MDR	Monatsschrift für Deutsches Recht
Med.klin.	Medizinische Klinik
MMW	Münchener medizinische Wochenschrift
Müko	Münchener Kommentar
m.w.N.	mit weiteren Nachweisen
N.Engl.J.Med.	New England Journal of Medicine
NJW	Neue Juristische Wochenschrift
NuR	Natur und Recht
NVwZ	Neue Zeitschrift für Verwaltungsrecht
NW	Nordrhein-Westfalen
NZA	Neue Zeitschrift für Arbeitsrecht
öff. Anz.	öffentlicher Anzeiger
OLG	Oberlandesgericht
OVG	Oberverwaltungsgericht
PatG	Patentgesetz
PersonenbefG	Personenbeförderungsgesetz
PharmInd.	Pharmazeutische Industrie
PharmR	Pharmarecht
PharmZtg	Pharmazeutische Zeitung
Preuß.	Preußisch
Prot.	Protokolle
RdA	Recht der Arbeit
Rdn.	Randnummer
Rg.Begr.	Regierungsbegründung
RegBl.	Regierungsblatt
RG	Reichsgericht
RGRK	Das Bürgerliche Gesetzbuch, Kommentar
RGZ	Amtliche Sammlung von Entscheidungen des RG in Zivilsachen
Rspr.	Rechtsprechung

S.	Seite, Satz
s.o.	siehe oben
sog.	sogenannt
Sp.	Spalte
SprengG	Gesetz über explosionsgefährliche Stoffe (SpStoffG)
SJZ	Süddeutsche Juristenzeitung
StVZO	Straßenverkehrszulassungsordnung
s.u	siehe unten
u.a.	unter anderem
u.ä.	und ähnlich
Urt.	Urteil
u.U.	unter Umständen
VersR	Versicherungsrecht
Verw.Arch	Verwaltungsarchiv
VO	Verordnung
VG	Verwaltungsgericht
VerwR	Verwaltungsrecht
vgl.	vergleiche
VSSR	Vierteljahresschrift für Sozialrecht
VVDStRL	Veröffentlichungen des Vereins Deutscher Staatsrechtslehrer
WHG	Wasserhaushaltsgesetz
WM	Wertpapiermitteilungen
WRV	Weimarer Reichsverfassung
z.B.	zum Beispiel
ZfRV	Zeitschrift für Rechtsvergleich
ZRP	Zeitschrift für Rechtspolitik
Zshg.	Zusammenhang
z.T.	zum Teil

STAATSHAFTUNG BEI DER ZULASSUNG VON ARZNEIMITTELN

1. TEIL PROBLEMSTELLUNG

A. EINLEITUNG:

I. Problemaufzeigung

Die Frage nach der Staatshaftung für Arzneimittel muß auf den
ersten Blick überraschen, trägt doch der Arzneimittelhersteller die volle Verantwortung für die Unbedenklichkeit der von
ihm vertriebenen Produkte, § 84 Arzneimittelgesetz (AMG).
Diese Haftung des Herstellers rechtfertigt sich aus dem Umstand, daß Produktion und Vertrieb mit dem Ziel erfolgen, daraus kommerziellen Nutzen zu ziehen. Kaufmännischer Erfolg ist
in aller Regel auch mit Risiken verbunden, was im Arzneimit-
telbereich besondere Bedeutung dadurch erhält, daß Produkt-
schädigungen entweder von vornherein als vertretbare Nebenwirkungen in Kauf genommen werden, oder als nicht vorhergesehene
oder unvertretbare Produktrisiken vorkommen. In Anbetracht
dieser Risiken entspricht der Wahrnehmung der finanziellen
Chance bei der Herstellung und dem Vertrieb von Arzneimitteln
auch die Übernahme des wirtschaftlichen Risikos in Form des
Einstehenmüssens für Gefahren, die infolge mangelnder Sicherheit des Produktes entstehen.

Demgegenüber läßt sich eine Haftung des Staates nicht mit
kommerziellen Interessen des Staates begründen. Inwieweit
hier andere Gesichtspunkte, wie etwa die staatliche Pflicht
zur Fürsorge für die Gesundheit der Bürger, Einfluß gewinnen
und für eine Verantwortlichkeit oder Schadenersatzpflicht des
Staates sprechen können, ist Gegenstand dieser Arbeit.

Hinsichtlich des Schutzes der Bürger vor Arzneimittelschäden wurde noch bei Verabschiedung des ersten Arzneimittelgesetzes von 1961 davon ausgegangen, ein wirksamer Gesundheitsschutz sei dadurch gewährleistet, daß der Hersteller
und Vertreiber die Verantwortlichkeit für das Arzneimittel

trage.[1]) Die historische Entwicklung hat jedoch gezeigt, daß
der Staat sich hinsichtlich der Sicherung einer gefahrfreien
Versorgung der Bevölkerung mit Arzneimitteln nicht auf das
freie Spiel der Marktkräfte verlassen konnte. Der Contergan-
fall[2]), der ein halbes Jahr nach Inkrafttreten des Arzneimittelgesetzes 1961 aufgedeckt wurde, der Chloramphenicol-
fall[3]), der Menocil-[4]) und der Mexaformfall[5]), zwangen den
Staat dazu, die Frage nach der Verwirklichung einer umfas-

---

1) BT-Drucks. 3/654, S. 15.

2) Das Schlafmittel Contergan hat erwiesenermaßen zu irreparablen Nervenschäden und Mißbildungen bei Ungeborenen geführt. Ca. 2.500 miß-
gebildete und ca. 300 nicht lebensfähige Kinder wurden geboren (Böhm).
In den Vereinigten Staaten, die bereits 1938 mit dem Federal Food
Drug and Cosmetic Art ein materielles Zulassungsverfahren eingeführt
hatten, wurde der 1960 von dem Lizenznehmer Merell Company bei der
Food and Drug Administration (FDA) gestellte Antrag auf Zulassung des
thalidomidhaltigen Präparates Kevadon nicht stattgegeben, da die Behörde von der Unbedenklichkeit des Medikaments nicht überzeugt war.
So wurde u. a. eine Änderung des Etiketts und eine Vervollständigung
der Versuchsunterlagen sowie der Nachweis der Ungiftigkeit verlangt.
Nachdem die ersten Verdachtsmomente auf Mißbildungswirkung vorlagen,
wurde dann am 08.03.1962 der Zulassungsantrag zurückgenommen (vgl.
Deutsch, Rdn. 346).

3) Bei dem Arzneimittel Chloramphenicol, das Anfang der 50er Jahre zur
Therapie gegen bestimmte Infektionskrankheiten, u. a. gegen Typhus,
auf den Markt kam, wurde in verschiedenen Fällen nachgewiesen, daß
der Gebrauch dieses Mittels zu schweren Knochenmarkschädigungen, z. T.
mit tödlichem Ausgang, geführt hat (vgl. Herken, Internist 1973, 6
ff.)

4) Menocil war ein 1966 beim Bundesgesundheitsamt (BGA) registrierter
Appetitzügler, der seit 1968 in dem Verdacht stand, bei Patienten
Lungenhochdruck zu erzeugen. Allein in der Schweiz wurden ca. 400
Fälle pulmunaler Hypertonie registriert (vgl. Westphal, S. 206;
Aschenbrenner/Lewandowski, Internist 1973, S. 1 ff., 4).
Statistisches Zahlenmaterial über die Bundesrepublik Deutschland liegt
nicht vor. Eine systematische Erfassung in einem Stadtgebiet von Hannover ergab, daß von 731 mit Menocil behandelten Patienten 22 erkrankt
waren (vgl. Maier, S. 50).
In den Vereinigten Staaten wurde von der FDA die Zulassung unter Hinweis auf die nicht ausreichenden Prüfberichte versagt: "... keiner
der Berichte enthielt detaillierte Angaben über die allgemeinen Reak-
tionen des Organismus auf das Medikament: etwa Bluthochdruck, Messun-
gen der Leber- und Nierenfunktion oder Blutdruckveränderungen" (vgl.
Maier, S. 51).

5) Das zur Therapie gegen Verdauungsstörungen eingesetzte Medikament Me-
xaform führte im Falle der nicht sachgerechten, besonders übermäßigen
Einnahme zu gravierenden Nervenschäden (vgl. N.N. Arzneimittelunwesen:
Clioquinol, Arzneimittel-Brief 1975, 78 ff.).

- 3 -

senden Arzneimittelsicherheit, insbesondere was die Anforderungen an staatliche Kontrollen des Arzneimittelmarktes betrifft, neu zu überdenken.

In der historischen Gesamtschau des Arzneimittelrechts hat die Ausgestaltung staatlicher Regelmechanismen im Bereich der Arzneimittelversorgung im einzelnen folgende Entwicklung genommen:

Als am 01.10.1957 das Arzneimittel Contergan auf den Markt kam, gab es in Deutschland noch keine umfassende gesetzliche Regelung des Verkehrs mit Arzneimitteln. Es gab keine Bestimmungen über die industrielle Arzneimittelfertigung, keine Regelung der Arzneimittelkontrolle durch den Staat bei oder nach Einführung eines Arzneimittels. Die Verantwortung für Entwicklung und Produktion lag allein beim Arzneimittelhersteller. Die gesetzliche Regelung des Arzneimittelverkehrs beschränkte sich im wesentlichen darauf festzulegen, welche Apothekerwaren auf dem freien Markt außerhalb der Apotheken gehandelt werden durften[1], sowie eine Regelung der Gewinnspannen für in Apotheken abgegebene Arzneimittel[2] und der Werbung auf dem Gebiet des Heilmittelwesens.[3][4]

Das Arzneimittelgesetz von 1961, das am 16.05.1961 in Kraft trat[5] - ein halbes Jahr, bevor das Arzneimittel Contergan vom Markt genommen werden mußte, war für die Regelung des Arzneimittelrechts vor allem insoweit von weiterführender Bedeutung, als es eine Vereinheitlichung des Arzneimittelrechtes brachte.

---

1) § 6 Abs. 2 GewO i.V.m. der kaiserlichen Verordnung über den Verkehr mit Arzneimitteln v. 22.10.1901 und dem Gesetz über den Verkehr mit Betäubungsmitteln v. 10.12.1929.
2) § 80 Abs. 1 GewO.
3) Heilmittelwerbeverordnung von 1941.
4) Deutsch, Rdn. 344; Bernsmann, DAZ 1971, 1437; Hornung, Apotheken- u. Arzneimittelgesetzkunde, S. 60, 98; Landmann-Rohmer-Eyermann, GewerbeO Bd. 1, Einl. S. 3, § 80 Rdn. 1a; Sander-Scholl, Einf., S. 1 ff.
5) BGBl I, S. 533.

Die inhaltlichen Neuerungen des Gesetzes waren vor allem:
- §§ 1 bis 4 Definition des Arzneimittelbegriffs
- §§ 12 ff. Genehmigungspflicht der industriellen Herstellung
  von Arzneimitteln
- Kennzeichnungspflicht von Arzneimitteln
- Registrierungspflicht von Arzneimittelspezialitäten, §§ 21,
  22.

Wie der Conterganfall deutlich machte, waren diese Schritte
jedoch noch nicht ausreichend, Arzneimittelsicherheit zu gewährleisten und Gesundheitsschädigungen durch Arzneimittel zu
verhindern.

So war die beim Bundesgesundheitsamt (BGA) vorgeschriebene
Registrierungspflicht von Fertigarzneimitteln lediglich von
der Erfüllung bestimmter formeller Voraussetzungen abhängig,
beispielsweise der vollständigen Vorlage der erforderlichen
Unterlagen und der ordnungsgemäßen Ausfüllung eines Melde-
formulars.[1] Eine sachliche Prüfung durch das BGA war demge-
gegenüber jedoch nicht vorgesehen.[2] Sofern der Arzneimittelhersteller diese formellen Voraussetzungen erfüllte, war das
BGA verpflichtet, das Arzneimittel zu registrieren - unabhängig von den in den Unterlagen ausgewiesenen sachlichen Ergebnissen.[3]

Sogar für den Fall, daß sich für das BGA Zweifel an der sachlichen Richtigkeit der vorgelegten Untersuchungsergebnisse
ergaben, waren die Behörden verpflichtet, die Registrierung
vorzunehmen. Das BGA hatte in einem solchen Fall lediglich
die Möglichkeit, die Gesundheitsbehörden der Länder zu infor-
mieren; rechtlich verpflichtet war es dazu jedoch nicht und
hatte zudem auf die Umsetzung seiner Hinweise durch die Länder auch keinerlei Einflußmöglichkeiten.[4]

---

1) Deutsch, Rdn. 344; Bernhardt, AMG 1961, § 21 Rdn. 5 u. § 22 Rdn. 2;
   Kloesel-Cyran, AMG 1961, § 21 Rdn. 7; Marcetus, NJW 1961, 1143, 1145.
2) a.a.O
3) a.a.O
4) Kloesel-Cyran, AMG 1961, § 21 Rdn. 7; Marcetus, NJW 1961, 1143, 1145.

- 5 -

Als das BGA im Juni 1961 die Empfehlung an die Länder rich-
tete, das Arzneimittel Contergan unter Rezeptpflicht zu stellen, waren die Bundesländer mehrheitlich dieser Empfehlung bis zum 25. November 1961, als der Hersteller freiwillig den Verkauf von Contergan stoppte, noch nicht nachge-
kommen.[1]

Am 23.06.1961 wurde als erste Reaktion hierauf die sog. Con-
terganovelle erlassen. Eingeführt wurden die automatische
Verschreibungspflicht für neue Wirkstoffe sowie die Verpflichtung des Herstellers, schriftlich zu erklären, daß
die Arzneimittelspezialitäten entsprechend dem jeweiligen
Stand der wissenschaftlichen Kenntnisse ausreichend und sorgfältig geprüft worden seien (§ 21 Abs. 1a AMG 1961).[2]

Das BGA konnte danach die Registrierung eines Arzneimittels
ablehnen, wenn der Hersteller nicht eine ausreichende Prüfung und Erprobung nachgewiesen hatte.[3] Es verblieb jedoch
dabei, daß das BGA insoweit keine eigene Sachprüfung anstel-
len konnte; seine Prüfungskompetenz blieb auf die Überwachung der Einhaltung der formalen Zulassungskriterien beschränkt.[4]

Im Jahre 1968 wurde ein weiterer Fall bekannt, in dem es auf
Grund der Einnahme eines Arzneimittels zu schweren gesundheitsschädlichen Nebenwirkungen gekommen war. Der Hersteller
des Medikamentes Menocil, ein Appetitzügler, der 1966 beim
BGA registriert worden war, mußte das Mittel vom Markt
nehmen, da es unter dem Verdacht stand, Lungenhochdruck zu
verursachen.[5]

1969 wurde im Bundesministerium für Jugend, Familie und Ge-

1) Böhm, S. 13, 15.
2) 2. Gesetz zur Änderung des AMG vom 23.06.1964, BGBl. I, S. 365, 366.
3) Miller, S. 71 ff.; v. Kirchbach, S. 183.
4) Miller, S. 71, 72.
5) Westphal, S. 206; Maier, S. 51.

sundheit der "Beirat für Arzneimittelsicherheit" gegründet,
der sich erstmals mit der Ausarbeitung einer Richtlinie für
die Prüfung von Arzneimitteln befaßte, die am 11.07.1971 als
Verwaltungsvorschrift im Bundesanzeiger veröffentlicht wurde.[1]

Die Richtlinie verpflichtete das BGA zur Überprüfung der Re-
gistrierungsanträge auf bestimmte Sicherheitsstandards.[2]
Obwohl es sich bei dieser Richtlinie lediglich um eine Verwaltungsvorschrift handelte, die Bindungswirkung nur gegenüber dem BGA entfaltete, wurde sie von den Arzneimittelherstellern als verbindlich akzeptiert und befolgt.[3]

Am 24.08.1976 wurde das "AMG 1976" verabschiedet, das am
01.01.1978 in Kraft trat und eine umfassende Neuregelung des
Arzneimittelrechts brachte.[4] Kernstück dieses Gesetzes war
die Ersetzung des formellen Prüfungsverfahrens des BGA durch
ein materielles Zulassungsverfahren.[5] Danach muß nunmehr
jedes Fertigarzneimittel (Definition § 4 Abs. 1 AMG) vom BGA
zugelassen werden, bevor es in den Verkehr gebracht wird
(§ 21 Abs. 1 AMG).

Nach § 25 Abs. 1 und Abs. 2 AMG ist Voraussetzung für die
Zulassung, daß das Medikament in bezug auf Qualität, Wirksamkeit und Unbedenklichkeit den Anforderungen des § 1 AMG
entspricht und nach dem jeweiligen Stand der wissenschaftlichen Erkenntnisse ausreichend geprüft wurde (vgl. § 25
Abs. 2 Satz 1 Nr. 2 AMG). Der Nachweis ist vom Hersteller
durch Vorlage von Gutachten (§ 24 AMG) und Prüfungsunterlagen (§ 22 Abs. 2 AMG) beim BGA zu erbringen.[6] Das BGA
überprüft die eingereichten Unterlagen darauf, ob sie den

1) BAnz Nr. 113 v. 25.06.1971, S. 1 ff.
2) Plagemann, S. 22 m.w.N.; Sander-Scholl, Einf. S. 11
3) v. Kirchbach, S. 185; Henning, NJW 1978, 1671, 1672.
4) BGBl. I, S. 2445 ff.; Deutsch, Rdn. 347 ff.
5) Deutsch wie vor; Feiden, S. 15 ff.; Müller-Römer, S. 281; Schnieders, DAZ 1977, 1825, 1828 ff.
6) Vgl. hierzu unten 2. Teil A III 1. d. bb, S. 36 ff.

gesetzlichen Anforderungen entsprechen. Da für diese Prüfung
insbesondere bezüglich der analytischen Prüfung (§ 22 Abs. 2
Nr. 1 AMG), der pharmakologisch-toxikologischen Prüfung
(§ 22 Abs. Nr. 2 AMG) sowie der klinischen Prüfung insbesondere medizinischer und pharmakologischer Sachverstand
notwendig ist, hat das BGA nach § 20 Abs. 6 AMG vor jeder Entscheidung Zulassungskommissionen anzuhören, die sich aus vom
Bundesgesundheitsministerium berufenen Sachverständigen zusam-
mensetzen.

Es wird zu untersuchen sein, ob mit der Übernahme dieser materiellen Prüfungspflicht durch das BGA eine Übernahme der
materiellen Verantwortung gegenüber dem Verbraucher hinsichtlich Unbedenklichkeit, Qualität und Wirksamkeit von Arzneimitteln verbunden ist.[1]

Aber auch gegenüber dem Hersteller könnte der Staat gegebenenfalls für Pflichtverletzungen einstehen müssen, da mit
jeder Entscheidung im Rahmen des Zulassungsverfahrens ein
Eingriff in die unternehmerische Handlungsfreiheit verbunden
ist.

II. Umschreibung der Fragestellung

Die mögliche Verantwortung des Staates kann also in zwei
Richtungen weisen:

Zum einen können durch Fehlentscheidungen des BGA die Verbraucher verletzt werden, zum anderen kann es zu einer Schädigung des Herstellers kommen. Dementsprechend ist bei der
weiteren Untersuchung zu differenzieren nach möglichen Ansprüchen der Patienten bzw. des Herstellers gegenüber dem
BGA.

---

1) Deutsch, Rdn. 432; derselbe, VersR 1979, S. 658, 688; Wolter, DB 1976,
   S. 2001, 2005; Weitnauer, PharmInd., 1978, 425, 431; Kloesel, NJW
   1976, S. 1769, 1771; zum Britischen Recht, Teff/Munro, S. 47.

Ansprüche der Verbraucher können sich dabei aus einem gegen-
sätzlichen Aspekt ergeben, nämlich entweder daraus, daß vom
BGA entgegen § 25 AMG Arzneimittel zugelassen werden, oder
daraus, daß das BGA Arzneimittel, obwohl nach § 25 AMG keine.
Versagungsgründe vorliegen, nicht - oder verspätet - zuläßt.
Bei einer entgegen § 25 AMG erfolgten positiven Zulassungsentscheidung kann es zu einer Gesundheitsverletzung des Verbrauchers zum einen dadurch kommen, daß ein Arzneimittel zugelassen wird, das Qualitätsmängel aufweist oder das bei Gebrauch schädliche Nebenwirkungen hervorruft, die über ein
nach den Erkenntnissen der medizinischen Wissenschaft vertretbares Maß hinausgehen. Ferner kann eine Gesundheitsverletzung
des Verbrauchers dadurch eintreten, daß ein therapeutisch unwirksames Medikament zugelassen wird, das auf Grund seiner
therapeutischen Unwirksamkeit den Gesundungsprozeß verzögert
bzw. unter Umständen zu einer Verschlimmerung des Krankheitszustandes führt. Ebenso kann die Nicht- oder verspätete Zulassung eines therapeutisch wirksamen Medikamentes eine Gesundheitsverletzung des Verbrauchers dadurch hervorrufen, daß ihm
dieses therapeutisch wirksame Medikament vorenthalten wird.[1]
Entsprechendes gilt für Fehler bei der Rücknahme bzw. bei dem
Widerruf einer Zulassung.

Der Hersteller kann infolge der Zulassung eines gesundheits-
verletzenden oder therapeutisch unwirksamen Medikamentes Schädigungen dadurch erleiden, daß er sich Schadensersatzansprü-
chen der Verbraucher ausgesetzt sieht.[2] Bei Nicht- oder verspäteter Zulassung eines Medikaments trotz des Fehlens eines
Versagungsgrundes nach § 25 Abs. 2 AMG bzw. entgegen § 28
Abs. 3 AMG sowie im Falle der Rücknahme oder des Widerrufs
der Zulassung liegt der Schaden des Herstellers in der Nicht-
realisierbarkeit der Vermarktungschance.
Nachfolgend sollen daher untersucht werden,
- Ansprüche der Patienten aus der Zulassung bzw. Nicht- oder
  verspäteter Zulassung eines Arzneimittels

---

1) Bericht des Ausschusses für Jugend, Familie und Gesundheit, BT-Drucksache 7/5091, S. 6.
2) 2. Teil B I 1 b, S. 165.

- Ansprüche der Hersteller wegen Nicht- oder verspäteter Zulassung bzw. Rücknahme oder Widerruf der Zulassung eines Arzneimittels.

B. HAFTUNGSREGELUNG GEMÄSS ARZNEIMITTELGESETZ

I. Ausdrückliche Regelung der Herstellerhaftung im Arzneimittelgesetz

Das AMG enthält keine ausdrückliche Regelung der Staatshaftung bei der Zulassung von Arzneimitteln.
Ausdrücklich gesetzlich geregelt ist jedoch die Herstellerhaftung in § 84 AMG.
Es stellt sich die Frage, ob im Wege der analogen Anwendung aus § 84 AMG eine Haftung der Zulassungsbehörde BGA für Arzneimittelschäden hergeleitet werden kann. Der im Jahre 1976 mit der Neuregelung des AMG eingeführte § 84 AMG statuiert eine Gefährdungshaftung des Arzneimittelherstellers in den Fällen, in denen infolge der Anwendung eines zum Gebrauch bei Menschen bestimmten Arzneimittels, das im Geltungsbereich des Gesetzes an den Verbraucher abgegeben wurde und der Pflicht der Zulassung unterliegt oder durch Rechtsverordnung von der Zulassungspflicht befreit worden ist, ein Mensch getötet oder der Körper oder die Gesundheit eines Menschen nicht unerheblich verletzt worden ist.

Die Einführung der Gefährdungshaftung für Arzneimittelschäden erfolgte mit dem Ziel, die Rechtssituation der Verletzten zu verbessern. Der Gesetzgeber sah sich zu diesem Schritt aus der Erkenntnis veranlaßt, daß trotz des Strebens nach einer optimalen Arzneimittelsicherheit angesichts der nur schwer kontrollierbaren Arzneimittelrisiken, insbesondere was den Bereich der Entwicklung und Herstellung von Arzneimitteln betrifft, unvertretbare Arzneimittelschäden nicht absolut ausgeschlossen werden können.[1]

Da die Haftung des Arzneimittelherstellers bis zur Einfüh-

---

1) BT-Drucksache 7/3060, S. 43.

rung des § 84 AMG ausschließlich nach den Grundsätzen der Produzentenhaftung erfolgte, hatte der Geschädigte nur dann einen Anspruch gegen den Arzneimittelhersteller, wenn dieser
die Verletzung schuldhaft verursacht hatte.[1] Trotz der Um-
kehr der Beweislast[2] war dieser Beweis beispielsweise in den
Fällen seltener Nebenwirkungen eines Medikamentes nur schwer
oder gar nicht zu führen[3]; von vornherein ganz ausgeschlossen war die Haftung in den Fällen unvermeidbarer Fabrika-
tions-, Konstruktions- und Instruktionsfehler oder nach dem
Stand der wissenschaftlichen Erkenntnis ebenfalls unvermeidbarer Entwicklungsfehler.[4]

Die Haftung des Arzneimittelherstellers nach § 84 AMG, welche
allerdings nicht die Wirkungslosigkeit erfaßt und nur den ver-
brauchenden Patienten selbst schützt, tritt demgegenüber bereits unter folgenden Voraussetzungen ein:

1) Gebrauchshaftung, § 84 Ziff. 1 AMG

a) Voraussetzungen in der Person des Verletzten

Ein Schadensersatzanspruch entsteht nur bei Personenverlet-
zung, also Tötung, Gesundheits- oder Körperverletzung, wobei die Körper- und Gesundheitsverletzung nicht unerheblich
sein darf.[5] Unerheblich sind sozialadäquate Verletzungen,
die bei Gebrauch eines Arzneimittels hingenommen werden.[6]
Der Tod oder die Verletzung muß weiter infolge der Anwendung
eines bestimmten Arzneimittels erfolgt sein. Erforderlich
ist Kausalität im naturwissenschaftlichen Sinne, nicht er-

---

1) Deutsch, Rdn. 426 ff.; derselbe, unerlaubte Handlungen, Rdn. 388, 278.
2) BGHZ 51, 91, 104 ff.; Deutsch, unerlaubte Handlungen, Rdn. 274, 280.
3) LG Frankfurt, NJW 1977, 1108.
4) Deutsch, unerlaubte Handlungen, Rdn. 274.
5) Deutsch, Rdn. 415; Kloesel-Cyran, § 84, Rdn. 3; Kullmann, PharmaR 1981, 112 ff.
6) Deutsch, Haftungsrecht I, S. 230, 231.

forderlich ist adäquate Kausalität.[1]

b) Spezielle Arzneimittelvoraussetzungen

Die Arzneimittelschädigung muß bei bestimmungsgemäßem Gebrauch des Arzneimittels eintreten.[2]
Das Arzneimittel muß ferner schädliche Wirkungen haben, die über ein nach den Erkenntnissen der medizinischen Wissenschaft vertretbares Maß hinausgehen.[3] Entscheidend ist, ob unter medizinisch-wissenschaftlichen Aspekten der Schaden entweder generell oder im Einzelfall als nicht mehr erträglich angesehen werden kann.[4]
Dabei kommt es nicht nur auf allgemein anerkannte Regeln der Medizin an, sondern auf die wissenschaftlich-ärztliche Vertretbarkeit im jeweiligen Fall.[5]

Die schädliche Wirkung muß schließlich ihre Ursache im Bereich der Entwicklung oder der Herstellung des Arzneimittels haben.[6]

2) Instruktionshaftung gem. § 84 Ziff. 2 AMG

Die Haftung nach § 84 Ziffer 2 AMG tritt dann ein, wenn in Anwendung eines Arzneimittels der Schaden infolge einer nicht den Erkenntnissen der medizinischen Wissenschaft entsprechenden Kennzeichnung oder Gebrauchsinformation einge-

---

1) Deutsch, Rdn. 416 m.w.N.
2) Deutsch, Rdn. 419.
3) Deutsch, Rdn. 420.
4) Deutsch, Rdn. 420.
5) Deutsch, Rdn. 420; streitig ist, auf welchen Zeitpunkt für die Beurteilung der Frage abgestellt werden muß, ob die schädlichen Wirkungen über ein nach den Erkenntnissen der medizinischen Wissenschaft vertretbares Maß hinausgehen. Zeitpunkt der gerichtlichen Streitentscheidung: Deutsch, VersR. 1979, 685, 687; Kullmann, PharmaR 1981, 112, 115. Zeitpunkt Entwicklung und Inverkehrbringen des Arzneimittels: Sander-Scholl, § 84 Anm. 14; Weitnauer, PharmInd. 1978, 425, 427.
6) Deutsch, Rdn. 420.

treten ist. Die Kennzeichnung betrifft die in § 10 AMG aufgeführten Angaben. Gebrauchsinformationen sind die Angaben
über Dosierung, Art der Anwendung, Anwendungsgebiet, Neben-
oder Wechselwirkungen mit anderen Mitteln.[1]

II. Analoge Anwendung auf Staatshaftung

Eine analoge Anwendung des § 84 AMG auf den Fall der Zulassung eines Arzneimittels durch das BGA setzt voraus, daß es
für die Fallgestaltung an einer gesetzlichen Regelung fehlt
und es sich um wertungsmäßig gleichgelagerte Tatbestände handelt.[2]

Das Fehlen der gesetzlichen Regelung darf darüber hinaus
nicht auf einer bewußten Entscheidung des Gesetzgebers beru-
hen. Eine in einer bewußten Nichtregelung zu findende Entscheidung des Gesetzgebers stünde einer Ergänzung des Gesetzes nämlich auch dann entgegen, wenn diese Entscheidung
rechtspolitisch nicht billigenswert wäre.[3]

Um eine im Wege der Analogie ausfüllbare Gesetzeslücke handelt es sich daher nur dann, wenn sich das Fehlen einer gesetzlichen Regelung als eine planwidrige Unvollständigkeit
des Gesetzes darstellt.[4]

Für das AMG 1961 fand sich in den Gesetzesmotiven noch eine
ausdrückliche Aussage des Gesetzgebers dahingehend, daß er
die Verantwortung für Arzneimittel in vollem Umfang beim Hersteller und nicht beim Staat liegen sah und demzufolge die
Übernahme einer staatlichen Haftung ausdrücklich ausgeschlossen sein sollte, wie folgendes Zitat deutlich macht:

---

1) Deutsch, Rdn. 423.
2) vgl. zu den Voraussetzungen der Analogie, Larenz, S. 366.
3) Canaris, S. 33 ff.
4) Larenz, S. 358; Bydlinski, S. 473; Canaris, S. 16, 30, 39.

"Das Gesetz sieht nicht vor, daß die Arzneispezialitäten, welche zur Registrierung angemeldet werden müssen, auf ihre therapeutische Wirksamkeit geprüft werden. Desgleichen soll nicht die Frage geprüft werden, ob ein Bedürfnis für eine neu in den Verkehr zu bringende Arzneispezialität besteht. Erfahrungsgemäß kann ein Urteil über die Wirksamkeit eines Arzneimittels und damit auch über die Frage, ob ein Bedürfnis dafür besteht, erst nach sorgfältiger klinischer Erprobung und nach langjähriger Anwendung durch den Arzt abgegeben werden. Die Durchführung einer derartigen Prüfung würde aber zu einer erheblichen Verzögerung der Registrierung führen, was gegenüber den Herstellern nicht vertretbar erscheint. Auf der anderen Seite würde die Abgabe eines staatlichen Gutachtens über die Wirksamkeit eines Arzneimittels einer behördlichen Empfehlung für eine bestimmte therapeutische Anwendung des Mittels gleichkommen, was ebenfalls nicht vertretbar wäre."[1]

Bei den Beratungen zum AMG 1976 hat sich der Gesetzgeber demgegenüber nicht in dieser eindeutigen Form gegen eine Regelung der Staatshaftung ausgesprochen. Daß der Gesetzgeber sich dennoch auch bei der Verabschiedung des AMG 1976 ganz bewußt gegen die Einführung einer staatlichen Gefährdungshaftungsnorm entschieden hat, zeigen jedoch die folgenden Überlegungen:

Eine der zentralen Neuerungen des AMG 1976 ist die Konstituierung des materiellen Zulassungsverfahrens, dessen Einführung bei der Beratung zum AMG 1961 noch mit der oben zitierten Begründung abgelehnt worden war. Das Prinzip der materiellen Prüfung vor der Zulassung begründet jedoch Amtspflichten des BGA, die zu einer - allerdings verschuldensabhängigen - Haftung aus § 839 BGB i.V.m. 34 GG führen könnten.

---

1) BT-Drucksache 3/654, S. 15.

- 14 -

Die Tatsache, daß der Gesetzgeber es vor dem Hintergrund dieser Diskussion zum AMG 1961 gleichwohl unterlassen hat, eine
speziellere Haftungsregelung in das Gesetz mit aufzunehmen,
kann als Indiz dafür angesehen werden, daß dies nicht etwa
aus Unachtsamkeit versäumt, sondern vielmehr eine Entscheidung gegen die Einführung einer derartigen Haftungsregelung
getroffen wurde.
Auch aus den Motiven zur Entstehungsgeschichte des § 84 AMG
ergeben sich zahlreiche Hinweise, daß eine staatliche Haftung ganz bewußt nicht geschaffen werden sollte. Man sprach
sich im Gesetzgebungsverfahren vielmehr einmütig gegen eine
Garantiehaftung des Gesetzgebers für absolute Arzneimittelsicherheit aus, da sich aufgrund der unvermeidbaren Unsicherheit neuer Arzneimittel Risiken nie ausschließen
ließen.[1]

Der Conterganfall, der das Ausmaß der Gefahren, die für den
Verbraucher durch die Einnahme von Arzneimitteln drohen können, aufgezeigt und in das Bewußtsein der Öffentlichkeit gestellt hat, zwang zu einer Neuüberdenkung des Arzneimittelrechtes nicht nur, was den Bereich der Gefahrvorsorge und Ge-
fahrabwehr betrifft, sondern auch die Frage der Haftung für
Arzneimittelschäden wurde von Grund auf neu gestellt.

In der Begründung des Regierungsentwurfs, der sich für ein
völlig neues Haftungskonzept in der Form der Gründung eines
Versicherungsfonds aussprach, heißt es insoweit wie folgt:

"... die Erfahrungen aus dem Contergangeschehen haben
gezeigt, daß es nicht damit getan ist, die Arzneimittelsicherheit auf einen optimalen Stand zu bringen, sondern daß es
auch unerläßlich ist, den Menschen einen ausreichenden wirtschaftlichen Schutz angedeihen zu lassen, die trotz aller Vor-
kehrungen einen Arzneimittelschaden erleiden. Auch bei ei-

---

1) Bericht des Ausschusses für Jugend, Familie und Gesundheit, BT-Drucksache 7/5091 II 3, S. 7 und II 6, S. 9; Reg.-Begr. BT-Drucksache 7/3060,
Allgem. Teil, S. 43.

nem Höchstmaß an Arzneimittelsicherheit lassen sich Risiken, die mit Arzneimitteln verbunden sind, nicht absolut ausschließen. Das gilt vor allem für sogenannte Entwicklungsschäden. Darunter sind auch Schäden zu verstehen, die auf eine fehlerhafte Entwicklung eines Arzneimittels zurückzuführen sind. Das Arzneimittelrecht wird daher um Vorschriften erweitert, die die Institutionalisierung eines Arzneimittel-Entschädigungsfonds vorsehen. Dieser soll in einer Art Solidarhaftung der pharmazeutischen Unternehmer hauptsächlich für solche Arzneimittelschäden aufkommen, für die ein Verschulden nicht nachweisbar ist ...".[1]

Der Wortlaut der Regierungsbegründung sagt zwar nichts darüber aus, ob auch eine Auseinandersetzung mit der Frage der Begründung einer staatlichen Haftungsnorm stattgefunden hat. Jedoch spricht im Hinblick darauf, daß die Haftungsproblematik mit dem Ziel eines Entschädigungsfonds der Hersteller und nicht des Staates grundlegend neu überarbeitet wurde, eine Vermutung dafür, daß dieser Gesichtspunkt nicht lediglich übersehen wurde, sondern vielmehr eine spezielle Staatshaftung nicht in das Haftungskonzept umgesetzt werden sollte. Ein weiterer deutlicher Hinweis findet sich in den Unterlagen über die Beratungen zu dem Regierungsentwurf des AMG 1976.

So äußert sich der federführende Ausschuß für Jugend, Familie und Gesundheit nach Fertigstellung des Berichtes des Unterausschusses "Arzneimittelrecht", der mit der Vorbereitung eines Beschlußentwurfes betraut worden war, in seinem Abschlußbericht zu dem Komplex Haftung für Arzneimittelschäden wie folgt:

"Die doppelte Kontrolle eines materiellen Zulassungsverfahrens und eines funktionierenden Stufenplans zur systematischen Beobachtung, Sammlung und Auswertung von Arzneimittelrisiken wird die Zahl und die Schwere von Arzneimittelschä-

---

1) BT-Drucksache 7/3060, S. 43.

den nach Meinung des Ausschusses erheblich herabsetzen. Das
neue Arzneimittelgesetz kann dem Verbraucher jedoch keinen
absoluten Schutz garantieren .... Von dieser Erkenntnis ausgehend, teilt der Ausschuß einmütig die Auffassung der Bun-
desregierung, daß die Opfer eines Arzneimittelschadens auch
dann einen Rechtsanspruch auf Entschädigung erhalten sollen,
wenn ein schuldhaftes Verhalten weder im Verantwortungsbe-
reich des Herstellers noch in demjenigen der Zulassungsbehörde nachweisbar ist ...".[1]

Dieser Textauszug zeigt, daß von den an der Ausarbeitung des
AMG 1976 Beteiligten der Aspekt der Verantwortlichkeit der
Zulassungsbehörde gesehen wurde. Wenn trotzdem im Rahmen der
Erörterungen der Haftungsfrage auf diesen Gesichtspunkt
nicht abgestellt wurde, so kann dies nur als bewußte Ent-
scheidung gegen die Einführung einer schuldunabhängigen
Staatshaftung bei der Zulassung von Arzneimitteln gewertet
werden.

Hat der Gesetzgeber eine Bestimmung über die Gefährdungshaftung der Zulassungsbehörde somit ganz bewußt nicht in das Arzneimittelgesetz 1976 mit aufgenommen, dann scheidet die analoge Anwendung des § 84 AMG auf diese Fallkonstellation aus, da
das Gesetz in dieser Hinsicht nicht lückenhaft ist.

Außerdem ist zu berücksichtigen, daß § 84 AMG einen Gefähr-
dungshaftungstatbestand darstellt und daß im Bereich der Gefährdungshaftung eine Analogie ohnehin ganz überwiegend für
unzulässig gehalten wird.[2]

Für diese Ansicht wird angeführt, daß ein allgemeiner Ge-
fährdungshaftungstatbestand auf Grund zahlreicher anderer

---

1) BT-Drucksache 7/5091, S. 9.
2) BGHZ 54, 332, 336; 55, 229, 232; Wolff-Bachof, VerwR Bd. 1, S. 573,
   574; Salzwedel, AöR 1962, 82, 96 ff.; Schack, DöV 1961, S. 728
   ff., 733, 734; Jaenicke, VVDStRl 20, 135 ff., 176; Leisner, VVDStRl
   20, 185 ff.; Janssen, NJW 1962, 939, 944.

vorhandener Schadensersatzinstitute entbehrlich sei[1]), was
hier allerdings nicht zwingend erscheint, da es für die Frage
der Staatshaftung bei Arzneimittelzulassung gerade keine umfassende verschuldensunabhängige Haftungsregelung gibt.[2]

Nicht übersehen werden kann jedoch, daß die jeweiligen Rechtsvorschriften, die eine Gefährdungshaftung bestimmen, stets
ganz besondere, kaum zu verallgemeinernde, einzeln abgegrenz-
te Tatbestände - z. B. §§ 33, 53, 54 LuftVG, §§ 25, 26 AtomG
- erfassen.[3] Dabei werden regelmäßig dem besonderen Gefähr-
dungshaftungstatbestand angemessene, jeweils unterschiedliche
Haftungshöchstgrenzen angeordnet, was ebenfalls den Einzel-
fallcharakter unterstreicht.

Vor allem spricht gegen die Schaffung eines Gefährdungshaf-
tungstatbestandes im Wege der Analogie jedoch, daß in der
deutschen Rechtsordnung die Gefährdungshaftung jeweils eine
spezielle, ausnahmsweise Ergänzung der generell geltenden Verschuldenshaftung, die als Regel angesehen werden muß, darstellt. Auch insofern liegt also eine durch den Rechtsanwender zu schließende Lücke im Haftungssystem nicht vor.[4]

---

1) Janssen, S. 153 ff.; Wilke, S. 55 ff.; Ossenbühl, JuS 1971, S. 579
   ff.; ders., S. 173 m.w.N.
2) Vgl. zur verschuldensunabhängigen Haftung, 2. Teil B I 2, S. 167 ff.
3) BGHZ 55, 229, 232 ff.
4) BGHZ 55, 229, 232 ff.

2. TEIL: HAFTUNGSGRUNDLAGEN

A. ANSPRÜCHE DER VERBRAUCHER/PATIENTEN AUS AMTSHAFTUNG,
   § 839 Abs. 1 S. 1 BGB i.V.m. Art. 34 GG

Entsteht in Ausübung öffentlicher Staatsgewalt Dritten durch
Fehlverhalten eines Amtsträgers ein Schaden, so haftet der
Staat hierfür gem. § 839 BGB i.V.m. Art. 34 GG, wenn das Handeln sich als Verletzung einer diesen Dritten gegenüber bestehenden Amtspflicht darstellt und, sofern die Pflichtverletzung lediglich leicht fahrlässig verschuldet wurde, der Geschädigte nicht auf andere Weise Ersatz zu erlangen vermag.

Ob diese Voraussetzungen im Falle der Zulassungsentscheidung
vorliegen mit der Folge, daß eine staatliche Haftung aus Amtspflichtverletzung eingreift, soll nachfolgend zunächst für
die Ansprüche der Verbraucher bei Zulassung eines schädlichen
Arzneimittels untersucht werden.

I. Amtsträgerbegriff

Für die Haftung gemäß § 839 BGB i.V.m. 34 GG gilt der sogenannte haftungsrechtliche Beamtenbegriff. Maßgeblich ist die
nach außen wahrgenommene Funktion des Handelnden, nicht sein
persönlicher Rechtsstatus.[1] Beamter im haftungsrechtlichen
Sinn ist danach jeder, der in Ausübung eines öffentlichen Amtes hoheitlich tätig wird.[2]

---

1) Müko-Papier, § 839 Rdn. 110.
2) BGH in ständiger Rspr. BGHZ 2, 350, 351, Müko-Papier, § 839 Rdn. 110
   m.w.N.

II. Ausübung eines öffentlichen Amtes

Unter einem öffentlichen Amt ist jede dienstliche Betätigung
zu verstehen, die öffentlich-rechtliche Belange wahrnimmt und
dem Bereich der Hoheitsverwaltung zugerechnet werden kann.
Wesentlich ist, daß der Amtsträger ein Amt nach Maßgabe des
öffentlichen Rechts ausübt.[1]

Ob aufgrund öffentlich-rechtlicher Normen gehandelt wird, bestimmt die h.L. nach der Subjektstheorie[2]. Danach gehören
zum öffentlichen Recht die Rechtsnormen, bei denen Berechtigter oder Verpflichteter ausschließlich ein Träger hoheitlicher Gewalt ist.

Die zivilrechtliche Rechtsprechung[3] stellt demgegenüber auf
die Subordinationstheorie ab, nach der ein öffentlich-rechtli-
ches Rechtsverhältnis dann vorliegt, wenn zwischen den Beteiligten ein Über- und Unterordnungsverhältnis besteht.
Nach dem AMG ist der Staat berechtigt und verpflichtet, im
Interesse einer ordnungsgemäßen Arzneimittelversorgung von
Mensch und Tier für die Sicherheit im Verkehr mit Arzneimitteln Sorge zu tragen. Dieser Verpflichtung entsprechend trägt
gem. § 25 AMG der Staat die Verantwortung, nach Maßgabe eines
materiellen Prüfungsverfahrens nur die Medikamente zuzulassen, die die in § 25 Abs. 2 u. 3 AMG normierten Voraussetzungen erfüllen.

Die auf den Verpflichtungsadressaten abstellende Subjektstheorie kommt daher zu dem Ergebnis, daß die Zulassungsentscheidung in Anwendung öffentlichen Rechtes hoheitlich ergeht.

---

1) BGHZ 49, 108, 111, 112; Müko-Papier, § 839 Rdn. 110, 123.
2) Wolff-Bachof, VerwR Bd. II, S. 99.
3) BGHZ 14, 222, 227; 97, 312, 314; 102, 280, 283.

Aufgrund der dem Staat durch die Prüfungs- und Entscheidungs-
kompetenz gem. § 25 AMG eingeräumte rechtliche Überlegenheit
sowohl im Verhältnis zu dem antragstellenden Hersteller als
auch den Patienten kommt auch die Subordinationstheorie zu
diesem Ergebnis.

Die Entscheidung, ein Arzneimittel zuzulassen, ergeht daher
in Ausübung eines öffentlichen Amtes, da hierdurch eine
hoheitliche Funktion, die durch §§ 1, 25 ff. AMG begründete
rechtliche Pflicht des Staates, das Arzneimittelwesen zu regu-
lieren[1]), wahrgenommen wird.

Hoheitliches Handeln im Sinne Art. 34 GG liegt damit vor, so
daß der die Haftung des Staates betreffende Tatbestand insoweit erfüllt ist.

---

1) BVerfGE 7, 377, 414 ff. "Unbestritten ist, daß die Volksgesundheit
   ein wichtiges Gemeinschaftsgut ist, dessen Schutz Einschränkungen
   der Freiheit des Einzelnen zu rechtfertigen vermag; unbestritten
   auch, daß eine geordnete Arzneimittelversorgung zum Schutz der
   Volksgesundheit unumgänglich ist. Als 'geordnet' wird dabei eine
   Versorgung angesehen werden können, die sicherstellt, daß die ...
   benötigten Heilmittel und Medikamente ... in einwandfreier
   Beschaffenheit für die Bevölkerung bereitstehen ...". Badura, das
   Arzneimittelrecht im Interessenwiderstreit, S. 15 ff., 16; Leibholz,
   Arzneimittelsicherheit und Grundgesetz, S. 21; Deutsch, Rdn. 432;
   derselbe, 25 Jahre Karlsruher Forum, S. 93 ff., 97.

III. Amtspflichtverletzung

Weder § 839 BGB noch Art. 34 GG enthalten eine Aufzählung der
Amtspflichten, deren Verletzung eine Haftung gem. § 839 BGB
i.V.m. Art. 34 GG begründet. Eine Definition des Begriffs
Amtspflichtverletzung findet sich ebenfalls in keiner der beiden Normen. Der Begriff ist durch Rechtsprechung und Literatur im einzelnen näher ausgestaltet worden.[1]

Da mangels Rechtsbeziehung zwischen Amtswalter und Drittem
eine Pflichtenbeziehung des Amtswalters zunächst nur gegenüber dem Dienstherrn besteht, der Tatbestand des § 839 BGB
jedoch von "Amtspflichten gegenüber Dritten" spricht, sind
Amtspflichten im Sinne § 839 BGB alle Pflichten des Amtswalters, die Außenwirkung entfalten.[2] Im weitesten Sinne erfaßt der Begriff der Amtspflicht gem. § 839 BGB i.V.m. Art 34
GG danach die Pflicht des Amtswalters, jede gegenüber dem einzelnen bestehende Pflicht des Staates zu erfüllen und nicht
zu verletzen.

Die im Rahmen der Zulassungsentscheidung zu beachtenden
Pflichten des Staates ergeben sich aus § 25 AMG i.V.m. § 1
AMG.

1. Pflichtverletzung durch Zulassung eines Arzneimittels

Die durch einen Arzneimittelhersteller beantragte Zulassung
eines Arzneimittels muß erteilt werden, wenn keiner der in
§ 25 AMG aufgeführten Versagungsgründe vorliegt.[3]

Das BGA ist daher verpflichtet, die Voraussetzungen des
§ 25 AMG zu prüfen und die Zulassung nur bei Vorliegen ei-

---

1) Dagtoglou, Bk Art. 34, Rdn. 111 ff., 116 ff.; RGRK-Kreft, §§ 839, 146,
   147 ff.
2) Ossenbühl, S. 31; Bender, Rdn. 83.
3) Begr. BT-Drucksache 7/3060 zu § 25; Kloesel-Cyran, § 25 Rdn. 8

nes dieser Tatbestände zu versagen.

a) Vollständige Unterlagen gem. §§ 22 - 24 AMG, § 25 Abs. 2
   Nr. 1 AMG

Nach § 25 Abs. 2 Nr. 1 AMG ist die Zulassung eines Arzneimittels zu versagen, wenn der Hersteller die nach §§ 22 bis 24
AMG geforderten Angaben und Unterlagen nicht vollständig vorgelegt hat und dieser Mangel auch nach Setzung einer angemessenen Frist gem. § 25 Abs. 5 AMG nicht abgestellt wurde.

Das BGA verletzt diese ihm nach § 25 Abs. 2 Nr. 1 AMG auferlegte Prüfungspflicht, wenn es trotz nicht oder nicht
vollständig vorliegender Unterlagen nach §§ 22 bis 24 AMG ein
Arzneimittel zuläßt. Diese Pflichtverletzung dürfte in der
Praxis allerdings nur eine untergeordnete Rolle spielen und
soll hier nicht weiter vertieft werden, weil das gesamte Zulassungsverfahren auf einer Unterlagenprüfung (§ 25 Abs. 5
AMG) basiert, so daß das Fehlen von beizubringenden Unterlagen kaum unbemerkt bleiben kann.

b) Ausreichende Prüfung nach dem jeweils gesicherten Stand
   der wissenschaftlichen Erkenntnis, § 25 Abs. 2 Nr. 2 AMG

Nach § 25 Abs. 2 Nr. 2 AMG ist das BGA verpflichtet, Arzneimittel nur dann zuzulassen, wenn sie nach dem gesicherten
Stand der wisssenschaftlichen Erkenntnis ausreichend geprüft
worden sind.

§ 25 Abs. 2 Nr. 2 AMG enthält keine Definition des bei der
Prüfungsentscheidung zugrunde zu legenden Sicherheitsstandards. Die gewählte Bezugnahme auf technisch-wissenschaftliche Erkenntnisse ist jedoch eine im technischen Sicherheitsrecht gebräuchliche Form der Gesetzestechnik. Der Gesetzgeber verzichtet auf die Festlegung exakter - weil notwendig statischer - Normvorgaben, um statt dessen im Wege

der generalklauselartigen Verweisung auf technisch-wissenschaftliche Erkenntnisse eine Einbindung der Entwicklung von
Wissenschaft und Technik in die Rechtsanwendung zu erreichen.[1] Damit ist aber lediglich abstrakt die Pflicht zur Berücksichtigung der wissenschaftlichen Diskussion und damit
ein am wissenschaftlichen Erkenntnisstand orientiertes Prü-
fungsniveau festgelegt. Die Interpretationsproblematik, die
sich stellt, ist mit der Diskussion in anderen Rechtsgebieten
des sogenannten technischen Sicherheitsrechts vergleichbar,
in denen der Gesetzgeber eine Verweisung auf anerkannte Regeln der Technik[2], den Stand der Technik[3] und den allgemeinen Stand von Wissenschaft und Technik[4] vorgenommen hat. Dabei ist zu entscheiden, ob es sich bei der Verweisung auf den
gesicherten Stand der wissenschaftlichen Erkenntnis um eine
Bezugnahme auf die Wertung der medizinischen Fachkreise handelt, die der Rechtsanweder unreflektiert zu übernehmen hat,
oder ob er eine eigene Wertung - und wenn ja nach welchem Maßstab - vorzunehmen hat.

aa) Minimalkonsens der einschlägigen medizinischen Fachkreise

Ein möglicher Lösungsansatz könnte die Auslegung des gesicherten Standes der wissenschaftlichen Erkenntnis als Minimalkonsens der einschlägigen Fachkreise sein.[5]

---

1) Vgl. z. B. § 5 Nr. 2 BImSchG; § 7a I WHG.
2) § 17 II Nr. 1 SprengG; § 3 I S. 1 GerätesicherheitsG; § 7a I WHG;
   § 24 GewO und entsprechende Rechtsverordnungen, § 3 I S. 2 u. III S. 1
   BauO NW, Art. 3 I S. 3 BayBauO, § 3 I S. 4 HessBauO, § 3 I S. 4 Berl.
   BauO; § 3 I S. 3 Bad.WürttBauO, § 3 II Nr. 1 ArbstättVO, § 6 I
   DampfKVO, § 2 I AufzVO, § 2 I S. 3 HPflG.
3) §§ 3 VI, 5 I Nr. 2, 14 S. 2, 22 I Nr. 1 u. 2, 41 I, 48 Nr. 2 BImSchG;
   §§ 2 I S. 2 Nr. 4, 32 I S. 1 Nr. 16 LuftverkehrsG; § 21 PersonenbefG;
   §§ 43 I S. 1, 49 I StVZO; §§ 2 III, 3 IV StörfallVO; § 6 BDSG; § 5 II
   Nr. 3 SprengG.
4) §§ 4 II Nr. 3, 6 II Nr. 2, 7 II Nr. 3, 9 II Nr. 3, 9a I Nr. 2 AtomG;
   § 24 IV S. 2 GewO; § 22 S. 1 RöntgenVO; § 4 I Nr. 1 SprengG; §§ 6 I
   Nr. 5, 10 I Nr. 3, 19 I Nr. 5, 28 I Nr. 2, 28 III S. 3 Strahlenschutz-
   VO.
5) v. Kirchbach, S. 219.

Dies würde voraussetzen, daß es einen Kernbestand wissenschaftlicher Erkenntnisse in der medizinischen Wissenschaft
gibt, der unumstritten ist. Tatsächlich ist aber der medizinische Stand der wissenschaftlichen Erkenntnis dadurch gekennzeichnet, daß er pluralistisch strukturiert und durchgehend
kontrovers diskutiert wird. Dies betrifft nicht nur die Ursa-
chen- und Therapieforschung, sondern bereits die Grundsatzfragen nach der Methodologie medizinischer Forschung, was bedeutet, daß schon die Art und Weise, wie medizinische Erkenntnisse gewonnen werden, medizinisch-wissenschaftlich umstritten
ist.[1] Von einem für die Entscheidung mitunter komplizierter
medizinischer Sachverhalte auch nur annähernd ausreichenden
wissenschaftlichen Minimalkonsens kann also nicht ausgegangen
werden. Die Auslegung des gesicherten Standes der wissenschaftlichen Erkenntnis kann daher nicht unter Zugrundelegung
eines Minimalkonsenses der einschlägigen medizinischen Fachkreise erfolgen.

bb) Herrschende Meinung der einschlägigen Fachkreise

Der gesicherte Stand der wisssenschaftlichen Erkenntnis
könnte aber durch die herrschende Meinung der einschlägigen
Fachkreise gebildet und repräsentiert werden.[2]

---

1) Deutsch, Pluralität in der Medizin, S. 141, 142; Kriele, NJW 1976,
   S. 355, 356; v. Kirchbach, S. 218, 219 ff., 225; Schimanski, S. 8, 9,
   10 ff.; Baier, S. 15 ff.

2) Bestritten, dafür: u. a. Nicklisch, BB 1981, S. 505 ff., 509 ff; derselbe, NJW 1982, S. 2633 ff., 2640; derselbe NJW 1983, S. 841 ff., 846;
   derselbe in Nicklisch, Schottelius, Wagner, S. 67 ff., 83, 84; ähnlich
   Wagner, in Nicklisch, Schottelius, Wagner, S. 110, 111; derselbe, NJW
   1980, S. 665, 667; derselbe DÖV 1980, S. 269, 272; Sommer, S. 29, 38,
   39; Bullinger, GewArch 1982, S. 119, 121 (ChemikalienG); ausdrücklich
   bejahend zum AMG: Nicklisch, NJW 1982, S. 2633, 2641; Etmer-Lundt-
   Schiwy, AMG Im § 5 Anm. 2 b; Hasskarl-Kleinsorge, S. 13; ausdrücklich
   verneinend zum AMG: Kriele, NJW 1976, S. 355; derselbe, PharmaR 1979,
   S. 28;
   dagegen: u. a. BVerfGE 49, 89, 135 ff.; Marburger, S. 28 ff., 118 ff.;
   Rittstieg, S. 177 ff., 179; Sellner, BauR 1980, S. 391, 404; derselbe,
   7. Deutsches Atomrechtssymposium, S. 279; 173 ff.; Hansen-Dix, S. 180,
   181.

Für den Begriff "anerkannte" oder "allgemein anerkannte" Regeln der <u>Technik</u> ist nach völlig herrschender Meinung auf die
Mehrheitsauffassung der Experten abzustellen[1]), wobei für den
Begriff "anerkannte Regeln der Technik" neben der allgemeinen
Anerkennung durch die Mehrheit der Fachleute zusätzlich gefordert wird, daß die Mehrheitsauffassung diese Regeln nicht nur
als richtig, sondern auch als in der Praxis erprobt und
bewährt ansieht.[2])

Aufgrund der weitgehenden wörtlichen Übereinstimmung liegt es
trotz der Betonung des Tatbestandsmerkmals "gesichert" nahe,
den gesicherten Stand der wissenschaftlichen Erkenntnisse in
Anlehnung an die Auslegung dieses Begriffes zu interpretie-
ren. Aus den Motiven zum Arzneimittelgesetz 1976 ergibt sich
jedoch, daß der Gesetzgeber dem Begriff nicht diese Bedeutung
hat zulegen wollen.

So heißt es hierzu in dem Bericht des Ausschusses für Jugend, Familie und Gesundheit zum Regierungsentwurf, daß die
in § 24 Abs. 2 Nr. 2[3]) normierten Anforderungen nur an dem
jeweils gesicherten Stand der wissenschaftlichen Erkenntnisse
ausgerichtet sein dürften. Damit solle eindeutig fixiert werden, daß ein wissenschaftlicher Streit zwischen den verschiedenen therapeutischen Lehrmeinungen nicht dadurch entschieden
werde, daß sich die Zulassungsbehörde die wissenschaftlichen
Methoden und Denkansätze einer bestimmten Lehre zu eigen ma-
che und sie als den Stand der wissenschaftlichen Erkenntnisse
deklariere. Überall dort, wo der Stand der wissenschaftlichen
Erkenntnisse gerade durch Kontroversen zwischen den verschiedenen wissenschaftlichen Lehrmeinungen charakterisiert sei,

---

1) Plischka, S. 52 ff.; Breuer, AöR 1976, S. 46, 67 m.v.N.; Marburger,
   S. 12 m.w.N.; derselbe, Regeln, S. 145 ff.
2) Marburger, ebenda; Berg, 3. Deutschen Atomrechtssympsosium, S. 91, 93;
   Fischerhof, Deutsches Atomgesetz und Strahlenschutzrecht, § 7 Rdn. 17;
   Meyer, in Landmann-Rohmer, GewO I, § 24 Rdn. 29 ff.;
   Lukes, S. 49 ff., 54, 55.
3) Zählung des Entwurfs, entspricht § 25 Abs. 2 Nr. 2 AMG.

werde er als Maßstab für die Verkehrsfähigkeit eines Arzneimittels untauglich. Man dürfe nur den gesicherten Kernbereich
der wissenschaftlichen Erkenntnisse als Maßstab anlegen.[1]

Nach dem Willen des Gesetzgebers soll die Zulassungsentscheidung sich mit allen im Bereich der Wissenschaft vertretenen
Lehrmeinungen kritisch auseinandersetzen. Auch aus § 25
Abs. 6 AMG ergibt sich, daß die Auslegung des Begriffs gesicherter Stand der wissenschaftlichen Erkenntnis nicht nach
Maßgabe einer herrschenden Meinung in der medizinischen Wissenschaft erfolgen kann.[2] Vielmehr sollen alle vertretbaren
Denkanstöße und wissenschaftlichen Ansätze in die Beurteilung
einfließen.

Wann aber kann im Einzelfall von "gesicherter wissenschaftlicher Erkenntnis" gesprochen werden? Anhand welcher Kriterien
bestimmt sich der gesicherte Stand der wissenschaftlichen Erkenntnis?

cc) Alle wissenschaftlich vertretbar begründeten Erkenntnisse

Außerhalb des Arzneimittelgesetzes wird teilweise zum Begriff
"Stand der Wissenschaft" die Rechtsauffassung vertreten, der
Stand der wissenschaftlichen Erkenntnisse bilde sich aus
allen theoretischen Erkenntnissen, soweit diese mit ex-
perimentellen, statistischen oder sonst gebräuchlichen wissenschaftlichen Methoden sorgfältig überprüft und verifi-
ziert oder zumindest gegen Falsifizierung hinreichend abgesi-
chert sind.[3] Würde man dieser sehr weiten Auslegung fol-

---

1) BT-Drucksache 7/5091, S. 14/15
2) v. Kirchbach, S. 226; zur Wirksamkeitsprüfung Plagemann, S. 114 ff.,
   144 ff.; Schwerdtfeger, S. 40.
3) Atomrecht: BVerfG NJW 1974, S. 359, 363; Hansen-Dix, S. 104; Marburger, S. 25, 41 ff.; Czajka, DöV 1982, 99, 108; Bender, NJW 1979, S.
   1425, 1431; Breuer, DVBl 1978, S 829 ff., 835 ff.;

gen, wäre die Zulassung eines Arzneimittels bereits dann -
und damit relativ häufig - zu versagen, wenn sich nach irgendeiner vertretbaren wissenschaftlichen Ansicht Einwände gegen
die Zulassung etwa im Hinblick auf Qualität oder Unbedenklichkeit ergäben.

Ob mit dieser Auslegung der bei der Zulassungsprüfung nach
§ 25 Abs. 2 Nr. 2 AMG anzulegende Sicherheitsmaßstab zutreffend umschrieben ist, kann nur anhand der Zielsetzung des Arzneimittelgesetzes selbst entschieden werden.[1]

Nach § 1 AMG ist es Zweck des Arzneimittelgesetzes "... im
Interesse einer ordnungsgemäßen Arzneimittelversorgung von
Mensch und Tier für die Sicherheit im Verkehr mit Arzneimitteln, insbesondere für die Qualität, Wirksamkeit und Unbedenklichkeit der Arzneimittel zu sorgen."
Das Zulassungsverfahren ist zum Zwecke der gefährdungsfreien
Versorgung der Verbraucher mit Arzneimitteln eingeführt worden und die Zulassungsbehörde somit bei ihrer Entscheidung
dieser Zielrichtung verpflichtet.
So verfolgte der Regierungsentwurf zwar das Ziel, eine optimale Arzneimittelsicherheit zu verwirklichen und die Forderung
zu erfüllen, daß in Zukunft alle Arzneimittel die erforderliche Qualität, Wirksamkeit und Unbedenklichkeit aufweisen. Die
drei Kriterien sollten in einem solchen Maße den Wert eines
Arzneimittels charakterisieren, daß sie im Unterschied zum
vorherigen Recht als Voraussetzung für eine amtliche Zulassung statuiert wurden.[2] Der Ausschuß für Jugend, Familie

---

noch Fßn. 3, S. 26
   derselbe, der Staat, 1981, S. 393, 421; Vieweg, S. 218 ff.; Roth-Stielow, DöV 1979, 167, 168;
   Chemie: Kloepfer, ChemikalienG, S. 100; § 91 BetrVG ("gesicherte ar-
   beitswissenschaftliche Erkenntnisse): Ehmann, S. 31 ff., S. 51.

1) v. Kirchbach, S. 224, 225; Plagemann, S. 111 ff.; Murswieck, S. 553
   ff. (zu §§ 5 Nr. 1 u. 6 Nr. 1 BImSchG).

2) BT-Drucksache 7/3060, S. 43; vgl. auch v. Hippel, Verbraucherschutz,
   S. 72.

und Gesundheit verlangte in seinem Abschlußbericht, daß ein
Arzneimittel vom pharmazeutischen Unternehmer künftig nur
dann in den Verkehr gebracht werden dürfte, wenn dieser die
erforderliche Qualität, Wirksamkeit und Unbedenklichkeit des
Arzneimittels nachgewiesen habe.[2]

Eine Interpretation ausschließlich im Hinblick auf diesen
Schutzzweck würde dazu zwingen, eine Zulassung nur für solche Medikamente zu erteilen, bei denen eine Gefährdung für
Leben, Gesundheit und körperliche Unversehrtheit der Patienten völlig ausgeschlossen ist. Dies würde bedeuten, daß es unumgänglich wäre, sämtliche in der medizinischen Diskussion
vertretenen Auffassungen zu berücksichtigen mit der Folge,
daß die Zulassung bereits dann versagt werden müßte, wenn
auch nur nach einer der Lehrmeinungen wie auch immer begründete Zweifel an der Ungefährlichkeit eines Medikamentes bestehen.[2]

In der Praxis liefe dies darauf hinaus, daß Arzneimittel für
den Markt nur noch in den seltensten Fällen freigegeben werden könnten.[3] Damit bliebe jedoch ein Gesichtspunkt, der
ebenfalls Eingang in § 1 des AMG gefunden hat, völlig unberücksichtigt, nämlich die "Ordnungsgemäße Arzneimittelversorgung von Mensch und Tier". Dem Arzneimittelgesetz ist nämlich
denknotwendig auch ein Förderungszweck in dem Sinne immanent,
im Interesse eines funktionierenden Gesundheitswesens die Entwicklung und den Vertrieb von Arzneimitteln zu gewährleisten.
Anderenfalls wäre die Schaffung eines Arzneimittelgesetzes
überflüssig gewesen, man hätte den optimalen Gesundheitsschutz gegen Arzneimittelgefährdungen durch ein generelles

---

1) BT-Drucksache 7/5091, S. 5.
2) Diese Überlegung diskutiert zum Atomrecht Marburger, S. 36 ff.,
   39 ff., 47 ff.; Hanning-Schmieder, DB 1977, Beilage Nr. 14, S. 6 ff.,
   8; BVerfG NJW 1979, S. 359, 363.
3) v. Kirchbach, S. 202; zum Atomrecht ebenso Marburger, S. 41.

Verbot des Arzneimittelvertriebes sicherstellen können. Damit
wäre dann allerdings auch ein Verzicht auf den Einsatz und
die positive Wirkung moderner Arzneimittel bei der Heilung
und Linderung von Krankheiten verbunden gewesen, den niemand
ernsthaft wünschte.

Der Gesetzgeber hat sich durch Schaffung des Arzneimittelgesetzes zugleich für die Gewährleistung der Entwicklung und
des Vertriebes von Arzneimitteln entschieden und dies bei der
Zweckbestimmung des AMG 1976 in § 1 auch zum Ausdruck gebracht, indem er neben der Zielbestimmung der Gewährleistung
der Sicherheit für Mensch und Tier das Interesse an einer ordnungsgemäßen Arzneimittelversorgung festgeschrieben hat. Eine
ausschließlich am Förderungzweck orientierte Prüfungsentscheidung des BGA, die zur Folge hätte, daß für die Behörde im Rahmen der Sicherheitsprognose bei streitigem Diskussionsstand
in der medizinischen Wissenschaft im Interesse der Förderung
neuer Medikamententwicklungen lediglich die Auffassungen mit
den günstigsten Prognosen maßgeblich wären, wäre allerdings,
was kaum einer Begründung bedarf, ebenfalls unzulässig. Die
Schlußfolgerung, es bestehe ein Zielkonflikt Schutzzweck/För-
derungszweck, d. h. die Förderung neuer Medikamententwicklungen dem Gesundheitsschutz der Patienten nach sicheren Arzneimitteln entgegenstehe, wäre aber verfehlt. Damit bliebe außer
Betracht, daß auch der Förderungszweck, die Versorgung mit
Arzneimitteln zu gewährleisten, unter der Prämisse "zum Wohle
der Volksgesundheit" steht.

dd) Ergebnis

An erster Stelle der Prüfungsentscheidung muß daher der
Schutz des Patienten stehen. Dieser darf nur nicht so ausschließlich gesehen werden, daß die Neuzulassung von Arzneimitteln praktisch unmöglich würde.

Sofern auf wissenschaftliche Fakten und unstreitige Erfah-
rungssätze zurückgegriffen werden kann und die Gesundheitsgefährdung eines Arzneimittels danach feststeht, darf das Medikament nicht zugelassen werden.

Für die Beachtung des Förderzweckes des AMG ist insoweit kein
Raum.
Fehlen feststehende Erkenntnisse und wird eine wissenschaftliche These in den medizinischen Fachkreisen streitig diskutiert, muß der Prüfungsmaßstab dem Schutzzweck des Gesetzes
Rechnung tragen und auf der Grundlage aller wissenschaftlichen Lehrmeinungen gebildet werden.
Der Ausschuß für Jugend, Familie und Gesundheit in seinem Abschlußbericht insoweit wörtlich:
"Der Ausschuß hat dem Umstand Rechnung getragen, daß Fragen
der wissenschaftlichen Erkenntnis nicht nach Maßgabe einer
Mehrheitsentscheidung beantwortet werden können. Er ist vielmehr einmütig der Aufassung, daß die Pluralität der wissenschaftlichen Lehrmeinungen in der Arzneimitteltherapie auch
in den konkreten Entscheidungen über die Zulassung eines Arzneimittels ungechmälert zum Ausdruck kommen muß."[1]
Die Entscheidung der Prüfung ausschließlich am Schutzzweck
des Arzneimittelgesetzes auszurichten, führt nun aber, wie
dargelegt, zu unpraktikablen, dem Förderungszweck des Arzneimittelgesetzes, zur Sicherung der Gesundheitsfürsorge den Vertrieb von Arzneimitteln zu gewährleisten, entgegenstehenden
Ergebnissen.
Bei der Beurteilung der Prüfung muß daher der Gedanke des För-
derungszweckes mit eingreifen. Mit welchem Wirkungsgrad dies
zu geschehen hat, hat der Gesetzgeber in § 25 Abs. 2 Nr. 2
AMG selbst vorgegeben. Danach wird der Prüfungsmaßstab des
gesicherten Stands der wissenschaftlichen Erkenntnis durch
die Pluralität der Lehrmeinungen ge-bildet, die "Wissenschaftliche Erkenntnisse" enthalten. Der gesicherte Stand der wissenschaftlichen Erkenntnisse beinhaltet danach alle die Lehrmeinungen, die wissenschaftlich vertretbar, d. h. mit experi-
mentellen, statistischen oder sonst gebräuchlichen wissenschaftlichen Methoden ermittelte Sachaussagen treffen.

---

1) Bericht des Ausschusses für Jugend, Familie und Gesundheit, BT-Drucksache 7/5091, S. 7, zur Beurteilung der Wirksamkeit sowie BT-Drucksache
7/5091, S. 14/15, zum Beurteilungsmaßstab nach § 24 II Nr. 2; vgl. auch
v. Kirchbach, S. 218/222 ff., 225 und Plagemann, S. 114 ff., 118, 119,
zum Beurteilungsmaßstab Wirksamkeit; Lembeck, Therapiewoche 1973, S.
3832, 3835.

Zu prüfen ist danach der Aussagewert jeder Lehrmeinung nach
dem Maßstab der wissenschaftlich vertretbaren Begründetheit.
Die Zulassung eines Arzneimittels ist danach nach § 25 Abs. 2
Nr. 2 AMG zu bejahen, wenn wissenschaftlich vertretbar von
der ausreichenden Prüfung ausgegangen werden kann.[1] Gegentei-
lige Bewertungen nicht wissenschaftlich begründeter Theorien
bleiben unberücksichtigt.

Das BGA würde seine Prüfungspflicht nach § 25 Abs. 2 Nr. 2
AMG verletzen, wenn es die Zulassung eines Arzneimittels be-
jahte, obwohl wissenschaftlich vertretbar die ausreichende
Prüfung noch nicht feststeht.

c) Angemessene Qualität, § 25 Abs. 2 Nr. 3 AMG

Der für die Zulassung erforderliche Qualitätsnachweis liegt
vor, wenn das Arzneimittel die nach den anerkannten pharmazeutischen Regeln angemessene Qualität aufweist. Die Qualität
ist in § 4 Abs. 15 AMG definiert als die Beschaffenheit eines
Arzneimittels, die nach Identität, Gehalt, Reinheit, sonstiger chemischer, physikalischer, biologischer Eigenschaften
oder durch das Herstellungsverfahren bestimmt wird.[2]

Diese Definition differenziert somit zum einen nach den Eigenschaften des Arzneimittels, zum anderen nach der Herstellung.
Die Zulassungsbehörde prüft die Qualität anhand der Unterlagen über die analytische Prüfung nach § 22 Abs. 2 Nr. 1 AMG,
dem analytischen Gutachen § 24 Abs. 1 Nr. 1 AMG, den Angaben
über die Herstellung des Arzneimittels (§ 22 Abs. 1 Nr. 11
AMG) und den Angaben über die Art der Haltbarmachung, die
Dauer der Haltbarkeit (§ 22 Abs. 1 Nr. 14 AMG) und die Kon-
trollmethoden (§ 22 Abs. 1 Nr. 15 AMG).[3] Anzulegender Prüfmaßstab sind die anerkannten pharmazeutischen Regeln.

Für den Begriff "anerkannte Regeln" besteht Übereinstimmung,

---

1) Ebenso v. Kirchbach zu § 25 Abs. 2 Nr. 4 AMG, S. 222 ff.
2) Kloesel-Cyran, § 4 Rdn. 35.
3) Kloesel-Cyran, § 25 Rdn. 23.

daß der Kontrollmaßstab durch die Mehrheitsauffassung der
Sachexperten bestimmt wird.[1]
Auch der Prüfungsmaßstab der anerkannten pharmazeutischen Regeln im Sinne § 25 Abs. 2 Nr. 3 AMG kann nur in diesem Sinne
verstanden werden. Denn die Formulierung "anerkannte Regeln"
weist auf eine Mehrheitsauffassung hin. Außenseiter- oder Min-
dermeinungen können "anerkannte Regeln" nicht bilden. Immer
erst dann, wenn zwischen streitig diskutierten Lehrauffassungen ein Konsens erzielt wurde, kann von einem die mehrheit-
liche Zustimmung kompetenter Fachleute bildenden anerkannten
Wissensstand gesprochen werden. Auch nur so verstanden ist
der Prüfmaßstab für den Rechtsanwender praktikabel, da nur in
den wissenschaftlichen Fachkreisen selbst bei streitigem Diskussionsstand beurteilt werden kann, ob eine Sachfrage nach
Meinung der Fachexperten zum anerkannten Wissensstand gehört.

Eine Konkretisierung des Qualitätsmaßstabes enthält das Arz-
neibuch, das gem. § 55 Abs. 2 AMG vom Bundesminister des In-
nern durch Rechtsverordnung mit Zustimmung des Bundesrates
herauzugeben ist und nach den jeweiligen wissenschaftlichen
Erkenntnissen zu ändern oder zu ergänzen ist, soweit dies im
Interesse einer ordnungsgemäßen Arzneimittelversorgung erforderlich ist.
Eine fehlerhafte Zulassungsentscheidung nach § 25 Abs. 2 Nr.
3 AMG läge daher vor, wenn das BGA sich bei der Beurteilung
der Qualität als angemessen auf pharmazeutische Regeln
stützt, die in pharmazeutischen Fachkreisen nicht anerkannt
sind und nach dem anerkannten pharmazeutischen Wissensstand
die Qualität nicht als angemessen bewertet werden kann.

d) Therapeutische Wirksamkeit, § 25 Abs. 2 Nr. 4 erste Al-
    ternative AMG

aa) Begriff der "Wirksamkeit"

Nach § 25 Abs. 2 Nr. 4 erste Alternative AMG ist die Zulassung zu versagen, wenn dem Arzneimittel die vom Antragsteller

---

1) Marburger, S. 12 m.w.N.

angegebene therapeutische Wirksamkeit fehlt. Wie zu § 25 Abs.
2 Nr. 2 AMG enthält das Arzneimittelgesetz keine nähere Konkretisierung dieses unbestimmten Rechtsbegriffs.
Das Attribut "therapeutisch" stellt klar, daß die Wirksamkeit
von Arzneimitteln an der therapeutischen Zielsetzung zu mes-
sen ist. Wirksamkeit bedeutet danach "therapeutischer Heilungserfolg bei kranken oder präventive Wirkung bei gesunden
Menschen", d. h. also Heilung, Besserung eines Zustandes oder
Befindens oder Verhinderung einer Reaktion oder Komplikation.
Therapeutische Wirksamkeit i.S. § 25 Abs. 2 Nr. 4 erste Alternative AMG ist somit indikationsbezogen die Eignung des Arzneimittels, bei bestimmungsgemäßem Gebrauch therapeutische
Erfolge zu erzielen.[1]
Die Prüfung des BGA im Rahmen des § 25 Abs. 2 Nr. 4 erste Alternative AMG geht dahin festzustellen, ob dem zur Zulassung
anstehenden Medikament die Wirksamkeit "fehlt". Unstreitig
fehlt die Wirksamkeit, wenn die nach § 22 Abs. 3 AMG vorgelegten Ergebnisse über die klinische Prüfung und das Sachverstän-
digengutachten nach § 24 Abs. 1 AMG ergeben, daß das Arzneimittel den beabsichtigten therapeutischen Erfolg nicht bewirkt.

Nach Plagemann fehlt die Wirksamkeit auch dann, wenn die medizinische Brauchbarkeit der vom Antragsteller dokumentierten
Versuchsergebnisse zu bemängeln ist.[2] Zur Begründung führt
Plagemann an, daß der Vorschrift jeglicher Inhalt genommen
würde, wenn man den Anwendungsbereich des § 25 Abs. 2 Nr. 4
erste Alternative AMG auf Fälle total unwirksamer Präparate
beschränkte. Solche Fälle spielten in der Praxis nämlich ohnehin keine Rolle, da der Anmelder damit allenfalls demonstrie-
ren würde, daß er eine Fehlinvestition getätigt habe.[3]

Es ergäbe keinen Sinn anzunehmen, die Wirksamkeit sei zwar
methodisch einwandfrei begründet i.S. § 25 Abs. 2 Nr. 4 zwei-

---

1) Kloesel-Cyran, § 25 Rdn. 27.
2) Plagemann, S. 79.
3) Plagemann, S. 73.

te Alternative AMG - die Prüfung dieses Versagungsgrundes gehe ja der Prüfung des § 25 Abs. 2 Nr. 4 erste Alternative AMG
voraus -, gleichzeitig fehle sie aber, und zwar vollständig.[1] Die erste Alternative des § 25 Abs. 2 Nr 4 AMG entspreche zudem wörtlich Art. 5 und 11 der 1. EG-Richtlinie[2], deren Zielsetzung, ebenso wie die des Arzneimittelgesetzes, es
sei, die Zulassung eines Arzneimittels zum Markt von einer
Nutzen/Risikoanalyse abhängig zu machen. Diese Interpretation stehe auch nicht im Widerspruch zu § 25 Abs. 2 Satz 3
AMG. Mit der Einführung des § 25 Abs. 2 Satz 3 AMG trage der
Gesetzgeber lediglich dem von Vertretern der Naturheilkunde-
verfahren geäußerten Bedenken Rechnung, daß der Wirksamkeitsnachweis zu einer Verdrängung homöopathischer, phytotherapeu-
tischer und antroposophischer Medikamente führen könne. § 25
Abs. 2 Satz 3 AMG stelle nämlich klar, daß die Wirksamkeit
eines Arzneimittels immer nur in Relation zu den schon vorhandenen therapeutischen Möglichkeiten ermittelt und nachgewiesen werden könne.[3] Die Wirksamkeit fehle also, wenn das neue
Medikament den Vergleich zu vorhandenen Standardtherapien
nicht bestehe, immer aus der Sicht desjenigen, der später mit
dem Mittel praktisch arbeiten müsse.[4]

Dieser Auffassung ist insoweit zuzustimmen, als für die Versa-
gung der Zulassung die erste Alternative des § 25 Abs. 2 Nr.
4 AMG tatsächlich leerläuft, weil die Zulassung nach § 25
Abs. 2 Nr. 4 zweite Alternative AMG bereits mangels ausrei-
chender Begründung der Wirksamkeit versagt werden kann.[5]
Gleichwohl ist diese Bestimmung jedoch nicht "sinnentleert".
Denn die erste Alternative des § 25 Abs. 2 Nr. 4 AMG ist von
Bedeutung für die Verlängerung sowie Rücknahme und Widerruf

---

1) Plagemann, S. 73.
2) Plagemann, S. 77, 78.
3) Plagemann, S. 78.
4) Plagemann, S. 78/79.
5) Klosel-Cyran, § 25 Rdn. 41.

der Zulassung.[1]) Sowohl für Verlängerung als auch Rücknahme und Widerruf der Zulassung gem. § 31 Abs. 3 AMG i.V.m. § 30 Abs. 1 S. 2 AMG i.V.m. § 25 Abs. 2 Nr. 4 AMG und § 25 Abs. 2 S. 3 AMG ist die Prüfung des 'Fehlens der Wirksamkeit' nach § 25 Abs. 2 Nr. 4 erste Alternative AMG Voraussetzung. Der Gesetzgeber hat dies in der Systematik des Arzneimittelgesetzes dadurch deutlich gemacht, daß er für die Prüfung dieser Voraussetzungen auf § 25 Abs. 2 Nr. 4 erste Alternative AMG Bezug nimmt.[2])

Der Regelungsinhalt des § 25 Abs. 2 Nr. 4 erste Alternative AMG erfaßt daher nicht nur die Zulassungsentscheidung, sondern auch die Entscheidung über die Verlängerung, die Rücknahme und den Widerruf der Zulassung. Der Prüfung nach § 25 Abs. 2 Nr. 4 erste Alternative AMG kommt daher im Rahmen der Entscheidung nach § 31 Abs. 3 AMG i.V.m. § 30 Abs. 1 S. 2 AMG i.V.m. § 25 Abs. 2 Nr. 4 AMG und 25 Abs. 2 Satz 3 AMG eigenständige Bedeutung zu. Die weite Auslegung des Begriffs "Fehlen" der Wirksamkeit steht auch im Widerspruch zu der Regelung des § 25 Abs. 2 Satz 3 AMG, der ausdrücklich besagt, daß die Wirksamkeit fehlt, wenn feststeht, daß sich mit dem Arzneimittel keine therapeutischen Ergebnisse erzielen lassen. Das Gesetz selbst gibt damit die Auslegung des Begriffs "Fehlen" der Wirksamkeit vor. Mit dieser Gesetzesdefinition ist die Interpretation, die Wirksamkeit fehle, wenn das neue Medikament den Vergleich zu vorhandenen Standardtherapien nicht bestehe, nicht zu vereinbaren. Nach § 25 Abs. 2 Nr. 4 erste Alternative AMG ist die Zulassung zu versagen, wenn das Arzneimittel keine Wirksamkeit aufweist. Nach der weiteren Begriffsauslegung wäre sie auch dann zu versagen, wenn das Medikament zwar den Wirksamkeitsnachweis erbringt, der therapeutische Nutzen aber unter dem vorhandener Standardtherapien liegt.

---

1) Kloesel-Cyran, § 25 Rdn. 41; v. Kirchbach, S. 213; Schwerdtfeger, S. 42.
2) Wie vor, Fßn. 1.

Diese weite Definition des Fehlens der Wirksamkeit würde daher Arzneimittel von der Zulassung ausschließen, für die nach
§ 25 Abs. 2 Nr. 4 erste Alternative AMG die Zulassung zu erteilen ist. Dieser Interpretation kann daher nicht gefolgt
werden. Das BGA ist demnach nur dann gem. § 25 Abs. 2 Nr. 4
erste Alternative AMG verpflichtet, die Zulassung zu versagen, wenn feststeht, daß das Arzneimittel keine therapeutische Wirksamkeit aufweist.

Eine Verletzung dieser Prüfungspflicht des BGA ist zunächst
in der Weise denkbar, daß das Amt sich über diesen Prüfungsmaßstab hinwegsetzt und ein Medikament zuläßt, obwohl feststeht, daß es nach wissenschaftlich vertretbaren Erkenntnissen nicht therapeutisch wirksam ist.

bb) Verteilung des Nachweisrisikos

Zu klären bleibt ferner, ob das BGA seine Prüfungspflicht
gem. § 25 Abs. 2 Nr. 4 erste Alternative AMG auch dann verletzt, wenn es im Falle der Nichterweislichkeit der Wirksamkeit eines Medikaments eine Zulassungsverfügung erläßt.
Das in dieser Fallkonstellation angesprochene materielle Be-
weislastproblem wird in Rechtsprechung und Literatur unterschiedlich beantwortet.

Das Bundesverwaltungsgericht und Teile der Literatur vertreten unter Hinweis auf § 25 Abs. 2 Satz 3 AMG die Auffassung,
das BGA habe den Nachweis des Fehlens der Wirksamkeit zu führen und sei daher im Falle der Nichterweislichkeit der Wirksamkeit zur Zulassung verpflichtet.[1] Denn bei bestehenden
Zweifeln stehe nicht fest, daß sich keine therapeutischen Ergebnisse erzielen lassen. Diese Beweislastregel führe im Fal-

---

1) BVerwGE 58, 167, 177 ff.; v. Kirchbach, S. 268; Fincke, NJW 1977, S.
1096; Kriele, NJW 1976, S. 355, 358; derselbe ZRP 1975, S. 260, 261;
Sander, ParmInd. 1976, S. 428; Aschenbrenner/Lewandowski, Internist
1973, 1, 5; v. Kirchbach, S. 268, Gallwas, ZRP 1975, S. 113 ff.; Her-
ken/Kewitz, DÄBl 1977, S. 2235.

le des non liquet (d. h. im Falle der Nichtklärbarkeit der
Wirksamkeit) dazu, daß die Zulassung jedenfalls aus diesem
Grund nicht verweigert werden dürfe.[1]
Diese Argumentation wäre allerdings nur dann richtig, wenn
die Prämisse zuträfe, daß § 25 Abs. 2 Satz 3 AGM als eine Beweislastregel anzusehen ist, die die Zulasssungsbehörde verpflichtet, die Unwirksamkeit des Arzneimittels nachzuweisen.
Gerade diese Prämisse wird jedoch von Gegnern dieser Interpretation bestritten, da ein derartiger Nachweis nie geführt werden könne und die Nachweispflicht der Zulassungsbehörde im
Ergebnis den Verzicht auf jeglichen Wirksamkeitsnachweis bedeuten würde.[2]

Gegen die Auslegung des § 25 Abs. 2 S. 3 AMG als Beweislastregel zu Lasten der Zulassungsbehörde spricht im übrigen auch
die Entstehungsgeschichte der Norm. Die Formulierung des § 25
Abs. 2 Satz 3 AMG geht auf Art. 11 Abs. 1 Satz 2 der 1. EG-
Richtlinie zurück, der keine Umkehrung der Beweislast zugunsten des Antragstellers vorsieht, lediglich die Anforderungen
an den Wirksamkeitsnachweis entsprechend der Indikation vari-
iert.[3]

Auch bei Einfügung des § 25 Abs. 2 Satz 3 AMG in das Arzneimittelgesetz 1976 hat der federführende Ausschuß ausdrücklich
hervorgehoben, daß eine Beweisführungslast der Zulassungsbehörde für das Fehlen der Wirksamkeit in der Praxis zu einem
verdeckten Verzicht auf den Wirksamkeitsnachweis führen würde, weil sich auch bei fehlenden Indizien für die Wirksamkeit
eines Arzneimittels nicht völlig ausschließen lasse, daß eine
möglicherweise sehr schwach ausgeprägte Wirksamkeit lediglich

1) BVerwGE 58, S. 167, 177.
2) Kloesel-Cyran, § 25 Rdn. 37; Sander-Scholl, § 25 Rdn. 7 u. 8;
   Plagemann, S. 24, 25, 104, 164 ff.; Schwerdtfeger, S. 36, 39; Henning,
   NJW 1978, S. 1671, 1676; Walter, DAZ 1974, S. 1024, 1026; Pabel, DAZ
   1985, S. 1060; Herken, Medizinklinik 1974, S. 659, 660, 661; BayrVG
   Würzburg vom 16.07.1980, Kloesel-Cyran E 5; Urteil VG Berlin vom
   07.09.1981, Kloesel-Cyran E 7; kritisch Gallwas, ZRP 1975, S. 113 ff.;
   Hasskarl, DÄBl 1975, S. 161, 164; Kreienberg, DÄBl 1978, S. 2614.
3) Kloesel-Cyran, § 25 Rdn. 37.

- 38 -

durch die angelegten Maßstäbe nicht erfaßt worden sei.[1]
Daß nach § 25 Abs. 2 Nr. 4 erste Alternative AMG der Arzneimittelhersteller den Nachweis der Wirksamkeit des Arzneimittels zu erbringen hat, ergibt sich auch aus dem Sinn und
Zweck des Arzneimittelgesetzes. Ziel des Gesetzes ist die Versorgung mit wirksamen Arzneimitteln, § 1 AMG. Dadurch soll im
Interesse des Gesundheitsschutzes eine Gefährdung oder Schädigung der Gesundheit - Verschleppung oder gar Verschlimmerung
des Heilungsverlaufes - des Verbrauchers durch Behandlung mit
unwirksamen Medikamenten verhindert werden. Diesem Schutz des
Patienten entspricht es, den Wirksamkeitsnachweis dem Arzneimittelhersteller aufzuerlegen, um von vornherein unwirksame
Medikamente vom Markt fernzuhalten.[2]

Die Zulassung eines Medikamentes ist demnach nach § 25 Abs. 2
Nr. 4 erste Alternative AMG nur dann auszusprechen, wenn der
Antragsteller den Nachwweis der Wirksamkeit des Medikamentes
erbringt.
Das BGA würde seine Prüfungspflicht nach § 25 Abs. 2 Nr. 4
erste Alternative AMG somit auch dann verletzen, wenn es im
Falle der Nichterweislichkeit der Wirksamkeit eines Medikamen-
tes eine Zulassungsverfügung erließe.

e) Unzureichend begründete therapeutische Wirksamkeit, § 25
   Abs. 2 Nr. 4 zweite Alternative AMG

Ergibt die anhand der vom Antragsteller vorgelegten Unterlagen vorzunehmende Prüfung des BGA, daß die Wirksamkeit nach
dem gesicherten Stand der wissenschaftlichen Erkenntnisse unzureichend begründet ist, so ist das BGA verpflichtet, die
Zulassung zu versagen.

---

1) BT-Drucksache 7/5091, S. 6.
2) Plagemann, S. 24, 25, 175; Scholmer, S. 26, Liefmann-Keil, S. 96 ff;
   Jahn in Jahn, Krasemann, Madra, Rosenberg, Rudolph, Thiemeyer, Gesundheitssicherung, S. 78 ff.; Aschenbrenner, DÄBl 1976, S. 2330, 2331; Weber, Pharm.Ztg. 1978, S. 855; Blüchel, S. 352 ff.; 357, Fiebig, DÄBl
   1973, S. 3130 ff., 3134; Büttner, DÄBl 1973, S. 1331, 1334.

Das BGA verletzt diese Prüfungspflicht, wenn es ein unwirksames Medikament zuläßt, z. B. weil es die Prüfungsunterlagen fehlinterpretiert oder nicht erkennt, daß die Wirksamkeit entgegen § 25 Abs. 2 Nr. 4 AMG zweite Alternative nicht zureichend begründet ist oder weil es das Medikament zwar nicht für zureichend begründet wirksam i.S.d. § 25 Abs. 2 Nr. 4 zweite Alternative AMG, aber gleichwohl "nützlich" hält.

aa) Maßstab für die Beurteilung der Prüfung

Prüfungsmaßstab ist wie bei § 25 Abs. 2 Nr. 2 AMG der "jeweils gesicherte Stand der wissenschaftlichen Erkenntnisse". Auch im Rahmen der Wirksamkeitsprüfung nach § 25 Abs. 2 Nr. 4 zweite Alternative AMG bedeutet dies, daß alle theoretischen und praktisch-wissenschaftlichen Erkenntnisse zugrunde zu legen sind, soweit diese wissenschaftlich fundiert und vertretbar begründet sind.

Die zu § 25 Abs. 2 Nr. 2 AMG gegebene Begründung trägt auch hier, denn die gesetzliche Zielrichtung bestimmt auch den Maßstab für die Prüfung der Wirksamkeit eines Arzneimittels. Der Gesundheitsschutz erfordert nicht nur qualitativ einwandfreie und unbedenkliche, sondern auch wirksame Medikamente. Der Gebrauch unwirksamer Medikamente setzt den Verbraucher der Gefahr der Verschleppung des Heilungsprozesses, unter Umständen der Verschlimmerung der Erkrankung, aus. Außerdem verursacht er ungerechtfertigte Kosten.[1)]
Daher muß auch bei der Prüfung der vom Antragsteller vorgelegten Wirksamkeitsbegründung der gesamte Wissensstand aller nach wissenschaftlichen Maßstäben gewonnenen Erkenntnisse Entscheidungsgrundlage sein, da zur Ermittlung der optimalen Arzneimittelversorgung nur das umfassende, wissenschaftlich gesicherte, weil aufgrund wissenschaftlicher Methodik erarbeite-

---

1) Plagemann, S. 24, 25; Weber, Pharm.Ztg. 1978, S. 855,; Blüchel, S. 352 ff., 357

te medizinische Wissen zugrunde gelegt werden darf.[1]

bb) Kontrollierte klinische Versuche

Streitig diskutiert wird im Rahmen des wissenschaftlich begründeten Wirksamkeitsnachweises gem. § 25 Abs. 2 Nr.
3 zwei-
te Alternative AMG, ob unabdingbare Voraussetzung für die
Wirksamkeitsprüfung die Durchführung kontrollierter klinischer Versuche ist.[2]
Als kontrollierter klinischer Versuch wird dabei jede bewußte
diagnostische oder therapeutische Maßnahme bezeichnet, die im
Hinblick auf ein bestimmtes Resultat unternommen und auf dieses Ergebnis hin überwacht wird. Die Gewinnung des Resultats
und die Überwachung geschieht durch die Bildung von Gruppen[3]; nämlich die Testgruppe, die im Falle der Erprobung eines Medikamentes die Prüfsubstanz erhält, und die Kontrollgruppe, die mit Placebo oder Standardpräparat behandelt wird.

Die wissenschaftliche Ergebnissicherung erfolgt mittels stati-
stischer Auswertung. Ein Medikament wird danach als wirksam
bewertet, wenn das Versuchsergebnis eine statistisch signifikante Aussage hinsichtlich der Wirksamkeit beinhaltet.[4]

Die Notwendigkeit der Ermittlung der Wirksamkeit eines Medikamentes durch kontrollierte klinische Versuche wird namentlich
von Hasskarl, Henning und Gross mit der Begründung vertreten[5], kontrollierte klinische Versuche begründeten erst

1) v. Kirchbach, S. 224/225.

2) dafür: Henning, NJW 1978, S. 1671, 1675; Hasskarl, DÄBl 1978, S. 1089,
1152; Gross, DÄBl 1979, S. 1091, 1095 ff., 1100;
dagegen: v. Kirchbach, S. 228 ff.; Kienle-Burkhardt, Wirksamkeitsnachweis, S. 170, 250 ff., 282, 283; Kienle, MMW 1978, 1115 ff.; derselbe,
MMW 1981, S. 281 ff.; Burkhardt, DÄBl 1978, S. 2841 ff.; Kriele, ZRP
1975, S. 264; Hamanns, DÄBl 1972, S. 2608, 2609; Fincke, NJW 1977, S.
1094 ff.; derselbe, Arzneimittelprüfung - Strafbarer Versuch; S. 26,
27, 86 ff.; 94, 100, 102, 114, 120, 125; derselbe, DÄBl 1978, S. 2519.

3) Deutsch, JZ 1980, S. 289, 290 m.w.N.; derselbe, Rdn. 314, 318; derselbe, Klinische Forschung, S. 42 ff., 65 ff. (zur grundsätzlichen Zulässigkeit).

4) Wie vor, Fßn. 3.

5) Hasskarl, Henning, Gross, wie vor, Fßn. 2.

den gesicherten Stand der wissenschaftlichen Erkenntnis[1]) und
nach § 22 Abs. 2 AMG sei ausdrücklich die Vorlage des Ergebnisses der "klinischen Prüfung" als Teil der Versuchsunterlagen vorgeschrieben.

Die Ansicht, kontrollierte klinische Versuche bildeten erst
den gesicherten Stand der wissenschaftlichen Erkenntnis der
Wirksamkeitsprüfung, ist jedoch nicht zwingend. Kontrollierte
klinische Versuche werden zwar von der herrschenden Meinung
der medizinischen Wissenschaft als regelmäßig notwendiger Bestandteil der Wirksamkeitsprüfung angesehen[2]), es gibt jedoch
auch wissenschaftlich vertretbar begründete Ansichten, die
sich gegen kontrollierte klinische Versuche als Erkenntnisme-
thode aussprechen.[3]) Das gilt vor allem, soweit die therapeutische Wirkung eines Medikamentes auf den Verlauf der Krankheit bekannt ist, wie z. B. im Falle von Antibiotika bei Pneu-
monie, Sepsis, Meningitis, Periotinitis, Insulin bei
Diabetis, Vitamin B_{12} bei perniziöser Anämie[4]) oder soweit
ein Medikament sich als durchschlagend wirksam erweist und
ein kontrollierter Versuch überflüssig erscheint, zumal die
Kontrollgruppe unvertretbar benachteiligt würde. Beispiele
bilden Penicillin und AZT (3-Azido-3-Desoxythymidin). AZT,
ein Chemotherapeutikum, das symptomatisch gegen schwere
Erscheinungsformen von Aids wirkt, hat sich in einer 1985 in
den USA durchgeführten placebo-kontrollierten Doppelblindstu-
die als so signifikant dargestellt, daß die Versuchsreihe vorzeitig abgebrochen wurde.[5])

§ 22 Abs. 2 Nr. 3 AMG lautet im übrigen wörtlich: "Es sind
vorzulegen ... die Ergebnisse der klinischen oder sonstiger

1) Henning, NJW 1978, S. 1671, 1674 ff.
2) Vgl. nur Deutsch, JZ 1980, S. 289 ff., 292.
3) z. B. Kienle, MMW 1978, S. 1115; Burkhardt-Kienle, Wirksamkeitsnachweis, S. 139 ff., 250 ff.
4) Kloesel-Cyran, § 25 Rdn. 31.
5) Fischl u. a., N. Engl. J. Med. 1987 (317) 185 ff.; Richman u. a.,
   N. Engl. J. Med. 1987 (317), 192 ff.; Brook, JAMA 1987 (258), 1517;
   Marwick, JAMA 1987 (257), 1281.

ärztlicher, zahnärztlicher oder tierärztlicher Erprobung (klinische Prüfung)." Der Begriff "klinische Prüfung" i.S. § 22 Abs. 2 Nr. 3 AMG umfaßt sowohl klinische Studien als auch ärztliche Erfahrungen und Untersuchungen. Klinische Prüfung i.S. § 22 Abs. 2 Nr. 3 AMG bezeichnet somit nicht ausschließlich eine besondere Untersuchungsmethode, sondern grenzt lediglich deskriptiv allgemein klinische von ärztlichen Einzeluntersuchungen ab.[1] Auch ärztliches Erfahrungswissen muß danach als zureichende wissenschaftliche Prüfungsunterlage angesehen werden, wenn dieses ärztliche Wissen nachprüfbar wissenschaftlich vertretbar aufbereitet wird.

f) Begründeter Verdacht schädlicher Wirkungen, § 25 Abs. 2 Nr. 5 AMG

Nach § 5 AMG ist es verboten, bedenkliche Arzneimittel, d. h. Arzneimittel, bei denen nach dem jeweiligen Stand der wissenschaftlichen Erkenntnisse der begründete Verdacht besteht, daß sie bei bestimmungsgemäßem Gebrauch schädliche Wirkungen haben, in den Verkehr zu bringen.

"Unbedenklichkeit heißt, daß das vorhersehbare Risiko unerwünschter Arzneimittelwirkungen als vom ärztlichen Standpunkt vertretbar angesehen wird angesichts der bei einer gegebenen Indikation zu erwartenden Wirkung."[2]

aa) Schädliche Wirkungen

Dem entspricht der gesetzliche Auftrag an das BGA nach § 25 Abs. 2 Nr. 5 AMG, Arzneimitteln mit solchermaßen schädlichen Wirkungen die Zulassung zu versagen. Unter schädlichen Wirkungen i.S. § 25 Abs. 2 Nr. 5 AMG sind Folgen der bestimmungsgemäßen Anwendung eines Arzneimittels zu verstehen, die die Gesundheit von Menschen und Tieren nachteilig beeinflussen.[3]

---

1) v. Kirchbach, S. 230.
2) Schnieders, PharmR 1982, S. 28 ff., 30.
3) Kloesel-Cyran, § 5 Rdn. 9.

Die Verpflichtung des BGA nach § 25 Abs. 2 Nr. 5 AMG, die Zulassung zu versagen, setzt jedoch nicht erst dann ein, wenn
feststeht, daß ein Arzneimittel schädliche Wirkungen hat.

bb) Begründeter Verdacht

Nach § 25 Abs. 2 Nr. 5 AMG ist die Zulassung vielmehr bereits
dann zu versagen, wenn ein begründeter Verdacht dafür besteht, daß ein Medikament schädliche Wirkungen bei bestimmungsgemäßem Gebrauch auslöst.
Es fragt sich, wann im Einzelfall ein begründeter Verdacht
i.S. § 25 Abs. 2 Nr. 5 AMG vorliegt.

In der Literatur wird die Auffassung vertreten, ein Verdacht
i.S. § 25 Abs. 2 Nr. 5 AMG sei auf der Grundlage der 'Erkenntnisse der medizinischen Wissenschaft', § 25 Abs. 2 Nr. 5 AMG,
zu begründen. Es müsse stets ein entscheidungstheoretisches
Verfahren stattfinden, dem die jeweils relevanten Erkenntnisse der medizinischen Wissenschaft zugrunde zu legen seien.[1]
Die Risikofeststellung wie auch die Risiko/Nutzenbewertung
könnten nicht in einem Freiraum außerhalb der Wissenschaft
bzw. der medizinisch-wissenschaftlichen Methodologie stattfinden.[2] Ein Verdacht schädlicher Wirkungen i.S. § 25 Abs. 2
Nr. 5 AMG könne danach erst dann angenommen werden, wenn eine
wissenschaftliche Untersuchung vorliegt, die eine solche Aussage trifft, oder wenn ein Bericht über Gesundheitsschädigungen sich als zutreffend erwiesen hat.[3] Nicht ausreichend zur
Begründung eines Verdachtes i.S. § 25 Abs. 2 Nr. 5 AMG seien
demgegenüber nur ernstzunehmende Meldungen über schädliche
Wirkungen eines Medikaments, da es sich dabei nicht um
Erkenntnisse auf der Grundlage des jeweiligen gesicherten
Standes der Wissenschaft handele.[4]

---

1) Burkhardt-Kienle, Arzneimittelzulassung, S. 66, 67.
2) Burkhardt-Kienle, ebenda, S. 72.
3) Burkhardt-Kinele, ebenda, S. 71, 73.
4) Burkhardt-Kienle, ebenda, S. 64, 65.

Ob dieser Ansicht zu folgen ist und damit nicht schon bei
ernstzunehmenden Hinweisen, sondern erst bei wissenschaftlich
vertretbarer Nachweisbarkeit von einem Verdacht i.S. § 25
Abs. 2 Nr. 5 AMG gesprochen werden kann, soll näher untersucht werden.

Zur Begründung der auf die wissenschaftlich vertretbare
Nachweisbarkeit abstellenden Auslegung wird auf § 25 Abs. 2
Nr. 5 AMG verwiesen, wonach "ein Verdacht auf der Basis der
'Erkenntnisse der medizinischen Wissenschaft' zu begründen
ist"[1])

Dieser Bezug auf den Wortlaut des § 25 Abs. 2 Nr. 5 AMG beruht jedoch auf einer ungenauen Auslegung und überzeugt deshalb nicht. Der Text des § 25 Abs. 2 Nr. 5 AMG lautet nicht
etwa "die Zulassung darf versagt werden, wenn bei dem Arzneimittel der wissenschaftlich begründete Verdacht besteht, daß
...", sondern es heißt in § 25 Abs. 2 Nr. 5 AMG wörtlich:
"... die Zulassung darf nur versagt werden, wenn der begründete Verdacht besteht, daß es bei bestimmungsgemäßem Gebrauch
schädliche Wirkungen hat (und), die über ein nach den Erkenntnissen der medizinischen Wissenschaft vertretbares Maß hinausgehen". Der Prüfungsmaßstab der medizinischen Wissenschaft
bezieht sich nicht auf den Verdacht, sondern auf die schädlichen Wirkungen. Nach dem Text des § 25 Abs. 2 Nr. 5 AMG ist
damit - zweistufig - erst dann, wenn die Prüfung einen begründeten Verdacht bejaht hat, nach dem Maßstab der Erkenntnisse
der medizinischen Wissenschaft in die weitere Bewertung einzu-
treten, ob die Abwägung dieser als Verdacht bestehenden schädlichen Wirkungen mit dem therapeutischen Nutzen die Zulassung
des Medikamentes als vertretbar erscheinen läßt. Also nicht
schon zur Feststellung des Vorliegens eines begründeten Verdachts, sondern erst zur Bewertung der Nutzen/Risikoanalyse
nimmt der Text des § 25 Abs. 2 Nr. 5 AMG auf die "Erkenntnisse der medizinischen Wissenschaft" bezug.
Wann im Einzelfall ein begründeter Verdacht schädlicher Wir-

---

1) Burkhardt-Kienle, Arzneimittelzulassung, S. 65.

kungen vorliegt, ist im Rahmen einer Gefahrenanalyse zu beurteilen. Entsprechend der Prüfung zum Schutz der öffentlichen
Sicherheit im allgemeinen Ordnungsrecht sind danach Wahrscheinlichkeit des Schadens und Wahrscheinlichkeit des Schadensausmaßes zu bewerten und gegen die erwarteten Vorteile
abzuwägen, wobei an die Eintrittswahrscheinlichkeit umso ge-
ringere Anforderungen zu stellen sind, je höher sich das mögliche Schadensausmaß darstellt.[1] Diese Prüfung wird im Ergebnis, da nach menschlichem Ermessen ein Zustand absoluter Sicherheit nicht erreichbar ist, eine Gefährdung nie völlig ausschließen können. Als Beispiel sei darauf verwiesen, daß jedes Medikament zu einem anaphylaktischen Schock führen kann.
Die Forderung nach einer Zulassung nur als gefährdungsfrei
erkannter Arzneimittel würde in der Praxis jegliche Arzneimittelzulassung unmöglich machen und die Versorgung der Bevölkerung mit Arzneimitteln ausschließen.[2]
Es stellt sich daher die Frage nach Umfang und Grenze der
durch § 25 Abs. 2 Nr. 5 AMG dem BGA auferlegten Sicherheits-
pflicht. Die Grenzziehung zwischen der noch zum Tätigwerden
verpflichtenden Gefahr und dem Gefährdungspotential, das als
sog. sozialadäquates Restrisiko von allen Bürgern hinzunehmen
ist und demzufolge keine Zulassungsuntersagung auslöst, ist
ein schwieriges Abgrenzungsproblem. Es stellt sich im Arzneimittelrecht ebenso wie in allen übrigen Regelungsbereichen
des sog. technischen Sicherheitsrechts. Zum Atomrecht hat das
Bundesverfassungsgericht zur Frage der gem. § 7 Abs. 2 Nr. 3
Atomgesetz erforderlichen Sicherheitsmaßnahmen wie folgt

1) BVerwGE 45, 51, 61; BVerwG DÖV 1970, S. 714, 715; Drews-Wacke-Vogel-
   Martens, S. 220 ff.; Ossenbühl, DöV 1976, S. 466; v. Kirchhof, DöV
   1976, S. 449 ff., 451, 452; Hansen-Dix 19 ff.; 134 ff.

2) Kein Rechtsanspruch auf risikofreie Lebenssicherung: BVerfGE 49, 89
   ff., BVerwG NJW 1981, S. 1392, 1394; OVG Lüneburg DVBl 1982, S. 32,
   33, 34; Rengeling, S. 81, jede Arzneimittelentwicklung birgt ein poten-
   tielles Gesundheitsrisiko in sich: vgl. BT-Drucksache 7/5091, S. 6, 7;
   Plagemann, S. 24/25; Herken, Kinderarzt 1976, S. 1171.; Hehn, in:
   Hehn-Rosenbrock, S. 243, 334, 366 ff.; derselbe, Arzneimittelbrief
   1977, S. 4; Kienle, Arzneimittelsicherheit, S. 99.

Stellung genommen[1]):
Die Wahrscheinlichkeit des Eintritts eines Schadens, die bei
einer Genehmigung hingenommen werden dürfe, müsse so gering
wie möglich sein, und zwar umso geringer, je schwerwiegender
die Schadensart und die Schadensfolgen seien. Insbesondere
mit der Anknüpfung an den jeweiligen Stand von Wissenschaft
und Technik lege das Gesetz damit die Exekutive normativ auf
den Grundsatz der bestmöglichen Gefahrenabwehr und Risikovorsorge fest. Es müsse diejenige Vorsorge gegen Schäden getroffen werden, die nach den neuesten wissenschaftlichen Erkenntnissen für erforderlich gehalten werde. Lasse sich dies technisch noch nicht verwirklichen, dürfe die Genehmigung nicht
erteilt werden, die erforderliche Vorsorge werde mithin nicht
durch das technisch gegenwärtig Machbare begrenzt. Allerdings
nehme § 7 Abs. 2 Nr. 7 AtomG ein sogenanntes Restrisiko in
Kauf. Vom Gesetzgeber im Hinblick auf seine Schutzpflicht eine Regelung zu fordern, die mit absoluter Sicherheit Grund-
rechtsgefährdungen ausschließe, die aus der Zulassung technischer Anlagen und ihrem Betrieb möglicherweise entstehen können, hieße die Grenze menschlichen Erkenntnisvermögens verken-
nen und würde weithin jede staatliche Zulassung der Nutzung
von Technik verbannen. Für die Gestaltung der Sozialordnung
müsse es insoweit bei Abschätzungen anhand praktischer Vernunft verbleiben. Der in §§ 1 Nr. 2, 7 Abs. 2 AtomG niederge-
legte Grundsatz der bestmöglichen Gefahrenabwehr und Risikovorsorge lasse Genehmigungen nur zu, wenn es nach dem Stand
von Wissenschaft und Technik praktisch ausgeschlossen erschei-
ne, daß Schäden an Leben, Gesundheit und Sachgütern einträ-
ten. Ungewißheiten jenseits dieser Schwelle praktischer Vernunft hätten ihre Ursache in den Grenzen des menschlichen Erkenntnisvermögens; sie seien unentrinnbar und insofern als
sozialadäquate Lasten von allen Bürgern zu tragen.

---

1) BVerfGE 49, 89 ff., 134 ff., 140 ff.; BVerfGE 53, 50, 57 ff.; ebenso
   OVG Lüneburg, Gew.Arch 1980, S. 203, 205 (zum BImSchG); OVG Lüneburg,
   DVBl 1977, S. 340, 343 ff. u. DVBl 1979, S. 693, 694 sowie DVBl 1982,
   S. 32, 34; BVerwG NJW 1981, S. 1393, 1394; Hansen-Dix, S. 134 ff.
   m.w.N.; Schattke, DVBl 1979, S. 652, 658; Ipsen, AöR 1982, S. 259,
   265, 266.

Unter Zugrundelegung der Rechtsauffassung des Bundesverfassungsgerichts bestimmt sich der Umfang der Sicherheitsmaßnahmen gem. § 7 Abs. 2 Nr. 3 Atomgesetz also nach dem Grundsatz
der bestmöglichen Gefahrenabwehr und Risikovorsorge im Einzelfall. Die Grenzziehung zum rechtlich erlaubten technischen
Restrisiko, das keine Schutzabwehr erfordert, sondern als so-
zialadäquat von jedermann hinzunehmen ist, erfolgt anhand der
Abschätzung der praktischen Vernunft.
Ein Schadensereignis kann danach nur dann unberücksichtigt
bleiben, wenn der Schadenseintritt nach dem Stand von Wissenschaft und Technik zwar theoretisch denkbar aber praktisch
nicht vorstellbar ist. Erforderlich werden damit über den Bereich des Gefahrenverdachtes hinausgehend auch reine Vorsorge-
maßnahmen im Bereich extrem geringer aber praktisch vorstell-
barer Eintrittswahrscheinlichkeit.

Noch weitergehend bestimmt Breuer die Risikogrenze und sieht
die Zulassungsbehörde zur Risikovorsorge auch unterhalb der
Schwelle des praktisch Vorstellbaren verpflichtet[1]), allerdings vorbehaltlich der technischen Realisierbarkeit und der
Verhältnismäßigkeit des erforderlichen Aufwandes zu dem
Sicherheitsgewinn.
Nach einer weiteren Literaturmeinung ist die Genehmigungsbehörde sogar noch unterhalb der Schwelle eines mit an Sicherheit grenzender Wahrscheinlichkeit unmöglichen Schadensein-
tritts verpflichtet, im Rahmen einer Ermessensprüfung über
die Erforderlichkeit von Schutzmaßnahmen zu entscheiden.[2])

Gegen eine Verpflichtung zur Vorsorge im Rahmen des Restrisi-
kobereichs sprechen sich demgegenüber Teile der Literatur
aus, nach deren Ansicht die Risikogrenze nach Maßgabe des Ge-
fahrenbegriffs zu bestimmen ist und ein Tätigwerden der Zulas-

---

1) Breuer, DVBl 1978, S. 829 ff., 835, 836; ebenso Rengeling, S. 66, 81
   ff.; derselbe, probalistische Methoden, S. 72 ff., 83 ff., 90, 91; derselbe DVBl 1982, S. 622, 627.
2) Lukes, Feldmann, Knüppel, S. 174.

sungsbehörde nur im Rahmen der Gefahrenabwehr erforderlich
ist. Zur Begründung wird von einigen Vertretern dieser Ansicht ausgeführt, im Atomrecht stünde die gefahrenunabhängige
Risikovorsorge im Ermessen der Genehmigungsbehörde.[1] Andere
verweisen darauf, daß ein sachgerechter Schutz auch dann sichergestellt sei, wenn bei der Auslegung des Gefahrbegriffs
dem besonders hohen Gefahrenpotential Rechnung getragen werde, indem beispielsweise auf den Stand der Wissenschaft abgestellt werde[2] oder, so ein weiterer Vorschlag, die Fälle des
Gefahrenverdachts mit einbezogen würden.[3]

Der Diskussionsstand im Rahmen des Atomrechts zeigt umfassend
die Abwägungsmöglichkeiten auf, die denkbar sind. Welcher Ab-
grenzungsmaßstab zur Festlegung der Handlungspflicht nach §
25 Abs. 2 Nr. 5 AMG heranzuziehen ist, hängt einmal davon ab,
ob nach § 25 Abs. 2 Nr. 5 AMG lediglich eine Gefahrenabwehr
oder auch eine gefahrenunabhängige Vorsorgepflicht besteht.

Der Tatbestand des § 25 Abs. 2 Nr. 5 AMG spricht aufgrund des
Abstellens auf "schädliche" Wirkungen für eine gefahrenbezoge-
ne Abgrenzung. Auch die Tatsache, daß nach § 25 Abs. 2 Nr. 5
AMG eine Prüfung der Vertretbarkeit der schädlichen Wirkungen
in Form einer medizinischen Nutzen (therapeutischer Wert) /Ri-
sikoanalyse vorzunehmen ist, zeigt, daß der Gesetzgeber mit
der Einfügung des § 25 Abs. 2 Nr. 5 AMG für den Fall des Bestehens einer Gefahrenlage eine Regelung der Zulassungsfrage
schaffen wollte. Eine Vorverlegung der Prüfungspflicht des
BGA in den Bereich der Gefahrenvorsorge beinhaltet § 25 Abs.
2 Nr. 5 AMG somit nicht.
Für das BGA kommt es darauf an festzustellen, ob Tatsachen
vorliegen, die den Verdacht einer konkreten Gesundheitsgefahr
nahelegen. Hinsichtlich des bei dieser Untersuchung anzulegen-

---

1) Hanning-Schmieder, DB 1977, Beil. Nr. 14, 5, 6 ff.; Winters, DöV 1978,
   S. 265, 275 ff.; Lukes-Backherms, AöR 1978, S. 334.
2) Wagner, NJW 1980, S. 665 ff., 668; derselbe DöV 1980, S. 269, 273 ff,;
3) Hansen-Dix, S. 216 ff.

den Prüfungsmaßstabes kann auf die vom Bundesverfassungsgericht zu § 7 Abs. 2 Nr. 3 Atomgesetz entwickelte Abschätzung nach der praktischen Vernunft zurückgegriffen werden:
Bei der Zulassungsprüfung gem. § 7 Abs. 2 Nr. 3 Atomgesetz wie auch bei der Prüfung im Rahmen des § 25 Abs. 2 Nr. 5 AMG geht es regelmäßig darum, eine Entscheidung zu treffen, die die Gesundheitsinteressen einer unabsehbar großen Zahl von Personen betrifft. Bei Medikamenten gegen seltene Krankheiten (sog. orphan drugs) gilt nur unwesentlich anderes. Sowohl im Rahmen des § 7 Abs. 2 Nr. 3 Atomgesetz als auch im Bereich des § 25 Abs. 2 Nr. 5 AMG muß sichergestellt sein, daß in Relation zur Größe der zu erwartenden Schadensfolgen u. U. auch bei extrem geringer Wahrscheinlichkeit eines Schadenseintrittes die Zulassungsuntersagung eingreift, aber nur in den Fällen, in denen Arzneimittel als nicht vertretbar i.S. § 25 Abs. 2 Nr. 5 AMG zu bewertende schädliche Wirkungen aufweisen. Nach dem Maßstab der praktischen Vernunft ist eine Zulassung von Arzneimitteln nur dann rechtlich zulässig, wenn nach realistischer "vernünftiger" Einschätzung ein Schadenseintritt nicht zu befürchten steht. Umgekehrt liegen Tatsachen, die den Verdacht schädlicher Wirkungen nahelegen, demzufolge immer dann vor, wenn nach realistischer "vernüftiger" Einschätzung ein Schadenseintritt zu erwarten steht. Da die Bewertung der Eintrittswahrscheinlichkeit abgestuft zum Schadensrisiko zu erfolgen hat und demzufolge schon bei extrem geringer Eintrittswahrscheinlichkeit die Schwelle des Verdachts i.S. § 25 Abs. 2 Nr. 5 AMG überschritten sein kann, bedeutet dies für den Grad der zu fordernden Verifizierbarkeit der Tatsachen folgendes:
Der Maßstab der praktischen Vernunft erfordert keine feststehenden wissenschaftlichen Erkenntnisse, denn dann verbliebe der Zulassungsbehörde kein ausreichender Entscheidungsspielraum, könnte es doch in diesem Fall zu einer Untersagungsverfügung nur in Ausnahmefällen kommen. Wie dargelegt ist der medizinische Diskussionsstand durch Pluralität und fortlaufende Weiterentwicklung gekennzeichnet. Auf Tatsachen abzustellen, die wie bei § 25 Abs. 2 Nr. 2 und Nr. 4 AMG, wissen-

schaftlich vertretbare Lehrauffassungen darstellen, ist ebenfalls noch zu eng gefaßt. Im Rahmen der Prüfung des § 25 Abs.
2 Nr. 5 AMG geht es, anders als bei § 25 Abs. 2 Nr. 2 u. Nr.
4 AMG nicht um eine positive Eignungsprüfung, sondern um die
Feststellung negativer, schädlicher Wirkungen des Medikamentes. Auch nach § 25 Abs. 2 Nr. 5 AMG soll jedoch nicht schon
bei rein spekulativ geäußerten Bedenken Medikamenten die Zulassung untersagt werden. Noch weitergehend im Interesse des
Förderungszwecks von Arzneimitteln eine Untersagung der Zulassung erst dann vorzunehmen, wenn der wissenschaftlich begründete Nachweis der Schädlichkeit vorliegt, würde der Funktion
der Norm, die Gesundheitsfürsorge zu gewährleisten, jedoch
nicht gerecht. Wenn das BGA erst dann die Zulassung untersagen könnte, wenn wissenschaftlich erarbeitete Untersuchungen
zur Schädlichkeit vorliegen, würde das zeitliche Verzögerungen bedeuten, die mit Rücksicht auf die betroffenen Rechtsgüter und die nicht übersehbar hohen Schäden nicht zu verantworten sind.

Im Interesse des Gesundheitsschutzes darf ausgehend vom Sinn
und Zweck der Norm nach dem Maßstab der praktischen Vernunft
daher ein begründeter Verdacht schädlicher Wirkungen nicht
erst dann angenommen werden, wenn das Untersuchungsmaterial
dies wissenschaftich vertretbar nahelegt, sondern bereits immer schon dann, wenn ernstzunehmende Hinweise auf eine solche
Gefahrensituation vorliegen. Ist danach nach vernünftiger,
realisistischer Beurteilung ein Verdacht schädlicher Wirkungen begründet, ist das BGA verpflichtet, die Zulasssung zu untersagen, wenn diese vorhersehbare Gefahr unerwünschter Wirkungen als im Verhältnis zu der bei einer gegebenen Indikation zu erwartenden positiven Wirkung nach den Erkenntnissen
der medizinischen Wissenschaft unvertretbar angesehen werden muß.

cc) Der Fall der nicht inaktivierten Faktor-VIII und Faktor-
    IV-Konzentrate, Blutgerinnungsmedikamente

Ein Beispiel für eine solche Nichtberücksichtigung von begrün-

deten Verdachtsmomente könnten die in letzter Zeit bekanntge-
wordenen Fälle von Blutgerinnungsmedikamenten mit nicht inaktivierten Faktor-VIII- und Faktor-IX Konzentraten darstellen.
Dem BGA wird vorgeworfen, diese nicht rechtzeitig vom Markt
genommen bzw. nicht rechtzeitig vor möglichen Kontaminierun-
gen gewarnt zu haben, obwohl ernstzunehmende Anzeichen dafür
sprachen, daß der Gebrauch der Medikamente mit der Gefahr
schädlicher Wirkungen verbunden war - Infektion mit dem Aids-
Virus HIV.
Dieser Vorwurf bezieht sich nicht unmittelbar auf den Zeitpunkt der Zulassung, sondern auf eine mögliche Pflichtverletzung bei Rücknahme einer Zulassung gem. § 30 AMG bzw. der Auflage einer entsprechenden Gebrauchsinformation. Da jedoch der
Inhalt der Prüfpflicht, wie noch dargelegt werden soll, in
materieller Hinsicht bei der Rücknahme und bei der Zulassung
der gleiche ist, kann dieses aktuelle Beispiel bereits hier
zur Verdeutlichung dienen.
Schätzungen zufolge sind ca. 60 % der ca. 2.000 in der Bundesrepublik lebenden behandlungsbedürftigen hämophilen Patienten
HIV-infiziert, davon 117 Kinder.[1] Mehr als 60 weisen das
Vollbild der Aids-Krankheit auf, 32 davon sind bereits ver-
storben.[2] Die mit Aids infizierten Bluterpatienten wurden regelmäßig mit nicht inaktivierten Faktor-VIII- und Faktor-IX-
Konzentraten behandelt.[3] Demgegenüber weisen keine HIV-Infek-
tionen alle die Hämophilen auf, die entweder natürliche Immu-
nität besitzen oder von Beginn ihrer Behandlung an mit hitze-
behandelten Blutgerinnungspräparaten versorgt wurden.[4]
Dieses Wärmebehandlungsverfahren, das in Deutschland bereits
1981 entwickelt wurde, tötet im Unterschied zu den anderen
Verfahren auch Viren ab.[5] Es wurde zunächst gegen Hepatitis-
B-Viren entwickelt. Von den verschiedenen Inaktivierungsver-

---

1) Bericht der Welt vom 21.03.1987 und der Zeit vom 03.04.1987 sowie Hannoversche Allgemeine Zeitung (HAZ) vom 23.10.1987.
2) Bericht Hannoversche Allgemeine Zeitung (HAZ) vom 17.07.1987.
3) Wie vor.
4) Bericht des Spiegel Nr. 30, 1987.
5) Bericht des Spiegel Nr. 30, 1987; Die Zeit, 03.04.1987; Welt,
   21.03.1987.

fahren erwies sich dieses schließlich als auch für HIV-Viren wirksam.

Im Oktober 1985 wurde durch das BGA die Anwendung dieses Verfahrens zwingend vorgeschrieben. Die deutschen Hersteller waren zu dieser Zeit längst zu der genannten Form der Inaktivierung übergegangen.

Ob das BGA seine Entscheidung möglicherweise zu spät getroffen hat, hängt davon ab, ob ein Verdacht schon früher begründet war und eine Risiko/Nutzenabwägung zum Eingreifen zwang. Der wissenschaftliche Nachweis des Aids-Erregers, des HIV-Virus gelang 1983.[1] Bereits am 24.03.1983 erließ die FDA in den Vereinigten Staaten Richtlinien an die Hersteller von Blutplasmaprodukten, "um das potentielle Risiko der Übertragung von Aids durch bestimmte Plasmaderivate zu verhindern."[2] Auch in einem Zeitungsbericht wurde bereits im Oktober 1983 die Befürchtung geäußert, daß in Depots von Spenderblut, aus denen die verschiedenen Gerinnungsfaktoren gewonnen werden, Aids-Viren enthalten sein könnten und auf die mögliche Gefahr der Infektion mit HIV-Viren durch Behandlung mit Gerinnungspräparaten hingewiesen.[3]

Am 18.06.1983 wurde auf Initiative der Pharmaindustrie in der Bundesrepublik das erste deutsche Gespräch über Aids bei Blutern veranstaltet, auch Fachleute des Bundesgesundheitsministeriums und des BGA nahmen daran teil.[4]

Anders als die amerikanische Bundesbehörde beurteilten die Experten dieser Gesprächsrunde das Risiko der Übertragung von

---

1) Gallo u. a. Science 1983 (220 865 ff. und Science 1984 (224); Schüpbach u. a., Science 1984 (224), S. 503 ff.

2) Bericht der HAZ vom 17.07.1987; Die Zeit, 03.04.1987.

3) Der Spiegel, 3.10.1983, weitere Berichte Thomssen/Gerlich, DMW 1983, S. 1373, 1374 (bzgl. Verdacht Aids-Kontaminierter Impfstoffchargen aus Plasma); Vogt, DMW 1983, S. 1002, 1003 m.w.N. aus der englischsprachigen Literatur. Berichte in England und Amerika beginnend ab 1983: Daris u. a., Ann. intern. Med. 1983 (98), S. 284; Curran u. a., Ann. intern. Med. 1983 (98) 401; Curran u. a. N. Engl. J. Med. 1984, S. 69 ff., 115 ff.; Granell u. a., Science 1984 (223), S. 74 ff.; Feorino u. a., Science 1984 (225), S. 69 ff.; Okochi u. a. in: Vox Sanguinis (46) 1984, S. 245; Mc Dougal u. a., Blood 1985, S. 772 ff.; Petermann u. a., JAMA 1985, S. 2913 ff.; Erfle u. a., Blut 1985, S. 243 ff.; siehe auch Plum, VersR 1986, S. 528 ff. m.w.N., Fßn. 4.

4) Bericht der HAZ vom 17.07.1987.

- 53 -

Aids durch Blutplasmaprodukte als praktisch nicht vorhanden.[1]

Am 26.09.1983 leitete das BGA ein Stufenplanverfahren ein, in
dem eine Risiko/Nutzenabwägung für Faktor-VIII-haltige Arzneimittel stattfinden sollte.[2] Zu diesem Zweck fand am
14.11.1983 im Berliner Kongreßzentrum eine Sondersitzung über
die Aids-Gefahren statt.[3] Ergebnis dieser Sondersitzung war,
daß nicht hitzebehandelte Präparate weiter vertrieben werden
durften, allerdings verbunden mit der Auflage, in den Pak-
kungsbeilagen den Hinweis aufzunehmen, daß "in sehr seltenen
Fällen" auch Erreger des "erworbenen Immundefektsyndroms
Aids" übertragen werden könnten.[4] Eine entsprechende Anordnung des BGA erging allerdings erst neun Monate später, am
08.06.1984.[5] Bereits einen Monat später wurden die ersten
vier Fälle von Aids-Infektionen bei Bluterpatienten bekannt.[6] Am 31.12.1984 stellten die Arzneimittelhersteller
freiwillig den Vertrieb nicht sterilisierter Faktor-VIII-Präparate ein.[7]

Nach dem oben Gesagten wäre die im Oktober 1985 angeordnete
Einführung des Sterilisierungsverfahrens als verspätete Maßnahme anzusehen, wenn das BGA bereits vorher über Informationen verfügte, die den Verdacht begründeten, daß nicht inakti-
vierte Faktor-VIII- und Faktor-IX-Konzentrate bei Gebrauch
schädliche Wirkungen auslösten, die über ein nach den Erkenntnissen der medizinischen Wissenschaft vertretbares Maß hinausgehen.

Voraussetzung wäre, daß diese Informationen, nach dem Maßstab
der praktischen Vernunft bewertet, ernstzunehmende Erkenntnisse beinhalteten, die den Schluß auf die Gefahr des Infektions-
risikos durch HIV-Viren nahelegten.

1) Bericht der HAZ vom 17.07.1987.
2) Bericht der HAZ vom 17.07.1987.
3) Bericht der HAZ vom 17.07.1987.
4) Bericht der HAZ vom 17.07.1987.
5) Bericht der HAZ vom 17.07.1987.
6) Bericht der HAZ vom 17.07.1987.
7) Bericht der HAZ vom 17.07.1987.

- 54 -

Der vorstehend dargelegte chronologische Abriß verdeutlicht,
daß bereits 1983 vermutet wurde, daß
1. Aids durch HIV-<u>Viren</u> hervorgerufen wird und
2. als ein möglicher Übertragungsweg der HIV-Viren menschliches Blut angesehen werden kann.[1]
Der gelungene Nachweis, daß es sich bei dem Aids-Erreger um
einen Virus handelt, sowie die Vermutung um den Übertragungsweg menschliches Blut sind Erkenntnisse, die auf die Möglichkeit des Vorhandenseins von Aids-Viren in den Blutgerinnungsmitteln, die aus menschlichem Spenderblut gewonnen werden,
hinweisen könnten. Zwar stand der wissenschaftlich gesicherte
Nachweis noch aus, jedoch war auch die Vermutung des Übertra-
gungsweges Blut und damit die Kontaminierung von Spenderblut
nicht widerlegt. Es war auch nicht bekannt, ob bei der Herstellung von Blutgerinnungsmitteln möglicherweise im Blutpla-
sma vorhandene Aidsviren abgetötet werden.
Angesichts des Ausmaßes der möglichen, tödlichen Schadensfolge hätte bereits ein geringerer Grad der Wahrscheinlichkeit
eines solchen Schadenseintrittes ausgereicht, um von einem
Verdacht i.S. von § 30 Abs. 1 S. 1 AMG i.V.m. § 25 Abs. 2 Nr.
5 AMG sprechen zu können.
Bejaht man das Vorliegen eines Verdachts schädlicher Wirkungen, wäre eine Amtspflichtverletzung des BGA durch Nichtrück-
nahme der Zulassung dann anzunehmen, wenn diese Wirkungen als
nach den Erkenntnissen der medizinischen Wissenschaft unvertretbar bewertet werden müßten.

Die Beurteilung dieser Frage hängt davon ab, ob dem BGA bei
der Prüfung ein Beurteilungsspielraum zukommt. Die Entscheidung des BGA wäre in diesem Fall nur daraufhin gerichtlich
nachprüfbar, ob die äußeren Grenzen des Beurteilungsspielrau-
mes eingehalten wurden. Rechtlich vertretbar wäre jede Prüfungsentscheidung, die sich im Rahmen dieser Grenzen bewegt.
Nach ständiger Rechtsprechung der Verwaltungsgerichte haben
Behörden grundsätzlich keinen die Kontrollbefugnisse der Gerichte beschränkenden Beurteilungsspielraum; es sei auch bei

---

1) Köhler, Bundesgesundheitsblatt 1985, S. 328.

unbestimmten Rechtsbegriffen in erster Linie Aufgabe der Gerichte, die Auslegung der Gesetze vorzunehmen.[1]
Unter folgenden Voraussetzungen wird jedoch in Übereinstimmung mit der Literatur der Behörde ein Entscheidungsspielraum
zuerkannt[2]:

- wenn einer Entscheidung politische, nicht näher überprüfba-
  re Faktoren zugrunde liegen,
- eine Entscheidung auf einer Zukunftserwartung beruht, die
  ein "vorausschauendes ... Urteil mit erheblichem Einschlag
  wertender Elemente ..." beinhaltet[3],
- eine Entscheidung unvertretbar, d. h. nicht nachvollzieh-
  bar ist, sei es wegen der Zusammensetzung des entscheiden-
  den Organs, sei es wegen der nicht rekonstruierbaren Situation, in der die Entscheidung ergeht.[4]

Ein eigenverantwortlicher Entscheidungsspielraum des BGA könnte damit begründet werden, daß die Zulassungsbehörde im Hinblick auf die zu beteiligenden Zulassungskommissionen ihre
Entscheidung aufgrund besonderen Sachverstandes trifft. Nach
§ 25 Abs. 6 AMG hat das BGA vor der endgültigen Zulassungsentscheidung eine Zulassungskommission, die mit Sachverständigen
besetzt ist, zu hören, an deren Votum das BGA zwar nicht ge-
bunden ist, von dem es jedoch nur unter Darlegung der Gründe
abweichen kann. Diese Verpflichtung bietet die Gewähr dafür,
daß die Entscheidung von der Fachkompetenz hochspezialisier-
ter Sachverständiger getragen ist. Dieses Verfahren der Entscheidungsfindung spricht aufgrund der besonderen Fachkunde
für die Richtigkeit der Rechtsauslegung. Hinzu kommt, daß die
Einschätzung der medizinischen Vertretbarkeit eine Zukunfts-
prognose erfordert, die aufgrund der vorzunehmenden Risiko/

1) BVerwGE 16, 116, 129; 17, 5, 6; 21, 184, 186; 40, 353; 45, 309, 322,
   324 ff.; 45, 162, 164 ff.; 62, 86, 101 ff.
2) BVerwGE 39, 197, 203; 8, 273, 275; 15, 39, 41, 42; 61, 176, 186 ff. u.
   200, 204 ff.; 62, 86, 107 ff.; BVerwG DVBl 1979, S. 877, 878; DVBl
   1982, S. 301, 302; Erichsen, in: Erichsen-Martens, S. 204 ff.; Ossenbühl, DVBl 1974, S. 311.
3) BVerwGE 39, 197, 203; 62, 86, 107 ff.; BVerwG DVBl 1979, S. 877, 878;
   DVBl 1982, S. 301, 302.
4) BVerwGE 8, 273, 275; 15, 39, 41, 42.

Nutzenabwägung ein "... Urteil mit erheblichem Einschlag wertender Elemente ..." beinhaltet.

Das BGA hat daher einen nur beschränkt daraufhin nachprüfbaren Beurteilungsspielraum, ob die äußeren Grenzen der Abwägung gewahrt worden sind. Rechtlich vertretbar ist daher jede Prüfungsentscheidung des BGA, die sich im Rahmen dieses Beurteilungsspielraums bewegt. Innerhalb dieser Grenzen kann die Zulassungsentscheidung sich daher nicht als Amtspflichtverletzung darstellen.

Im Rahmen der Risiko/Nutzenabwägung der Blutgerinnungsmedikamente mußte das BGA folgende Fakten mitberücksichtigen, die den hohen therapeutischen Wert dieser Arzneimittel verdeutlichen: Ca. 2.000 der insgesamt ca. 6.000 Bluterpatienten, die es in der Bundesrepublik gibt, sind auf die regelmäßige Behandlung mit Injektionen und Blutgerinnungsmitteln angewiesen, um die Gefahr äußerer und innerer Blutungen zu bannen.[1] Es handelt sich dabei um die sog. schweren bzw. mittelschweren Fälle der Hämophilie. Für den Zeitraum 1983 bis 1985 zeigt die Todesursachenstatistik Hämophiler in der Bundesrepublik 26 % Todesfälle durch Blutung, 23 % dekompensierter Leberzyrrhose, 17 % Aids;[2] häufigste Todesursache war also nicht Aids. Allein das höhere Risiko, an der Erkrankung selbst als an einer Aids-Infektion zu sterben, kann jedoch die medizinische Vertretbarkeit des Gebrauchs dieser Mittel nicht begründen. Angesichts der geringen Lebenserwartung auch ohne Hochkonzentrate kann das höhere Risiko, an der Erkrankung selbst zu sterben, nicht als Abwägungsfaktor zugunsten der Verabreichung von Blutgerinnungspräparaten angeführt werden. Auch wird sich aufgrund der langen Latenzzeit der HIV-Infektion mit zuerst geringen Beschwerden die zur Zeit mit 17 % tödliche Aidsinfektionen ermittelte Prozentzahl noch erhöhen. Sodann stand seit 1982 aufgrund des neuartigen Sterilisierungsverfahrens ein Medikament zur Verfügung, das frei von Hepatitis-B-Viren hergestellt wurde, wie sich herausgestellt hat.

Zwar stand anfangs, also seitdem das HIV-Virus erkannt und

---

1) Bericht der Welt vom 21.03.1987.
2) Deutsch, DNÄ vom 09.04.1987, S. 2; derselbe, VersR 1988, S. 871.

nach Übertragung durch Faktor VIII wahrscheinlich war, nicht
sicher fest, ob auch das HIV-Virus durch die Wärmebehandlung
abgetötet wird. Im Unterschied zu den herkömmlichen Blutgerinnungsmitteln, die nur bakterienfrei hergestellt werden konnten, bot sich mit dem neuen Präparat jedoch bei gleichem Be-
handlungserfolg die Chance, daß schädliche Wirkungen, Infizie-
rungen mit Aids, vermieden wurden. Man könnte daher im Rahmen
der Risiko/Nutzenabwägung zu dem Ergebnis kommen, daß der mit
den nicht inaktivierten Faktor-VIII- und Faktor-IX-Konzentra-
ten verbundenen Lebensgefahr kein entsprechend lebensnotwendi-
ger therapeutischer Wert gegenüberstand, der es medizinisch
vertretbar erscheinen ließ, Bluterpatienten dieser Gefährdung
auszusetzen, und der Vertrieb nicht inaktivierter Faktor-
VIII- und Faktor-IX-Konzentrate zu diesem Zeitpunkt, zumindest
vorübergehend bis zum wissenschaftlich geführten Nachweis des
Vorhandenseins des HIV-Virus, hätte untersagt werden müssen.

Allerdings steht einer Haftung des BGA jedenfalls für die erste Zeit im Wege, daß verschiedene Inaktivierungsverfahren
(trockene, feuchte Hitze, Chemikalien) erprobt wurden, von
denen nur eines sich mit der Zeit als sicher erwies. Auch wurde erst langsam der Kausalzusammenhang zwischen dem neuen Virus und der Kontaminierung von Faktor-VIII-Präparaten deutlich. Angesichts der Lebensnotwendigkeit von Hochkonzentraten
wäre es unvertretbar gewesen, sie vom Markt zu nehmen. Frei-
lich hätte eine Einschränkung der Indikation (auf schwere Fälle) bzw. eine Klärung sich möglicherweise im Laufe der Zeit
empfohlen. Ob das BGA insoweit zu spät reagiert hat, ist eine
Sachverhalts- und eine Vertretbarkeitsfrage. Allerdings ist
um die Warnungsauflage, die übrigens auch anfangs von den Hä-
mophilie-Ärzten bekämpft wurde, ein Verwaltungsstreitverfah-
ren geführt worden. Insoweit erscheint das BGA entlastet, als
die von ihm vertretene Warnung genügt hätte. Im übrigen gilt
hinsichtlich der nicht wirksam immunisierten Präparate der
Standpunkt ex ante: was war zu entscheidender Zeit als wirksam immunisierend bekannt.

g) Verstoß gegen sonstige gesetzliche Vorschriften, § 25 Abs.
   2 Nr. 7 AMG

Es handelt sich um eine Generalklausel unter Einbeziehung
aller gesetzlichen Bestimmungen, die das Inverkehrbringen
straf- und bußgeldbewährt verbieten.
Eine Pflichtverletzung durch Zulassung läge danach z. B. vor,
wenn das Arzneimittel gegen DDT-Gesetz, Lebensmittelgesetz
oder 56 Abs. 3 § 1 der Verordnung über Stoffe mit pharmakologischer Wirkung verstößt.[1]

h) Verwechslungsgefahr mit bereits zugelassenen Arzneimitteln, § 25 Abs. 3 AMG

Diese Bestimmung, durch die Verwechslungen zwischen Arzneimitteln ausgeschlossen werden sollen, verpflichtet das BGA, Arzneimitteln die Zulassung zu versagen, die unter der gleichen
Bezeichnung und Darreichungsform, aber verschiedener Zusammensetzung in Art oder Menge der wirksamen Bestandteile, bereits
im Verkehr befindlich sind.[2]
Eine Verletzung der Prüfungspflicht nach § 25 Abs. 3 AMG
liegt demnach vor, wenn gleichbezeichnete, aber unterschiedlich zusammengesetzte Arzneimittel zugelassen werden, nicht
jedoch, wenn zwar eine einheitliche Bezeichnung, aber unterschiedliche Darreichungsformen vorliegen.

i) Schnellzulassung entgegen den Voraussetzungen des § 28
   Abs. 3 AMG

Nach § 28 Abs. 3 AMG kann die Zulassungsbehörde, auch wenn
die analytische, pharmakologisch-toxikologische oder klinische Prüfung noch nicht vollständig durchgeführt ist, ein Arzneimittel zulassen, wenn aufgrund seines großen therapeutischen Wertes ein öffentliches Interesse an seinem unverzügli-
chen Inverkehrbringen besteht. Gesetzgeberisches Ziel ist es,
der Gefährdung von Patienten durch Vorenthaltung von dringend
benötigten Medikamenten aufgrund der Dauer des Zulassungsverfahrens zu begegnen.[3]

---

1) Kloesel-Cyran, § 25 Rdn. 63.
2) Kloesel-Cyran, § 25 Rdn. 64.
3) Plagemann, S. 29.

- 59 -

Die Grundsatzüberlegung, daß zum Schutz einer ordnungsgemäßen
Arzneimittelversorgung von Mensch und Tier Arzneimittel nur
vertrieben werden dürfen, wenn Qualitäts-, Wirksamkeits- und
Unbedenklichkeitsnachweise (§ 25 Abs. 2 Nr. 3, Nr. 4, Nr. 5
AGM) vorliegen, wird nach § 28 Abs. 3 AMG im Rahmen einer medizinischen Nutzen/Risikoanalyse für eine Fallgruppe aufgegeben. Wenn wegen des erwarteten großen therapeutischen Wertes
die Gefahr für die Gesundheit der Patienten durch weitere Vorenthaltung bis zur abschließenden Entscheidung des Zulassungsverfahrens höher zu bewerten ist als die Gesundheitsgefahr
aufgrund der noch nicht voll durchgeführten Prüfung des Medikamentes[1], soll das Arzneimittel bald zur Verfügung stehen.

Praktische Relevanz hat die Schnellzulasssung nach § 28 Abs.
3 AMG danach nur für Medikamente, die zur Therapie besonders
gravierender Erkrankungen geeignet erscheinen, für die jedoch
bereits auf dem Markt befindliche Medikamente keine Besserung
des Krankheitszustandes bewirken können.[2]
Das BGA muß daher bei seiner Prüfung nach § 28 Abs. 2 AMG zunächst feststellen, welcher Wert dem Medikament aus therapeutischer Sicht zukommt, und im Anschluß daran diese Wertigkeit
dem Gesundheitsrisiko der nicht vollständigen Prüfung gegen-
überstellen und abwägen.
Als Beispiel einer Schnellzulassung nach § 28 Abs. 3 AMG kann
AZT (3-Azido-3-Desoxythymidin) genannt werden. Im Jahre 1987
ist dieses Mittel gegen schwere Erscheinungen von Aids
schnell zugelassen worden, obwohl es nicht voll geprüft war
und erhebliche Nebenwirkungen aufweist. Die 1985 in den USA
durchgeführte placebokontrollierte Pilotstudie zur Überprüfung des Nutzens der Therapie war aufgrund der signifikanten
Wirksamkeit des Medikaments vorzeitig abgebrochen worden. Während der 24wöchigen Dauer der Studie waren aus der Placebo-
Gruppe 19 (von 137) Patienten, aus der mit AZT behandelten
Gruppe dagegen nur ein Patient (von 145) gestorben. Die Kuta-
ne Anergie (lokale Fehlreaktion auf Antigene, Immunitätsver-

---

1) Kloesel-Cyran, § 28 Rdn. 20.
2) Kloesel-Cyran, § 28 Rdn. 20.

lust) hatte sich bei neun Patienten der Placebo-Gruppe, aus
der AZT-Gruppe bei 29 Patienten zurückgebildet. Die Nachunter-
suchung ergab, daß die Mortalität in der AZT-Gruppe nach 36
Wochen bei 6,2 % und nach 52 Wochen bei 10,3 % lag. Dagegen
waren aus der Placebo-Gruppe 36 Wochen nach Studienbeginn be-
reit 39,3 % der Patienten gestorben.[1] Im Verlauf der Studie
zeigte sich jedoch, daß AZT erhebliche, z. T. lebensbedrohende Nebenwirkungen aufweist. So litten 24 % der AZT-Patienten
unter Rückenmarkschwund, bei 24 % der AZT-Patienten gegenüber
4 % der Placebo-Gruppen wurde im Blut ein erheblicher Hämoglo-
bin-Abfall registriert, bei 29 % der AZT-Patienten gegenüber
4 Patienten aus der Placebo-Gruppe waren mehrfach Transfusio-
nen mit roten Blutkörperchen erforderlich. In 16 % der Fälle
der mit AZT behandelten Patienten gegenüber 2 % aus der Placebo-Gruppe trat Neutropenie (absolute Verminderung der Granulo-
zyten im Blut) auf.[2] Ferner liegt ein Bericht darüber vor,
daß als Nebenwirkung einer Behandlung mit AZT eine Wernicke-
Enzephalopathie (Schädigung des Stammhirns) beobachtet wurde.[3]

Angesicht der heblichen Nebenwirkungen wäre es vertretbar gewesen, AZT nicht zuzulassen. Die Entscheidung des BGA, AZT
trotz der gravierenden Nebenwirkungen zuzulassen, erscheint
jedoch im Rahmen der anzustellenden Risiko/Nutzenabwägung
gleichwohl ebenfalls rechtlich haltbar im Hinblick darauf,
daß Aids eine tödlich verlaufende Erkrankung ist und bislang
keine Heilungsmöglichkeit besteht.

Eine Pflichtenverstoß durch Zulassung nach § 28 Abs. 3 AMG
wäre allerdings dann gegeben gewesen, wenn dem Medikament der
hohe therapeutische Wert tatsächlich gefehlt hätte, oder wenn

---

1) AiFo 1987, S. 621.
2) Yarchoan u. a., N. Engl. J. Med. 1987 (316), 557 ff.; Yarchoan,
   Lancet, 1986, 575 ff.; ein weiterer Bericht über Rückenmarkschwund 4
   mit AZT behandelter Patienten, Parkash S. Gill u. a., Ann. intern.
   Med. 1987 (107), 505 ff.
3) Dartyan/Vinters, Lancet 1987, 919, 920 (Leserbrief).

trotz feststehender therapeutischer Bedeutung des Arzneimittels das Gesundheitsrisiko für den Patienten höher einzuschätzen gewesen wäre als der therapeutische Nutzen.

2. Pflichtverletzung durch Nichtzulassung oder verspätete Zulassung

Aus den bereits unter 1. dargelegten Prüfungspflichten des BGA kann sich auch jeweils eine Amtspflichtverletzung mit umgekehrtem Vorzeichen ergeben, wenn trotz Vorliegens aller Zulassungsvoraussetzungen und des Fehlens von Versagungsgründen, § 25 Abs. 2 AMG, keine Zulassung erfolgt.

a) Vollständige Unterlagen nach §§ 22 - 24 AMG

Eine Verletzung der Prüfungspflicht des BGA nach § 25 Abs. 2 Nr. 1 AMG durch Nichtzulassung oder verspätete Zulassung liegt dann vor, wenn das BGA trotz vollständigen Vorliegens der Unterlagen, aus denen sich die in § 25 AMG geforderten Nachweise ergeben, die Zulassung versagt.
Das BGA verletzt hingegen seine Prüfungspflicht nicht, wenn es mit der zutreffenden Begründung, die als Prüfbeleg nach §§ 22 - 24 AMG vorgelegten Unterlagen reichen als Nachweis nicht aus, die Zulassung versagt. Denn das BGA ist nicht verpflichtet, sich die für die Entscheidung nach § 25 Abs. 5 AMG relevanten Tatsachen selbst zu verschaffen, § 25 Abs. 5 AGM sowie bereits oben zum Wirksamkeitsnachweis A III 1. d bb, S. 36 ff.[1])

b) Ausreichende Prüfung nach dem jeweils gesicherten Stand der wissenschaftlichen Erkenntnis

Eine Pflichtverletzung des BGA im Rahmen der Prüfung nach § 25 Abs. 2 Nr. 2 AMG durch Nicht- oder verspätete Zulassung ist in der Praxis für den Fall denkbar, daß das BGA den Prüf-

---

1) Und Kloesel-Cyran, § 25 Rdn. 11, 37, 38, 67.

maßstab des "jeweils gesicherten Standes der wissenschaftlichen Erkenntnis" verkennt und an die Prüfung Anforderungen
stellt, die nicht diesem Standard entsprechen.
So zum Beispiel, wenn das BGA fälschlich den "jeweils gesicherten Stand der wissenschaftlichen Erkenntnis" mit herrschender Meinung der einschlägigen Fachkreise gleichsetzt
und, weil es das Vorliegen einer herrschenden Meinung verneint, die beantragte Zulassung nicht erteilt. Denkbar ist
auch der Fall, daß eine wissenschaftlich vertretbare Meinung,
nach der eine Zulassung befürwortet werden könnte, vom BGA
nicht anerkannt wird, weil es fälschlich die wissenschaftliche Vertretbarkeit verneint. Auch durch ein zu hohes Ansetzen
des Prüfniveaus, indem beispielsweise statt des Nachweises
gesicherter Erkenntnisse der Wissenschaft feststehende Erkenntnisse gefordert würden, wäre eine mit dieser Begründung
erfolgende Zulassungsversagung rechtlich fehlerhaft.

Macht umgekehrt das BGA wissenschaftlich nicht fundierte Lehrmeinungen zur Grundlage seiner Entscheidung und verneint es
mit dieser Begründung die beantragte Zulassung, wäre die Prüfungsentscheidung ebenfalls fehlerhaft.

c) Angemessene Qualität

Der Qualitätsmaßstab der anerkannten pharmazeutischen Regeln
dürfte in der praktischen Rechtsanwendung keine Probleme be-
reiten. Die Definition der anerkannten pharmazeutischen Regeln als Mehrheitsauffassung der wissenschaftlichen Sachverständigen gibt dem BGA eine Entscheidungsgrundlage mit klaren
Vorgaben an die Hand.

Eine Nicht- oder verspätete Zulassung aufgrund der fälschli-
chen Annahme, der Qualitätsnachweis sei nicht gelungen, ist
daher eine in der Praxis wenig wahrscheinliche Fallkonstellation, die allerdings grundsätzlich geeignet ist, eine Pflichtverletzung zu begründen.

d) Wirksamkeit

Der Wirksamkeitsnachweis gilt nach § 25 Abs. 2 Nr. 4 AMG als erbracht, wenn die therapeutische Wirksamkeit nach dem jeweils gesicherten Stand der wissenschaftlichen Erkenntnisse vom Antragsteller zureichend begründet ist.[1] Die Kritiker dieses Prüfungserfordernisses behaupten, daß die Beweisführung für die Wirksamkeit eines Medikamentes nicht möglich sei, da sich mit Hilfe der Versuche und Verfahren, mit denen die Wirksamkeit eines Arzneimittels nachgewiesen werden sollte, keine Beweise gewinnen, sondern nur Wahrscheinlichkeitsaussagen treffen ließen.[2]

Heilung könne z. B. auch eintreten, wenn das Mittel nicht genommen werde. Weder könne davon ausgegangen werden, daß es

- eine einheitliche Reaktionsweise aller Kranken gebe, die sich an den Versuchen zum Wirksamkeitsnachweis beteiligten,
- sich das Krankheitsbild und die Reaktionsweise der Kranken im Laufe der Versuchszeit nicht ändere,
- es keinen sogenannten "Fehler zweiter Art" gebe, d. h. es auszuschließen sei, daß ein Arzneimittel wirksam sei, ohne daß der statistische Test eine Signifikanz aufweise.[3]

Der Gesetzgeber hat gleichwohl die Einführung eines Wirksamkeitsnachweises für notwendig erachtet und tatsächlich ist in der Praxis die Gefahr einer Fehlentscheidung auch eher gering.

Mit Hilfe der Versuchsverfahren lassen sich, jedenfalls bei Arzneimitteln mit kausaler Wirkung, oft eindeutige Ergebnisse erzielen. Als solches gilt schon eine statistisch signifikante Wirkungsrate bei einem ausreichenden klinisch kontrollierten Versuch. Als schwieriger zu bewerten werden zwar Prüfverfahren bei Arzneimitteln mit symptomatischer Wirkung angesehen. Aber auch bei Versuchsanalysen mit Bezug auf diese Medikamente kann durch die Anwendung der Wahrscheinlichkeitsberechnung das Risiko eines Fehlers definiert werden.[4]

---

1) Henning, NJW 1978, S. 1671, 1672; Schaefer, S. 373.
2) Kienle, ZRP 1976, 65, 66; Kriele, ZRP 1975, S. 260 ff.; Hensel-Kienle, DÄBl 1977, S. 1817.
3) Kienle, Kriele, a.a.O.
4) Herken-Kewitz, DÄBl. 1977, S. 2235.

Da die Zulassungsbehörde zudem bei der Beurteilung der Wirksamkeit alle wissenschaftlich vertretbar begründeten Erkenntnisse zu berücksichtigen hat, ermöglicht es dieses eng gespannte Netz, jeden Ansatz für eine Wirksamkeitsprüfung zu erfassen. Wenn es danach dennoch im Einzelfall für die Wissenschaftler schwierig oder gar unmöglich ist, eine verläßliche Wirksamkeitsaussage zu treffen, bedeutet dies, daß damit u. U. ein therapeutisch wirksames Medikament nicht auf den Markt gelangt. Dieses Ergebnis beruht dann letztlich auf einer Entscheidung des Gesetzgebers zugunsten des Erfordernisses des Wirksamkeitsnachweises, die damit bindend ist.

Eine Pflichtverletzung durch Nichtzulassung ist im Rahmen der Prüfung der Voraussetzungen nach § 25 Abs. 2 Nr. 4 AMG nur in den Fällen zu bejahen, in denen das BGA, obwohl nach dem Prüfungsmaßstab des § 25 Abs. 2 Nr. 4 AMG die Wirksamkeit vorliegt, dies verkennt. Das kann der Fall sein, weil es einen eigenen, enger gefaßten Maßstab anwendet, etwa sich nicht an dem Diskussionsstand der herrschenden Meinung orientiert oder den Nachweis feststehender wissenschaftlicher Erkenntnisse fordert oder eine die Wirksamkeit bejahende Lehrmeinung fälschlich nicht als wissenschaftlich vertretbar bewertet.

e) Begründeter Verdacht schädlicher Wirkungen

Nach § 25 Abs. 2 Nr. 5 AMG hat das BGA zu prüfen, ob begründete Verdachtsmomente darüber vorliegen, daß ein Arzneimittel schädliche Wirkungen aufweist, die über ein nach den Erkenntnissen der medizinischen Wissenschaft vertretbares Maß hinausgehen.
Wann ein begründeter Verdacht schädlicher Wirkungen vorliegt, der das BGA zur Zulassungsuntersagung verpflichtet, wurde bereits unter A III 1. f, S. 43 ff., 49, 50 dargelegt.

Das BGA ist danach berechtigt, eine Zulassung bereits dann zu versagen, wenn ernstzunehmende Erkenntnisse, die nicht wissenschaftlich voll abgestützt zu sein brauchen, darüber vorlie-

gen, daß die Anwendung des Arzneimitteln zu schädlichen Wirkungen führt.

Die vom BGA vorzunehmende Gefahrenanalyse - Abwägung von Eintrittswahrscheinlichkeit der Gefahr und möglichem Schadensausmaß - birgt aufgrund der Schwierigkeit der Abgrenzung des
Grenzbereichs der Gefahr zum erlaubten, trotz Gefährdungspotentials sozialadäquaten Restrisiko, Probleme in der praktischen Rechtsanwendung. Diese Prüfung bewegt sich in einem sensiblen Grenzbereich und stellt angesichts der zu schützenden
hochwertigen Rechtsgüter an den Prüfenden besondere Anforderungen[1]), was die strikte Anwendung dieses Prüfungsmaßstabes
betrifft, da die hohe Schadensgefahr zu überängstlichen Entscheidungen i.S. der Überbetonung und dadurch Vorverlagerung
des Gefahrenbereichs führen kann.

Ein Fall der Pflichtverletzung im Rahmen der Prüfung der Voraussetzungen des § 25 Abs. 2 Nr. 5 AMG läge daher vor, wenn
aus übertriebener Vorsicht die Zulassung versagt oder lange
herausgeschoben wird, obwohl tatsächlich bei objektiver Prüfung kein Verdacht schädlicher Wirkungen begründet ist.

Der Vorwurf, vorschnell das Vorliegen eines Verdachtes i.S.
von § 25 Abs. 2 Nr. 5 AGM bejaht zu haben, ist gegen das BGA
in der Clofibrat-Entscheidung erhoben worden.[2]) Das BGA hatte
im Falle des Arzneimittels Clofibrat - ein Medikament zur Senkung der Blutfettwerte - den Widerruf der Zulassung nach § 30
Abs. 1 i.V.m. § 25 Abs. 2 Nr. 5 AMG verfügt, nachdem im Oktober 1978 in der Zeitschrift "British Heart Journal"[3]) ein ab-
schließender Bericht über das Ergebnis einer kontrollierten
therapeutischen Studie erschienen war, die 1965 mit Unterstützung der World Health Organization (WHO) in Edinburgh, Buda-
pest und Prag begonnen worden war. Diese Langzeitstudie hatte
das Ziel, die Hypothese zu überprüfen, ob die Häufigkeit

---

1) v. Kirchbach, S. 242; Blumenbach-Stille, S. 35.
2) Burkhardt-Kienle, Wirksamkeitsnachweis, S. 166 f.; Burkhardt-Kienle,
   Zulassung, S. 61; Immich, DÄBl 1979, S. 1441 ff.; Knipping, Medical
   Tribune 30.03.1979, S. 10; Bundesverband PharmInd. e. V., PharmInd.
   1979, S. 1 ff.
3) British Heart Journal, 40, S. 1069 - 1118, 1978.

von Erkrankungen der Herzkranzgefäße und von Herzinfarkten durch Senkung erhöhten Cholesterinspiegels vermieden werden könnte.[1] Sie führte zu dem Ergebnis, daß in der mit Clofibrat behandelten Gruppe 77 Todesfälle auftraten, während nur 47 Personen der mit Placebo behandelten Kontrollgruppe starben. Ferner wurde bei den mit Clofibrat behandelten Testpersonen eine größere Häufigkeit von Gallensteinen und Gallenblasenoperationen ermittelt.[2]

Dieses Tatsachenmaterial, so die Kritiker der BGA-Entscheidung, habe nicht für die Bejahung eines begründeten Verdachtes schädlicher Wirkungen i.S. § 25 Abs. 2 Nr. 5 AMG ausgereicht, weil es sich nicht nach den Erkenntnissen der medizinischen Wissenschaft um wissenschaftlich begründete Feststellungen gehandelt habe.[3] Das BGA habe die Ergebnisse vorangegangener Studien unberücksichtigt gelassen und weder die zuständige Zulassungs- bzw. Aufbereitungskommission noch andere Sachverständige zugezogen. In einem nach Erlaß der Widerrufsverfügung durchgeführten Sachverständigen-Hearing habe sich gezeigt, daß das ausgesprochene Verbot sachlich unhaltbar war. Dies habe auch in einer detaillierten Untersuchung nachgewiesen werden können.[4]

Diese Kritik ist jedoch nur dann berechtigt, wenn man einen begründeten Verdacht schädlicher Wirkungen - wie die zitierte Ansicht - erst bei Vorliegen wissenschaftlich begründeter Erkenntnisse annimmt. Daß diese Rechtsauffassung nicht haltbar ist, wurde bereits unter A III 1. f bb (S. 43 ff.) gezeigt. Auch sieht die große Mehrheit der Wissenschaftler eine klinisch kontrollierte Studie gerade als wissenschaftlich an.

---

1) J. A. Heady, Bull Wld. Hlth, Org. 1973 (48), S. 243 ff.; JAMA 1975 (231), S. 360 ff., Robert W. Wilkins, JAMA 1970 (214), S. 1303 ff.; JAMA 1972 (220), S. 996 ff.; JAMA 1973 (223), S. 652 ff.; British Medical Journal 1971 (4), S. 767, 775; A. Dewar, M. F. Oliver, British Medical Journal 1971 (4), S. 784 ff.; Krasnow, Kidera, JAMA 1972 (219), S. 845 ff.

2) M. F. Oliver, J. A. Heady u. a., British Heart Journal 1978 (40), S. 1069 ff.

3) Burkhardt-Kienle, wie vor, S. 64, Fßn. 2.

4) Burkhardt-Kienle, Zulassung, S. 62.

Mit Rücksicht auf die zu schützenden Rechtsgüter und die Höhe
eines möglichen Schadensausmaßes ist ein Verdacht schädlicher
Wirkungen daher schon anzunehmen, wenn nach vernünftiger, realistischer Einschätzung ernstzunehmende Erkenntnisse darauf
hindeuten. Geht man von dieser Interpretation des begründeten
Verdachts schädlicher Wirkungen aus, dann ist die Entscheidung des BGA zu Recht ergangen.1)

Aus der WHO-Studie ergab sich, daß die Zahl der Todesfälle in
der Gruppe mit Clofibrat behandelter Personen (insgesamt
5.000 Patienten) mit 77 gegenüber 47 Todesfällen in der mit
Placebo behandelten Gruppe (ebenfalls 5.000 Patienten) um 30
höher lag. Die Signifikanz dieses Ergebnisses sowie die Tatsache, daß es in einer breit angelegten Langzeitstudie ermittelt wurde, sind Informationen, die bei realistischer Einschätzung die Annahme rechtfertigen, daß es sich um ernstzunehmende Erkenntnissse handelte, die den Verdacht schädlicher Wirkungen begründeten.

Auch wenn nach zutreffender Einschätzung des BGA tatsächlich
ein Verdacht schädlicher Wirkungen des Medikamentes begründet
ist, ist das BGA gleichwohl dann zur Zulassung des Arzneimittels verpflichtet und begeht es eine Pflichtverletzung durch
Nichtzulassung, wenn die schädlichen Wirkungen nach den Erkenntnissen der medizinischen Wissenschaft vertretbar sind -
mit Rücksicht auf die therapeutische Wertigkeit des Medikamentes. Die Gefahr einer solchen Fehleinschätzung im Rahmen dieser medizinischen Nutzen/Risikoabwägung durch fehlerhafte Ge-
wichtung ist beträchtlich, denn auch dieser Abwägungsprozeß
bewegt sich in einem sensiblen Grenzbereich, wobei wiederum
im Hinblick auf das hohe Schadensrisiko leicht eine Überbewer-
tung des Schadensausmaßes oder der Eintrittswahrscheinlichkeit des Schadens zu einer sachlich unzutreffenden Zulassungsversagung führen kann. Auch insofern hat das BGA einen nur
beschränkt nachprüfbaren Beurteilungsspielraum. Nur die äußeren Grenzen der Abwägung stehen fest und sind nachprüfbar.

---

1) Entscheidung des BGA bestätigt durch VG Berlin AZ VG 14 A/79.

f) Zulassung unter Verstoß gegen § 27 Abs. 1 Satz 1 AMG

Nach § 27 Abs. 1 Satz 1 AMG ist die Zulassungsbehörde verpflichtet, das Zulassungsverfahren binnen einer Frist von
vier Monaten abzuschließen.
Die Regelung des § 27 Abs. 1 Satz 1 AMG entspricht Artikel 7
Satz 1 der 1. EG-Richtlinie, die die Mitgliedsstaaten verpflichtet, alle zweckdienlichen Maßnahmen zu treffen, um zu
verhindern, daß die Dauer des Zulassungsverfahrens eine Frist
von 120 Tagen nach Antragstellung überschreitet.
Das Ziel einer optimalen Gesundheitsfürsorge mit unbedenklichen, wirksamen und qualitativ einwandfreien Arzneimitteln
hat den Gesetzgeber zur Einführung eines materiellen Zulassungsverfahrens veranlaßt. Diesem Ziel steht die Gefahr der
Gesundheitsbeeinträchtigung der Bevölkerung gegenüber, wenn
therapeutisch hochwertige Arzneimittel aufgrund der Dauer des
durchzuführenden Zulassungsverfahrens nicht zur Verfügung stehen. Allerdings liegen statistische Erhebungen über Fälle von
Patientengefährdung durch verzögerte Zulassung aufgrund der
Verfahrensdauer der Zulassungsprüfung nicht vor.[1] Jedoch
sind sie bei neuen, hochwertigen Medikamenten ohne weiteres

---

1) So weist Cramer, S. 74 ff., darauf hin, daß in den USA seit der Einfüh-
   rung der Kefauver-Harris-Amendment (verschärfte Anforderung an
   Nachweis der Sicherheit, Nachweis der therapeutischen Wirksamkeit) die
   Zahl der Zulassungen von 1961 mit noch 260 Medikamenten von 111
   Firmen, 1970 auf 105 Medikamente von 60 Firmen gesunken ist. Auch die
   Zahl der in den USA als erstem Land neu in die Therapie eingeführten
   Stoffe sank von 31 1961 auf 5 1970. Insgesamt wurden von 1961 bis
   1970 77 neue Wirkstoffe in den USA in die Therapie eingeführt, davon
   60 von 1961 bis 1965 und 17 von 1966 bis 1970. Gleichzeitig aber wur-
   den in den USA 183 therapeutisch verwendbare Stoffe erfunden.
   An der Zahl der Erfindungen gemessen, liegen die USA damit an 1. Stel-
   le in der Welt. In der Reihenfolge der Staaten aber, die einen neuen
   Stoff als ersten in die Therapie einführten, liegen die USA erst an 4.
   Stelle, vgl. Cramer, S. 41. Aus einer ebenfalls von Cramer, S. 75, zitierten Untersuchung der Pharmaceutical Manufacturers Association der
   USA geht hervor, daß über die Hälfte der in den USA zugelassenen neuen
   Arzneimittel bereits zuvor in einem anderen Land in die Therapie einge-
   führt wurden. Beispielsweise wurde Lithium in den USA erst als dem 41.
   Land zugelassen, als 51. Land führten die USA das Antituberkulosemit-
   tel Rifampicin ein.
   Eine Untersuchung des unabhängigen Pharmamarktbeobachters de Haen legt
   dar, daß von den 50 vielversprechendsten Produkten, die 1971 in den
   USA erprobt wurden, 31 bereits in anderen Ländern verfügbar waren, davon eins seit 1960, zwei seit 1961 und eins seit 1962; in gleicher

vorstellbar. Dieser aus der Dauer des Prüfverfahrens herzulei-
tende Gefahrenkonflikt ist durch § 27 AMG in der Weise beantwortet, daß das Zulassungsverfahren innerhalb von vier Monaten abgeschlossen sein muß.

Das BGA verletzt seine Prüfungspflicht, wenn es das Zulas-
sungsverfahren nicht innerhalb der durch § 27 AMG vorgegebenen Frist abschließt.
Gegen das BGA laufen z. Z. Untätigkeitsklagen nach § 75 VwGO,
insgesamt mehr als 20 Medikamente betreffend, bei denen die
Zulassungsfrist nach § 27 AMG verstrichen ist und die noch
nicht zugelassen worden sind.[1] Mit diesen am 24.06.1987 beim
Verwaltungsgericht in Berlin eingereichten Klagen soll nach
Auskunft des Bundesverbandes der pharmazeutischen Industrie
(BPI) der Forderung nach besserer Ausstattung des BGA Nach-
druck verliehen werden. Derzeit sind ca. 10.000 Anträge auf
Zulassung von Arzneimitteln unbearbeitet[2], die regelmäßige
Bearbeitungsfrist erreiche das 2- bis 3fache der gesetzlich
vorgeschriebenen Dauer. Selbst lebenswichtige neue Arzneimittel würden gegenwärtig erst nach etwa 1 1/2 Jahren für die
allgemeine medizinische Anwendung freigegeben.[3]

Mehrere gentechnische Arzneimittel, wie einige Interferonprä-
parate, welche u. a. die einzigen wirksamen Medikamente gegen
einen seltenen Blutkrebs und einige andere lebensbedrohende

---

noch Fßn. 1, S. 68
  Weise äußern sich Fincke, S. 18 ff., 106 ff., 121 ff.; Friesewinkel
  DÄBl 1977, S. 2972, 2974; Kaufer, S. 174 ff., 177 ff.; Kirchner, S.
  155; v. Loesch, S. 320; Nord, S. 41 ff.; vorsichtiger Plagemann, S.
  28/29, der die These von der Verzögerung oder Verhinderung von Neuein-
  führungen als 'Spekulation' bezeichnet.
1) Bericht Medikament und Meinung Nr., 7 vom 15.07.1987, S. 1; Bericht
   Handelsblatt vom 25.06.1987, S. 15, Bericht DNÄ vom 25./27.06.1987;
   Bericht Ärzte-Zeitung vom 29.06.1987.
2) Bericht HAZ vom 29.09.1989, S. 7.
3) Bericht Handelsblatt vom 28.04.1987, S. 16; Bericht Handelsblatt vom
   25.06.1987, S. 15.

Krankheiten seien, habe das BGA nicht innerhalb der gesetzlichen Prüfungsfrist bearbeitet.[1] Hersteller von Generika erhalten nach Angabe des BPI z. Z. generell innerhalb von durch-
schnittlich sieben Monaten die Zulassung, während forschende
Unternehmen mit längeren Fristen rechnen müßten, selbst wenn
es sich lediglich um geringfügige pharmazeutische Veränderungen von bereits im Markt befindlichen Medikamenten handele.[2]
Die Zahl der Entscheidungen über Zulassungsanträge sei von
1.443 im Jahre 1985 auf 903 im Jahre 1986 gesunken.[3] Als
möglicher Grund für die lange Dauer des Prüfverfahrens wird
vom BPI die personelle Unterbesetzung des BGA genannt.

Diese Überlegung kann aber nicht zur Begründung einer die
Frist des § 27 AMG überschreitenden Prüfdauer angeführt werden. Mit der Einführung des § 27 AMG ist der Staat eine
Selbstbindung eingegangen, die ihn verpflichtet, die äußeren
Rahmenbedingungen so zu gestalten, daß dem BGA die Einhaltung
der Fristenregelung nach § 27 AMG möglich ist. Andernfalls
kann das BGA seine gesetzliche Verpflichtung nach § 1 AMG für
die Gewährleistung einer sicheren Versorgung durch unbedenkliche, wirksame Arzneimittel Sorge zu tragen, nicht erfüllen.
Denn auch § 27 AMG dient im Ergebnis der Erreichung des
gesetzgeberischen Zweckes nach § 1 AMG, indem die zügige Versorgung der Patienten mit u. U. lebenswichtigen Medikamenten
sichergestellt wird, zur Frage des Drittschutzes, s. unter IV
5 b, S. 118.

g) Nicht- oder verspätete Zulassung entgegen § 28 Abs. 3 AMG

Das BGA hat also die Pflicht, Arzneimittel von hoher therapeutischer Wirksamkeit alsbald zuzulassen. Die Fehleinschätzung
auf diesem Gebiet, etwa Geringschätzung der therapeutischen
Wirksamkeit, kann pflichtwidrig sein und Haftungsfolgen auslö-
sen. Allerdings hat auch hier das BGA einen Spielraum zur

1) Bericht Handelsblatt vom 28.04.1987, S. 16.
2) Bericht Handelsblatt vom 28.04.1987, S. 16.
3) Bericht Handelsblatt vom 25.06.1987, S. 15.

Beurteilung. Überschreitet es ihn, ist ein Haftungsgrund gegeben. Als Beispiel kann wieder AZT dienen: Es ist, wie dargelegt[1]), so wirksam, daß ein klinisch kontrollierter Doppel-
blindversuch in den Vereinigten Staaten von Amerika vorzeitig
abgebrochen wurde. Der Gesundheitszustand der Mitglieder der
Kontrollgruppe hatte sich wesentlich schlechter entwickelt.
Allerdings hat AZT schwerste, lebensbedrohliche Nebenwirkungen (z. B. Rückenmarkschwund). Deshalb wäre eine Versagung
der Schnellzulassung vertretbar gewesen.

3. Pflichtverletzung bei Widerruf, Rücknahme und Ruhen der
   Zulassung § 30 AMG i.V.m. § 25 AMG

§ 30 AMG regelt die Voraussetzung für Widerruf, Rücknahme und
Ruhen der Zulassung. Wie die Zulassungsentscheidung ergehen
auch die Entscheidungen nach § 30 AMG aufgrund einer materiellrechtlichen Prüfung. Hinsichtlich des materiellrechtlichen
Prüfungsmaßstabes knüpft § 30 AMG differenzierend nach Wider-
ruf-, Rücknahme- und Ruhensentscheidung inhaltlich unter Bezugnahme der jeweiligen Gliederziffern an § 25 AMG an.
Pflichtverletzungen bei der Prüfung können sowohl in der fehlerhaften Bejahung als auch dem fehlerhaften Nichterkennen
der Voraussetzung des § 30 AMG liegen.

Das BGA hatte im Falle des Arzneimittels Tambocor die Anwendung des § 30 AMG zu prüfen. Die Entscheidung des BGA soll
nachfolgend näher untersucht werden.

Das Antiarrhythmikum Flecainid wurde 1982 unter dem Handelsna-
men Tambocor in Deutschland zugelassen für die Behandlung

---

1) Vgl. oben A III. 1. i, S. 59, 60.

ventrikulärer Tachykardien[1]), AV-reentry-Tachykardien[2]), paroxysmale supraventrikuläre Tachykardien[3]) aufgrund des WPW-Syndroms[4]), paroxysmales Vorhofflimmern. Im Verlauf einer in den Vereinigten Staaten durchgeführten Studie (CAST)[5]) bei Patienten nach Herzinfarkt mit dem Ziel des Nachweises der Prävention des plötzlichen Herztodes wurde aufgrund einer Zwischenauswertung Mitte April 1989 festgestellt, daß bei der Tambocor-Patientengruppe eine höhere Rate von Herzstillstand und Todesfällen als bei der Placebo-Gruppe auftrat, Tambocor 16/315, Placebo 7/309.[6]) Die FDA beschränkte daraufhin die Indikation auf lebensbedrohliche persistierende ventrikuläre Tachykardien.[7]) Das BGA ordnete demgegenüber auf Antrag des Herstellers das Ruhen der Zulassungen an mit Ausnahme lebensbedrohender supraventrikulärer Herzrhythmusstörungen, wie AV-reentry-Tachykardien und beim WPW-Syndrom.[8])

Die Anordnung des Ruhens der Zulassung für den Indikationsbereich lebensbedrohlicher persistierender ventrikulärer Tachykardien wird von führenden Rhythmusexperten für medizinisch nicht vertretbar gehalten.[9]) Das plötzliche Absetzen von Tambocor könne behandlungspflichtige Arrhythmiepatienten ernsthaft gefährden, zumal nicht in allen Fällen wirksame therapeutische Alternativen zur Verfügung stünden.[10]) Das in der Behandlung von Postinfarktpatienten mit Tambocor liegende Risiko muß daher gegen dieses in jedem Fall mit der Absetzung des Mittels verbundene Risiko abgewogen werden. Nicht zuletzt im

---

1) Erregungsursprung der Herzrhythmusstörung in der Herzkammer.
2) Herzrhythmusstörung bei Vorkommen von anomalen Reizleitungsnebenwegen.
3) Erregungsursprung der Herzrhythmusstörung im Vorhof.
4) Wolff Parkinson - White Syndrom, im EKG verkürzte Überleitungszeit (PQ) und verbreiterter Kammerkomplex (QRS) im Anfangsteil.
5) Cardiac-Arrithmia-Suppression-Trial.
6) FDA Talk-Paper vom 25.04.1989, Medical Tribune vom 12.05.1989, S. 10, 12.
7) FDA Talk-Paper vom 25.04.1989.
8) BGA-Pressedienst, 28.04.1989; Rote-Hand-Brief vom 27.04.1989.
9) Lüderitz, DNÄ vom 02.05.1989, S. 2; derselbe DNÄ vom 18./19.12.1989, S. 2; Kleinsorge, DNÄ vom 26./27.05.1989, S. 2; N. N., Medical Tribune vom 12.05.1989, S. 11, 12 (Ärztekongressbericht).
10) Lüderitz, DNÄ vom 02.05.1989, S. 2 u. DNÄ vom 18./19.12.1989, S. 2, berichtet in diesem Zusammenhang von eingetretenen Todesfällen.

Hinblick darauf, daß Fälle denkbar sind, in denen keine wirksame therapeutische Alternative besteht, muß dem behandelnden Arzt die Möglichkeit erhalten bleiben, eine individuelle Einzelfallbeurteilung vornehmen zu können.[1] Dies spricht dafür, die wenn auch nur zeitlich befristete generelle Anordnung des Ruhens der Zulassung für den Indikationsbereich lebensbedrohlicher persistierende ventrikuläre Tachykardien als medizinisch nicht vertretbare und damit pflichtwidrige Entscheidung des BGA anzusehen.

In eine medizinische Bewertung und Abwägung der Risikofaktoren ist das BGA bei seiner Entscheidung jedoch gar nicht eingetreten. Es hat vielmehr lediglich den Antrag des Herstellers auf Anordnung des Ruhens der Zulassung für dieses Anwendungsgebiet ohne Prüfung in der Sache umgesetzt. Zu einer inhaltlichen Prüfung war das Amt in diesem Fall weder verpflichtet noch berechtigt. Das Zulassungsverfahren ist Antragsverfahren und der Hersteller als der nach § 84 AMG und §§ 823 ff. BGB Verantwortliche hat es jederzeit in der Hand, den Antrag ganz oder teilweise zurückzunehmen oder das vorläufige Ruhen der Zulassung zu beantragen. Im Ergebnis ist daher die Entscheidung des BGA nicht zu beanstanden.

Zugelassen blieb Tambocor für Fälle lebensbedrohlicher supraventrikulärer Tachykardien. Das Medikament war damit auch für die Behandlung lebensbedrohender persistierender ventrikulärer Tachykardien weiter verwendbar, wenn die Indikationsbeschränkung des BGA gegenüber dem behandelnden Arzt keine Bindungswirkung entfaltet.[2] Gegen eine solche Bindung des Arztes spricht seine Verpflichtung, die Behandlung nach dem Stand der Wissenschaft durchzuführen. Er muß daher unter Umständen ein Medikament trotz Indikationseinschränkung verordnen, wenn diese Therapierung dem Stand der Wissenschaft entspricht und andere alternative Therapiemaßnahmen nicht zur Verfügung stehen.

Zwischenzeitlich hat das BGA das Ruhen der Zulassung für den Anwendungsbereich ventrikuläre Tachykardien wieder aufgegeben.

---

1) Kleinsorge, DNÄ vom 26./27.05.1989, S. 2.
2) Deutsch, DNÄ vom 11.07.1989, S. 2.

IV. Drittbezogenheit der Amtspflicht

1. Definition und Zweck dieses Tatbestandsmerkmals

a) Allgemeine Definition

Die Kommentare zu § 839 BGB definieren das Erfordernis der Drittbezogenheit der Amtspflicht in Übereinstimmung mit der Rechtsprechung dahingehend, daß die verletzte Amtspflicht zumindest auch gerade gegenüber dem Geschädigten bestanden haben muß.[1] Die jeweils verletzte Amtspflicht muß dem Schutz des "Dritten" gedient haben.

Liest man diese Definitionen, liegt die Ansicht nahe, daß im Verfahren über die Zulassung eines Arzneimittels durch das BGA gerade oder doch "zumindest auch" die Interessen des Patienten wahrgenommen werden. Schließlich ist es der einzige Zweck eines Arzneimittels, bei einem Kranken zur Anwendung zu kommen.[2] Der Schluß, daß derjenige, der ein Arzneimittel verbrauchen soll, auch derjenige ist, der durch das Zulassungserfordernis vor Schaden durch die Einnahme eben dieses Mittels bewahrt werden soll, drängt sich auf.

Verstünde man allerdings im vorgenannten Sinne jeden, der durch ein Amtshandeln betroffen werden könnte als Anspruchsberechtigten gem. § 839 BGB, so wäre das Tatbestandsmerkmal der Drittbezogenheit praktisch überflüssig. Die Drittbezogenheit folgte regelmäßig bereits daraus, daß der Anspruchsteller infolge eines Amtshandelns zu Schaden kam. Das Merkmal der Drittbezogenheit wäre damit nicht mehr vom Erfordernis der (haftungsbegründenden) Kausalität zu unterscheiden und wiese keine eigene Funktion auf.

Angesichts der ausdrücklichen Aufnahme der Worte "die ihm einem Dritten gegenüber obliegende" in den § 839 Abs. 1 S. 1 BGB

---

1) Staudinger-Schäfer, § 839, Rdn. 236; Palandt-Thomas, § 839, Anm. 5A; Müko-Papier, § 839, Rdn. 191.
2) Zum Zweck des AMG s.u. 4.a, S. 102 ff.

kann eine solche Konsequenz jedoch nicht ungeprüft hingenommen werden. Es ist daher erforderlich, den Sinn und die Aufgabe des Tatbestandsmerkmals der Drittbezogenheit als Voraussetzung der Amtshaftung näher zu hinterfragen, bevor über dessen
Vorliegen im untersuchten Zusammenhang entschieden werden kann.

b) Berücksichtigung von Fiskalinteressen

Folgt man Äußerungen aus der öffentlich-rechtlichen Literatur
zum Staatshaftungsrecht, so hat das Tatbestandsmerkmal "gegenüber einem Dritten obliegende" die haftungsbegrenzende Aufgabe, nicht jeden Schaden, der von einem Amtswalter durch Verletzung seiner Amtspflichten verursacht wird, dem Amtshaftungsanspruch zu unterstellen.[1]

Diese Formulierung läßt den Verdacht aufkommen, daß die Drittbezogenheit in erster Linie dazu dienen soll, die öffentliche
Hand vor allzu vielen privaten Anspruchstellern zu schützen
und dadurch die finanzielle Belastung der jeweiligen Anstel-
lungskörperschaften des pflichtwidrig handelnden Beamten zu
begrenzen. Letztlich sollen also wohl rein fiskalische Interessen des Staates geschützt werden, indem "uferlose Schadensersatzansprüche"[2] von vornherein ausgeschlossen werden,
wobei die Frage, ob die Schadensersatzansprüche eigentlich berechtigt wären, in den Hintergrund tritt.

Der Hinweis auf bloße Fiskalinteressen des Staates vermag die
Zurücksetzung u. U. berechtigter Einzelansprüche des Bürgers
allein allerdings nicht ohne weiteres zu rechtfertigen. Es
erschiene mit rechtsstaatlichen Grundsätzen kaum vereinbar[3],
wenn sich der Staat ohne sonstigen sachlichen Grund aus rein
fiskalischen Erwägungen aus der Verantwortung zöge. Insofern
scheint gegenüber dem Ziel, die finanzielle Belastung der An-

---

1) Ossenbühl, S. 38.
2) Dagtoglou, BK Art. 34, Rdn. 148.
3) Vgl. Soergel-Glaser, § 839, Rdn. 9.

stellungskörperschaft in Grenzen zu halten, eine gewisse Zurückhaltung geboten, die in der Auslegung des Merkmals der
Drittbezogenheit zum Ausdruck kommen müßte. Auch der Staat
darf nicht ohne sachlichen Grund eine Haftungsbegrenzung für
sich in Anspruch nehmen, nur weil eine Haftung zu teuer käme.

Gegen die Heranziehung von Fiskalinteressen zur Begründung
des einschränkenden Tatbestandsmerkmals der Drittbezogenheit
spricht zumindest auch die Entstehungsgeschichte dieses Tatbestandsmerkmals. Denn die Drittbezogenheit wurde bereits in
den § 839 BGB aufgenommen, als der Beamte noch ausschließlich
persönlich für Fehler in seiner Amtsführung haftete und diese
Haftung noch nicht durch den Artikel 34 GG auf den Staat übergeleitet wurde. Die Fiskalinteressen des Staates können also
nicht von Anfang an der Grund dafür gewesen sein, für die
Amtshaftung zu fordern, daß die Amtspflichten einem Dritten
gegenüber bestanden haben müssen . Auch aus diesem Grunde vermag der Rückgriff auf den schlichten Zweck der Haftungsbegrenzung keine überzeugende Auslegungshilfe für das Merkmal
der Drittbezogenheit zu liefern.

Ein Blick in die Materialien zum BGB wird dies sogleich verdeutlichen, denn dort läßt sich kein Anhaltspunkt dafür finden, daß Fiskalinteressen der Grund dafür gewesen wären, das
Erfordernis der Drittbezogenheit in die Tatbestandsmerkmale
der Beamtenhaftung aufzunehmen.

c) Die Drittbezogenheit in den Materialien zum BGB

Im Gesetzgebungsverfahren zum BGB war zunächst zweifelhaft,
ob eine Vorschrift, die die Haftung des Beamten für Amtspflichtverletzungen regelt (§ 736 des 1. Entwurfes) überhaupt
erforderlich wäre.[1] Es wurde erwogen, auf eine spezielle

---

1) Vgl. Motive II, S. 822 ff. "Standpunkt des Entwurfs".

Amtshaftungsvorschrift zu verzichten und auch die privatrechtliche Verantwortlichkeit eines Beamten den allgemeinen
deliktsrechtlichen Grundsätzen mit den beiden wesentlichen
Anspruchsgrundlagen in § 823 Abs. 1 und § 823 Abs. 2 BGB (entsprechend § 704 Abs. 2 und 704 Abs. 1 des 1. Entwurfes) zu
unterwerfen.

In den Motiven heißt es dazu: "Verletzt ein Beamter eine Amtspflicht und ist die Pflichtverletzung mit einer im Wege des
gerichtlichen Strafverfahrens zu verhängenden öffentlichen
Strafe bedroht, so kann nicht zweifelhaft sein, daß wegen Verletzung eines absoluten Verbotes eine widerrechtliche Handlung im Sinne des 1. Absatzes des § 704 vorliegt; wird ohne
amtliche Berechtigung durch die Pflichtverletzung in den
Kreis der absoluten Rechte eines anderen eingegriffen, so ergibt sich ebenso zweifellos eine widerrechtliche Handlung im
Sinne des 2. Absatzes des § 704."[1])

Lediglich für diejenigen Pflichtverletzungen eines Beamten,
die weder der einen noch der anderen vorbezeichneten Gruppen
angehörten, sah die 1. Kommission die Notwendigkeit zu entscheiden, ob die verletzte Dienstpflicht dem Beamten nur gegenüber dem Dienstherrn (dem Staate, der Gemeinde usw.) oder
ob sie zugleich jedem Dritten gegenüber auferlegt sei.[2]) Letz-
terenfalls wäre unbedenklich eine widerrechtliche Handlung im
Sinne des § 704 wegen Verletzung eines absoluten Verbotes[3])
und damit einer Haftung i.S. des heutigen § 823 Abs. 2 BGB
anzunehmen. Daneben wäre die Haftung wegen Verletzung eines
absoluten Rechtes gem. § 704 Abs. 2 (heute § 823 Abs. 1 BGB)
bestehen geblieben.

Ein Bedürfnis, eine materiell-rechtliche Anspruchsgrundlage
für den Bürger gegen den Beamten erst zu schaffen, wurde

1) Motive II, S. 822.
2) Motive II, S. 822 ff.
3) Motive II, S. 823.

demnach nicht angenommen. Probleme sahen die Verfasser des
BGB lediglich in der Abgrenzung zwischen solchen Pflichten,
die nur dem Dienstherrn gegenüber bestanden, und solchen
Pflichten, die dem Beamten zugleich jedem Dritten gegenüber
auferlegt waren und damit unter § 704 Abs. 1 (heute § 823
Abs. 2 BGB) subsumiert werden konnten.

Allein diese Abgrenzungsfrage sollte durch den § 736 des 1.
Entwurfes geklärt werden, da für den Fall einer Nichtregelung
ein doppeltes Mißverständnis befürchtet wurde.[1]

Einerseits wurde es als Gefahr einer unzureichenden Haftung
angesehen, daß die Interpretation dahin gehen könnte, den Beamten nur dann für schadensersatzpflichtig zu halten, falls
seine Amtspflichtverletzung zugleich einen Verstoß gegen die
allgemeinen Strafgesetze beinhaltete oder ein absolutes Recht
i.S. des heutigen § 823 Abs. 1 BGB verletzte.[2]

Andererseits betrachtete man auch die entgegengesetzte Auslegung, nämlich jede Verletzung einer Amtspflicht als eine widerrechtliche Handlung i.S. des § 823 Abs. 2 BGB anzusehen,
angesichts der großen Zahl der Dienstvorschriften mit dem Charakter bloßer Ordnungsvorschriften als unhaltbar. Es wurden
unerträgliche Härten für den einzelnen Beamten befürchtet,
falls dieser für jeden Schaden, der aus der Verletzung irgendeiner Dienstpflicht einem Dritten entstanden ist, nach Maßgabe des § 823 Abs. 2 BGB verantwortlich wäre.[3]

Für die Verfasser des 1. Entwurfes ging es also nur darum,
durch Schaffung einer speziellen Amtshaftungsregelung unter
gleichzeitiger Betonung des Erfordernisses der Verletzung
einer einem Dritten gegenüber obliegende Amtspflicht klarzu-
stellen, daß der Beamte nicht auch für bloß formale Verstöße

---

1) Motive II, S. 823.
2) Vgl. Motive II, S. 823.
3) Motive II, S. 823.

gegen dienstliche Ordnungsvorschriften schadensersatzpflichtig gemacht werden sollte. Demgegenüber war es kein Ziel, die
Haftung für Dienstpflichtverletzungen mit materiellem Gehalt
zugunsten des Beamten in irgendeiner Weise einzuschränken.
Eine summenmäßige Begrenzung der Haftung wurde nicht einmal
erwogen. Die Konsequenzen eines Verstoßes gegen materielle
Dienstpflichten sollten den Beamten ohne jede Einschränkung,
also auch ohne Rücksicht auf die Gesamthöhe seiner finanziellen Belastung treffen. Ziel der Erwähnung der Drittbezogenheit in § 736 des Entwurfes war also nicht eine Haftungsbe-
schränkung, sondern eine Definition der Haftungsfälle.
Durch die spätere Überleitung der Beamtenhaftung auf den
Staat durch Art. 34 GG kann sich insofern keine Einschränkung
der Amtshaftung ergeben haben.

Ausgehend von der historischen Interpretation wird es bei der
Entscheidung über das Merkmal der Drittbezogenheit vielmehr
weitgehend darauf ankommen, ob die jeweils verletzte Amtspflicht in erster Linie lediglich als Dienstvorschrift bzw.
Ordnungsvorschrift den inneren Dienstbetrieb regeln sollte
oder ob die Schaffung der jeweiligen Amtspflicht den Zweck
verfolgte, den Bürger - bzw. später Geschädigten - zu schützen und dessen Interessen zu wahren.

2. Die Rechtsprechung

a) Keine unmittelbaren Entscheidungen zur Amtshaftung bei
   Arzneimittelzulassung

Wie bereits deutlich wurde, gibt es bislang keine gerichtlichen Entscheidungen, die sich mit der Frage der Haftung des
BGA für Fehler seiner Beamten bei der Zulassung von Arzneimitteln auseinandersetzen mußten. Das mag daran liegen, daß die
strenge, detaillierte Regelung der Arzneimittelzulassung und

die Bindung an ein umfangreiches, festes Verfahren gemessen
an anderen Gesetzesbestimmungen noch relativ jung ist. Angesichts des vielschichtigen Risiko- und Schädigungspotentials
und der zahlreichen Meldungen über wieder vom Markt genommene
Arzneimittel (von denen ein Teil wohl ursprünglich zumindest
objektiv zu Unrecht zugelassen worden war) gerade in jüngster
Zeit kann das Fehlen dieses Problemkreises in der Entschei-
dungspraxis aber auch handfeste Gründe haben.

So kann zum einen infolge der unsicheren Rechtslage bereits
das Risiko einer gerichtlichen Auseinandersetzung und die damit verbundene Publizität eine starke Zurückhaltung bewirkt
haben. Wichtig erscheint aber vor allem, daß durch das AMG
mit dem strengen, behördlich durchgeführten Zulassungsverfahren zugleich in § 84 AMG eine Gefährdungshaftung der Arzneimittelhersteller eingeführt wurde. Für geschädigte Personen
ist es deshalb nicht nur wegen der klaren Anspruchsgrundlage
sicherer, sich an den Hersteller der schädigenden Arznei
statt an die Zulassungsbehörde zu wenden, er wird dazu durch
die Subsidiaritätsklausel in § 839 Abs. 1 Satz 2 BGB nach
h.M.[1] sogar stets gezwungen, denn Fälle, in denen diese Klausel wegen vorsätzlichen Handelns der Mitarbeiter des BGA
nicht eingriffe, sind praktisch nicht vorstellbar. Daß die
Subsidiaritätsklausel die Zulassungsbehörde nicht nur vor un-
angenehmen juristischen Auseinandersetzungen, sondern darüber
hinaus vor allem auch in materieller Hinsicht vor einer Inanspruchnahme schützt, wird an späterer Stelle noch zu erörtern
sein. Schon hier kann aber festgehalten werden, daß Ansprüche
geschädigter Arzneimittelverbraucher gegen die Zulassungsbehörde schon wegen der Herstellerhaftung aus § 84 AMG i.V.m.
§ 839 Abs. 1 Satz 2 BGB in der Praxis auch weiterhin eher die
Ausnahme sein werden. Ansprüche der Hersteller z. B. wegen
pflichtwidriger Nichtzulassung eines Präparates werden an dieser Hürde dagegen nicht scheitern.

---

1) Dazu unten VII, S. 122 ff.

Soweit ersichtlich, wurde aus dem Bereich des Gesundheitswesens erst eine Entscheidung veröffentlicht, die sich mit Amtshaftungsansprüchen befaßt. Diese Entscheidung des BGH aus dem
Jahre 1957[1]) erging jedoch nicht zum AMG oder zu einem seiner
Vorläufer, sondern zum Gesundheitsgesetz von 1934 und befaßte
sich mit Ansprüchen von Trinkwasserverbrauchern, die durch
mit Typhuskeimen verseuchtes Trinkwasser, das von der Gesund-
heitsbehörde nicht ausreichend überwacht worden war, zu Schaden gekommen waren. Der BGH hat hier Amtshaftungsansprüche
anerkannt mit der Begründung, daß die in den Durchführungsver-
ordnungen zum Gesundheitsgesetz niedergelegten Amtspflichten
mindestens auch dem Schutz des einzelnen Bürgers dienten, der
mangels der Möglichkeit der Einflußnahme auf die Trinkwasserversorgung und einer Kontrolle ihrer Einrichtungen die mit
einer zentralen Trinkwasserversorgung verbundenen Gefahren
weder erkennen noch abwehren könne.[2]) Zwar kann in dieser Entscheidung für die hier in Rede stehende Frage der Haftung des
BGA für Arzneimittelzulassung keine unmittelbare Lösung gesehen werden, da die mangelnde Kontrollmöglichkeit und Einflußnahme des Bürgers jedoch sicherlich auch für die Herstellung
und Zulassung von Arzneimitteln gilt, wird auf diese Parallelen an anderer Stelle noch zurückzukommen sein.

b) Kasuistik

Da die bereits oben wiedergegebene allgemeine Formel, wonach
Drittbezogenheit anzunehmen ist, wenn die verletzte Amtspflicht zumindest auch dem Schutz des einzelnen Geschädigten
dienen sollte, für die Entscheidung von konkreten Einzelfäl-

---

1) BGH LM Nr. 1 zu GesundheitsG vom 03.07.1934.
2) A.a.O., a.E.

len nicht ausreichend präzise ist und daher vor allem im Hinblick auf Rechtssicherheit und Vorhersehbarkeit gerichtlicher
Entscheidungen nicht zu befriedigen vermag, wurde sehr bald
mit der Bildung von Fallgruppen begonnen, in denen typischerweise von einer Drittbezogenheit der verletzten Amtspflicht
auszugehen ist.[1]

Zu diesen Fallgruppen zählen u. a. die Verletzung subjektiver
öffentlicher Rechte, Zuständigkeitsüberschreitungen, Nichtein-
haltung der Verschwiegenheitspflicht und deliktische Handlungen.[2]

Nachfolgend soll geprüft werden, ob die Pflichtverletzungen
des BGA, die im Zusammenhang mit der Zulassung von Arzneimitteln denkbar sind[1]), einer dieser üblicherweise zur Amtshaftung führenden Fallgruppen zugeordnet werden können.

aa) Unerlaubte Handlung

Die durch Arzneimittel verursachten Schäden sind typischerweise Gesundheitsschäden und damit dem Bereich des in § 823
Abs. 1 BGB geschützen absoluten Rechtsgutes "Gesundheit" zuzu-
rechnen. Etwaige Pflichtverletzungen des BGA bei der Arzneimittelzulassung und deren Schadensfolgen fallen also in einen
Bereich, der außerhalb des durch Dienstpflichten geregelten
hoheitlichen Bereiches zu den unerlaubten Handlungen gem.
§ 823 BGB gehört. Die potentielle Verantwortlichkeit des Mit-
arbeiters des BGA geht damit nicht über dasjenige hinaus, mit
dem jedermann infolge des allgemeinen Deliktrechts rechnen
müßte.

Dies könnte dafür sprechen, eine Amtshaftung und damit not-

---

1) Vgl. Müko-Papier, § 839, Rdn. 194.
2) Ermann-Drees, § 839, Rdn. 62; Staudinger-Schäfer, § 839, Rdn. 263
ff.; RGRK-Kreft, § 839, Rdn. 247 ff.; Müko-Papier, § 839, Rdn.
195 ff.; Dagtoglou BK, Art. 34, Rdn. 156 ff.
3) Vgl. oben A III, S. 21 ff.

wendigerweise auch die Drittbezogenheit von Amtspflichtverletzungen im Rahmen der Arzneimittelzulassung zu bejahen und
damit die Verantwortlichkeit eines Beamten für schädigendes
Verhalten nicht weniger streng auszulegen als die Verantwortlichkeit, die jedermann schon nach allgemeinen Grundsätzen
trifft. Anderenfalls würden sich die Dienstpflichten als Er-
leichterung für den Beamten auswirken.

Wie bereits dargelegt wurde[1]), entspricht eine Haftung des Beamten für Schädigungen, die für Nichtbeamte unter § 823 BGB
zu subsumieren sind, der historischen Interpretation des §
839 BGB. Im Gesetzgebungsverfahren hat es keinen Zweifel daran gegeben, daß der Beamte für alle Pflichtverletzungen haften sollte, die unter die Bestimmung des § 823 BGB[2]) zu subsumieren sind. Lediglich zum Zwecke einer Regelung der Verantwortlichkeit im Außenverhältnis für solche Dienstpflichten,
die über die jedermann obliegenden Pflichten hinausgehen, wurde § 839 BGB für erforderlich gehalten. Die aus § 823 BGB (§
704) für jedermann folgende Haftung sollte dadurch ihrem Inhalt nach für Beamte jedoch nicht in Frage gestellt werden.

In Übereinstimmung hiermit entwickelte sich eine bereits auf
das Reichsgericht zurückgehende Rechtsprechung, wonach alle
unerlaubten Handlungen i.S. des § 823 BGB zugleich Amtspflichtverletzungen darstellen, die nicht nur allgemeiner Natur sind, sondern darüber hinaus für den pflichtverletzenden
Beamten auch gegenüber dem jeweiligen Geschädigten als Drittem gem. § 839 BGB bestehen, so daß der Dritte anspruchsbe-
rechtigt im Sinne dieser Vorschrift ist.

Das Reichsgericht hatte in einer Entscheidung im Zusammenhang
mit einem sittenwidrig schädigenden Verhalten eines Beamten
gegenüber einer Zeitung ausgesprochen, daß ein Beamter seine
Amtspflicht verletze und zum Schadensersatz verpflichtet sei,

---

1) S. o. 1. c, S. 76 ff.
2) In der Zählung des 1. Entwurfes § 704.

wenn er in einer den Tatbestand des § 826 BGB erfüllenden Weise durch Ausübung seiner Amtspflicht einem Dritten Schaden
zufüge.[1] Später wurde diese zunächst auf § 826 BGB beschränkte Aussage ganz allgemein auf die §§ 823 ff. BGB erstreckt.[2]
Unter ausdrücklicher Bezugnahme auf RGZ 140, S. 423, hat der
BGH diese Rechtsprechung, zunächst wieder nur beschränkt auf
§ 826 BGB, fortgesetzt und ausgesprochen, daß ein Beamter,
der in einer den Tatbestand des § 826 BGB erfüllenden Weise
durch Ausübung seiner Amtsgewalt einem Dritten Schaden zufüge, zugleich eine ihm diesem Dritten gegenüber obliegende
Amtspflicht verletze.[3] In späteren Entscheidungen[4] hat dann
auch der BGH diese Beschränkung fallengelassen und alle unerlaubten Handlungen eines Beamten als Amtspflichten eingestuft, die dem jeweils geschädigten Dritten gegenüber obliegen.

Allerdings wurde auch betont, daß nicht in jedem Fall, in dem
die Amtspflichtverletzung gleichzeitig den Tatbestand einer
allgemeinen unerlaubten Handlung bildet, derjenige, gegen
den sich diese unerlaubte Handlung richte, auch Dritter im
Sinne des § 839 BGB sei.[5] Dieser Entscheidung lag allerdings
die Klage einer Gemeinde zugrunde, die vom Land Schadensersatz forderte, weil ein Lehrer im Schulgebäude im Zusammenhang mit dem Schulunterricht einen größeren Sachschaden verursacht hatte, indem er einen Wasserhahn hatte laufen lassen.
Obwohl diese Sachbeschädigung den Tatbestand einer unerlaubten Handlung verwirklichte, wurden die Amtshaftungsansprüche
der klagenden Gemeinde abgewiesen. Dies jedoch, weil der Lehrer nicht ausschließlich als Beamter des Landes, das ihn angestellt hatte, sondern zugleich als Person angesehen wurde,
die auch Pflichten der klagenden Stadt wahrnahm, weil nämlich zur Erfüllung der mit der Unterhaltung und dem Betrieb

---

1) RGZ 140, 423, 430.
2) RGZ 154, 117, 123.
3) BGHZ 14, 319, 324.
4) BGHZ 69, 128, 138 und BGHZ 78, 274, 279.
5) BGHZ 60, 370, 374 ff. = BGH LM Nr. 26 zu § 839 Cb m. Anm. Kreft.

öffentliche Schule verbundenen Aufgaben der Staat und die kommunalen Körperschaften im Blick auf einen ihnen gemeinsam erteilten Bildungsauftrag gleichsinnig und nicht in Vertretung widerstreitender Interessen zusammenwirkten.[1] Aufgrund dieses gemeinsamen Auftrages seien beide Körperschaften derart eng miteinander verbunden, daß ihre Beziehungen untereinander als "intern" erscheinen müßten und deshalb eine Drittbezogenheit ausschied. Aus diesem sehr speziell gelagerten Fall kann jedoch nicht auf eine Abkehr von der zuvor geschilderten Rechtsprechung geschlossen werden, denn tragender Grund dieser Entscheidung waren nicht Zweifel an der Drittwirkung unerlaubter Handlungen, sondern das besondere Innenverhältnis der Parteien.[2] Die Rechtsprechung läßt sich also dahingehend zusammenfassen, daß zwar in der Regel, nicht aber in jedem Falle derjenige, gegen den sich die unerlaubte Handlung richtet, auch Dritter i.S. des § 839 BGB ist.[3]

Diese Regel wird, soweit ersichtlich, auch in der Literatur als zuverlässiges Kriterium für die Bestimmung der Drittbezogenheit akzeptiert.[4]

Bei konsequenter Fortführung der geschilderten Rechtsprechung ist jeder Arzneimittelverbraucher, der durch eine vom BGA pflichtwidrig zugelassene Arznei einen Gesundheitsschaden erleidet, als geschützter Dritter i.S. des § 839 BGB anzusehen. Gleiches müßte für denjenigen gelten, der einen Gesundheitsschaden erleidet oder eine Intensivierung eines solchen Schadens durch Verlängerung oder Verschärfung einer Krankheit

---

1) BGHZ 60, 370, 373.

2) Vgl. hierzu auch später BGHZ 87, 253, 255 m.w.N.

3) Erman-Drees, § 839, Rdn. 62.

4) Staudinger-Schäfer, § 839, Rdn. 263; Müko-Papier, § 839, Rdn. 196; RGRK-Kreft, § 839, Rdn. 248; Soergel-Glaser, § 839, Rdn. 177; Dagtoglou, BK Art. 34, Rdn. 158; Ossenbühl, S. 40.

- 86 -

hinnehmen muß.[1]), weil ein bereits entwickeltes und wirksames
Arzneimittel pflichtwidrig nicht zugelassen wurde und sich
deshalb nicht auf dem Markt befand und dem Patienten nicht
zur Heilung zur Verfügung stand. Denn auch die Intensivierung
oder Verlängerung einer Krankheit oder eines krankhaften Zustandes wird ganz allgemein als Gesundheitsschädigung betrachtet.[2])

Die zuletzt beschriebene Fallgestaltung dürfte allerdings,
auch wenn man die Drittbezogenheit der Amtspflicht nicht als
entscheidende Hürde betrachtet, nur selten zu Amtshaftungsansprüchen führen. Denn zum einen wird der Geschädigte in aller
Regel nicht wissen, daß für ihn ein Heilmittel hätte zur Verfügung stehen können, wenn es nur zugelassen worden wäre, zum
anderen wird der Nachweis der Kausalität zwischen Nichtzulassung und tatsächlicher Nichtverhinderung eines Leidens wegen
zahlreicher Einflüsse nur schwer zu erbringen sein.

Unabhängig von diesen Schwierigkeiten könnte aber im Hinblick
auf die Rechtsprechung zur unerlaubten Handlung eines Beamten
das Tatbestandsmerkmal der Drittbezogenheit bei Pflichtverletzungen im Zusammenhang mit Arzneimittelzulassungen erfüllt
sein.

bb) Nichterfüllung öffentlich-rechtlicher Ansprüche

Als weitere Fallgruppe, in der regelmäßig Drittbezogenheit
der verletzten Amtspflicht angenommen werden kann, gilt die
Verletzung subjektiv öffentlicher Rechte bzw. die Nichter-

---

1) Vgl. Müko-Mertens, § 823, Rdn. 409: Gesundheitsverletzung, wenn ein
   Patient vermeidbaren Leiden ausgesetzt wird, weil ein möglicher Be-
   handlungserfolg nicht erreicht wird; Kloesel, NJW 1976, S. 1769: Gesundheitsgefährdung durch nicht rechtzeitige Anwendung eines wirksamen Medikamentes.
2) So bereits oben Teil A II, S. 8.

füllung öffentlich-rechtlicher Ansprüche.[1]

Besonders deutlich wird in derartigen Fällen die Drittbezogenheit der Amtspflicht im Hinblick auf den Antragsteller insbesondere dann, wenn diesem ein Rechtsmittel gegen eine etwaige
ablehnende Entscheidung zusteht.[2] Bereits das Reichsgericht
sah die Möglichkeit, eine Rechtsbeschwerde zu erheben als besonders wichtiges Anzeichen dafür an, ob eine Amtspflicht gegenüber dem von einer Maßnahme Betroffenen als Drittem bestand oder nicht.[3]

Einen Ausschnitt der angesprochenen Fallgruppe mit amts-
pflichtwidriger Verletzung öffentlich-rechtlicher Ansprüche
bilden die im hier untersuchten Zusammenhang besonders bedeut-
samen Fälle nicht sachgerechter Bearbeitung gestellter Anträge, etwa durch Versagung oder Verzögerung einer beantragten
Erlaubnis.[4] In derartigen Fällen ergibt sich die Drittbezogenheit der Amtspflicht aus dem korrespondierenden, verletzten Leistungsanspruch des Geschädigten.[5] Noch allgemeiner
hat der BGH formuliert, daß die Pflicht der in einer Behörde
tätigen Beamten, sich bei ihrer amtlichen Tätigkeit gegenüber
einem Antragsteller innerhalb der Grenzen von Recht und Gesetz zu halten, gegenüber dem jeweiligen Antragsteller besteht.[6]

Im vorliegenden Zusammenhang wird also zu beachten sein, daß
gem. § 25 Abs. 2 AMG dem jeweiligen Hersteller eines Arznei-

---

1) Müko-Papier, § 839 Rdn. 192 und 195; Dagtoglou, BK Art. 34 Rdn. 152
   und 156; AK-Rittstieg, Rdn. 25,
2) Vgl. Ossenbühl, S. 40 m.w.N.
3) RGZ 107, 118, 120; 135, 110, 114 ff.; 115, 218, 223.
4) Staudinger-Schäfer, § 839, Rdn. 268 ff.; Müko-Papier, § 839, Rdn. 195;
   Dagtoglou, BK Art. 34, Rdn. 167.
5) Müko-Papier, § 839, Rdn. 195.
6) Vgl. BGH NJW 1979, 642, 643; unzulässige Koppelung einer beantragten
   Baugenehmigung an Gegenleistung.

mittels bei Vorliegen der in dieser Vorschrift genannten Voraussetzungen ein Anspruch auf Zulassung seines Produktes zusteht.[1]) § 27 AMG regelt sogar, daß über den Antrag regelmäßig innerhalb von vier Monaten zu entscheiden ist. Es kommt daher in Betracht, schon unter diesen Gesichtspunkten die Amtspflichten des BGA bei der Prüfung und Zulassung von Arzneimitteln als Pflichten einzustufen, die dem BGA gegenüber den entsprechenden Herstellern als Dritten obliegen. Hinzu kommt, daß der jeweilige Produzent, dessen Produkt nicht zugelassen wurde, gegen diese Entscheidung nach allgemeinen Verwaltungsrechtsgrundsätzen Widerspruch und Anfechtungsklage bzw. bei Nichtentscheidung innerhalb der Frist Untätigkeitsklage erheben kann.[2])
Bei pflichtwidriger Nichtzulassung eines Arzneimittels wird man also davon ausgehen können, daß dadurch gegenüber dem Hersteller bestehende Amtspflichten verletzt werden und daß der Hersteller Dritter i.S. der Rechtsprechung zu § 839 BGB ist.

cc) Aufsicht über Wirtschaftseinheiten

Als weitere im vorliegenden Zusammenhang interessante Fallgruppe, die sich in Rechtsprechung und Literatur bei der Beurteilung des drittschützenden Charakters von Amtspflichten herausgebildet hat, ohne daß man allerdings bereits von einer einheitlichen Beurteilung des Drittschutzes und der damit verbundenen Amtspflichten sprechen könnte, muß die staatliche Aufsicht über Wirtschaftseinheiten betrachtet werden.

Dabei soll insbesondere auf die Versicherungsaufsicht und die Bankenaufsicht eingegangen werden. Gewisse Parallelen dieser Bereiche zur Zulassung von Arzneimitteln sind darin zu sehen,

1) Kloesel-Cyran, § 25 AMG, Rdn. 8.
2) Kloesel-Cyran, § 27 AMG, Rdn. 2.

daß jeweils die gewerbliche Betätigung von Privatpersonen (Betrieb einer Bank oder Versicherung bzw. Vertrieb von Arzneimitteln) wegen der damit für die Allgemeinheit - oder jeden einzelnen Bürger - verbundenen und über das Normalmaß hinausgehenden Risiken und Gefahren von einer staatlichen Genehmigung bzw. Zulassung abhängig gemacht wird.

Die Wirtschaftsaufsicht dient jeweils der gewerbepolizeilichen Gefahrenabwehr auf einem bestimmten Gebiet, und aus dieser Verknüpfung der Aufsicht des Staates mit ordnungsrechtlichen Funktionen könnte ein Ansatzpunkt für eine einheitliche Beurteilung des Schutzzwecks und damit des drittschützenden Charakters im Rahmen der Amtshaftung folgen.[1] Zumindest rechtfertigt sich eine vergleichende Betrachtung, auch wenn die Rechtsprechung - und dieser folgend die überwiegende Lehre - in der Beurteilung der Fallgruppe nicht einheitlich ist.

So hat der BGH in einer grundsätzlichen Entscheidung zur Versicherungsaufsicht[2] einen drittschützenden Charakter der Amtspflichten des Bundesaufsichtsamtes für das Versicherungswesen entgegen der vorinstanzlichen Ansicht des Landgerichts nicht anerkannt. Die Klage eines Unfallopfers, das von der Kfz.-Haftpflichtversicherung des Schädigers keinen Schadensersatz erhalten konnte, weil diese insolvent war, wurde mit der Begründung abgewiesen, daß das moderne Versicherungswesen als Massengeschäft sich weitgehend einer individualistischen Betrachtung entziehe. Der einzelne Geschädigte sei daher lediglich ein austauschbarer Teil der Allgemeinheit und somit für die nur der Allgemeinheit dienende Versicherungsaufsicht kein mitgeschützter Dritter i.S. des § 839 BGB.[3]

---

1) Vgl. Müko-Papier, § 839, Rdn. 213.
2) Urteil vom 24.01.1972, BGHZ 58, 96.
3) BGHZ 58, 96, 97 ff., insbesondere S. 99.

Obwohl dieses Urteil zahlreiche Kritik erfahren hat[1]) und inzwischen 15 Jahre alt ist, setzt es doch als letzte höchstrichterliche Entscheidung für den Bereich der Versicherungsaufsicht weiterhin den (strengen) Maßstab. Dennoch scheint
ein Wandel der Rechtsprechung hin zu einer stärkeren Anerkennung des drittschützenden Charakters der Wirtschaftsaufsicht
nicht ausgeschlossen, zumal sich eine entsprechende Änderung
der Rechtsprechung bei der Bankenaufsicht, auf die der BGH in
der angegebenen Entscheidung zur Begründung seiner Ansicht
noch Bezug genommen hatte[2]), bereits vollzogen hat (siehe
hierzu die nachfolgenden Ausführungen).

Daß entsprechende Parallelen gesehen werden, zeigt sich auch
daran, daß der Gesetzgeber den Wandel der Rechtsprechung bei
der Bankenaufsicht hin zum drittschützenden Charakter einzelner Amtspflichten nicht nur zum Anlaß nahm, in das Kreditwesengesetz einen § 6 Abs. 3 neu einzufügen, wonach das Bundes-
aufsichtsamt für das Kreditwesen die ihm zugewiesene Aufgabe
"nur im öffentlichen Interesse" wahrnehme[3]), sondern zugleich
eine entsprechende Bestimmung in das Versicherungsaufsichtsge-
setz einfügte.[4])

In zwei Urteilen vom 15.02.1979[5]) und vom 12.07.1979 (Her-
statt)[6]) zum Kreditwesengesetz i.d.F. vom 10.07.1961[7]) hatte
der BGH jeweils die Entscheidungen der Vorinstanzen, die sich
an der engen Auslegung der Drittbezogenheit bei der Versicherungsaufsicht orientiert hatten, aufgehoben und ausdrücklich
festgestellt, daß das Urteil zur Versicherungsaufsicht vom
24.01.1972 nicht der Annahme entgegenstehe, "daß die Aufsicht

---

1) Deutsch, Versicherungsvertragsrecht, S. 218; Scholz NJW 1972, S. 1217;
   Tönnies, S. 15, 20 ff., 30 m.w.N.

2) BGHZ 58, 6, 96, 98.

3) Art. 1 Nr. 3 des 3. Gesetzes zur Änderung des Gesetzes über das Kreditwesen vom 20.12.1984, BGBl I, S. 1693.

4) Art. 4, a.a.O.

5) BGHZ 74, 144 = NJW 1979, S. 1354.

6) BGHZ 75, 120 = NJW 1979, S. 1879.

7) BGBl I 1961, S. 881.

in einzelnen Bereichen der Wirtschaft neben der Wahrung allgemeiner Belange teilweise auch drittschützende Wirkung haben soll, vor allem dann, wenn sie dazu bestimmt sei, Gefahren abzuwehren, die den Gläubigern aufsichtsunterworfener einzelner[1] Gewerbetreibender durch deren Geschäftsgebaren drohe."[2]

In beiden Entscheidungen ging es um Amtshaftungsansprüche Geschädigter, die durch Insolvenz und Überschuldung der Herstatt-Bank[3] bzw. eines Bankgeschäfte betreibenden Bauunternehmens[4] finanzielle Verluste erlitten hatten, die nach Darstellung der Kläger bei amtspflichtgemäßem Verhalten des Bundesaufsichtsamtes für das Kreditwesen vermeidbar gewesen wären.

Die Urteilsgründe enthalten Erwägungen, die auch für die Beurteilung des drittschützenden Charakters der Amtspflichten bei der Zulassung von Arzneimitteln von Interesse sind: So führt der BGH zunächst alle Instrumentarien auf, die der Bankenaufsicht aus dem Kreditwesengesetz zur Verfügung stehen und differenziert dann zwischen der allgemeinen Aufgabe der Wirtschafts-, Kredit- und Bankpolitik "Mißständen im Kreditwesen entgegenzuwirken, die die Sicherheit der den Kreditinstituten anvertrauten Vermögenswerte gefährden, die ordnungsgemäße Durchführung der Bankgeschäfte beeinträchtigen oder erhebliche Nachteile für die Gesamtwirtschaft herbeiführen können" (§ 6 Abs. 2 KWG). Bei der Erfüllung dieser Aufgabe sei der Kreditapparat als Ganzes Gegenstand der Beobachtung, dem Aufsichtsrat ständen insoweit wegen fehlender Konkretisierung auch keine unmittelbaren hoheitlichen Befugnisse gegenüber den einzelnen Kreditinstituten zu und eine Amtspflicht zugunsten der Gläubiger eines bestimmten Kreditinstitutes scheide daher aus.[5] Hingegen enthielte § 6 Abs. 3 KWG die General-

---

1) Hervorhebung durch die Verfasserin.
2) BGH NJW 1979, S. 1354.
3) BGHZ 75, 120 = NJW 1979, S. 1879.
4) BGHZ 74, 144 = NJW 1979, S. 1354.
5) BGHZ 74, 144, 148 = NJW 1979, S. 1354, Absch. II 2. der Gründe.

klausel für die "eigentliche" Bankenaufsicht, die eine Aufsicht über die einzelnen Kreditinstitute sei und das Ziel habe, die Struktur- und Ordnungsvorschriften des Kreditwesenge-
setzes und seiner Durchführungsbestimmungen durchzusetzen und
die Gläubiger des (einzelnen)[1] Kreditinstitutes vor Ver-
lusten zu schützen.[2]

Entsprechend könnte zwischen § 1 AMG mit seiner nicht drittschützenden, allgemeinen, politischen Zielsetzung und Aufga-
benstellung auf der einen Seite und dem in den §§ 21 ff. AMG
geregelten Verfahren für die Zulassung eines einzelnen Arzneimittels, das u. U. drittschützenden Charakter hat, auf der
anderen Seite differenziert werden.

Die Zielsetzung der Gefahrenabwehr zum Schutze auch von Pri-
vatinteressen entnahm der BGH auch aus dem Werdegang des Kre-
ditwesengesetzes, dessen Aufsichtsmittel der Gesetzgeber zugunsten eines besseren Einlegerschutzes insbesondere unter
dem Eindruck verschiedener Zusammenbrüche von Privatbanken,
die zu Einlegerverlusten geführt hatten, verstärkt hatte.[3]

Unter ähnlichem Blickwinkel wird auch - an späterer Stelle[2] - die Entstehungsgeschichte des AMG betrachtet werden
müssen, wie der Bericht des im Gesetzgebungsverfahren zum AMG
federführenden Bundestagsausschusses für Jugend, Familie und
Gesundheit zeigt, der aus einigen schweren Fällen von Arzneimittelschäden (insbesondere der Contergan-Fall) folgerte, daß
der pharmakologisch-medizinische Fortschritt auch erhebliche
gesundheitliche Risiken für den Verbraucher von Arzneimitteln
schaffe und deshalb eine Neuordnung des Arzneimittelrechts,

---

1) Hervorhebung in den Entscheidungsgründen des BGH.
2) BGHZ 74, 144, 148 = NJW 1979, S. 1354, 1354 ff., Abschn. II 3. der
   Gründe m.w.N.
3) BGHZ 74, 144, 150 = BGH NJW 1979, S. 1354, 1355, Abschn. II 3 b. der
   Gründe.
4) s. u. 4 a, S. 102 ff u. 5, S. 112 ff.

die dann das AMG brachte, für notwendig hielt.[1]

Schließlich stützt der BGH seine Entscheidung zum Drittschutz
der Bankenaufsicht auf deren polizeiliche, ordnungsrechtliche
Funktion.[2] Das Kreditwesengesetz als gewerberechtliches Spe-
zialgesetz erfülle das gewerberechtliche Anliegen, die durch
die gewerbliche Betätigung entstehenden Gefahren abzuwehren.
Die durch den § 6 Abs. 1 KWG ermöglichte Aufsicht über die
einzelnen Kreditinstitute sei daher zu wesentlichen Teilen
eine spezialpolizeiliche (ordnungsrechtliche) Kontrolle einzelner Wirtschaftsunternehmen; ihr Instrumentarium entspreche
- in dem angegebenen Bereich - auch heute noch dem der ty-
pisch polizeilichen Gefahrenabwehr. Die Zweckbestimmung der
Bankenaufsicht in Richtung auf den Einlegerschutz könne daher
auch an der allgemeinen polizeilichen (ordnungsrechtlichen)
Generalklausel gemessen werden.[3] Bezugnehmend auf den Stand
der Wissenschaft und Rechtsprechung zu den Eingriffspflichten
der Gefahrenabwehrbehörden zugunsten des einzelnen, wonach
die Pflicht der Polizei, von der Allgemeinheit oder dem einzelnen Gefahren abzuwehren, durch die die öffentliche Sicherheit bedroht wird, einen umfassenden Auftrag bedeutet, das
Recht einschließlich der Rechte und Rechtsgüter des einzelnen
zu schützen, stellt der BGH zunächst fest, daß der einzelne
nicht mehr nur - reflexartig - über die Allgemeinheit geschützt werde, wo gewichtige und eines polizeilichen Schutzes
bedürftige Individualinteressen auf dem Spiel ständen[4] und
folgert dann, daß, "wo nach diesen Grundsätzen im Einzelfall
die Polizeibehörden verpflichtet sind, zum Schutz bedrohter
Individualinteressen einzugreifen, es sich um Amtspflichten
im Sinne von § 839 Abs. 1 BGB handelt, die den Beamten den

---

1) BT-Drucksache 7/5091, II 1., S. 5.
2) BGHZ 74, 144, 152 = BGH NJW 1979, S. 1354, 1355, Abschn. II 3 c der
   Gründe.
3) A.a.O.
4) A.a.O., m.w.N.

geschützten Dritten gegenüber obliegen.[1]

Da das Arzneimittelgesetz, wie anhand der Gesetzesmaterialien noch gezeigt werden soll[2], der Gefahrenabwehr im Gesund-
heits- und Arzneimittelwesen dient, werden auch die Grundsätze dieser Rechtsprechung zur Amtshaftung bei staatlicher Aufsicht über Wirtschaftseinheiten bei der Beurteilung des Drittschutzes bei der Arzneimittelzulassung zu berücksichtigen sein.

dd) Fazit

Als Zwischenergebnis kann festgehalten werden, daß einige
Fallgruppen, für die die Rechtsprechung einen drittschützenden Charakter der jeweiligen Amtspflichten im Sinne des § 839
BGB bejaht, Ähnlichkeiten zu den Amtspflichten des BGA bei
der Prüfung und Zulassung von Arzneimitteln aufweisen. Dies
macht deutlich, daß eine Bejahung der Amtshaftung des BGA im
aufgezeigten Zusammenhang ohne Bruch zur bisherigen Rechtsprechung zum Drittschutz bei Amtspflichtverletzungen möglich
wäre. Bevor eine endgültige Entscheidung getroffen werden
kann, ist jedoch ein weiteres Kriterium zu untersuchen, das
einer Amtshaftung bei der Arzneimittelzulassung entgegenstehen könnte.

3. Der Geschädigte als Teil der Allgemeinheit

Ausgehend von der eingangs wiedergegebenen Definition (IV 1.
a, S. 74) wird es darauf ankommen festzustellen, ob die Amtspflichten, die dem BGA durch das AMG auferlegt werden, jeweils den Zweck verfolgen, das Interesse gerade des - "dieses" - Geschädigten wahrzunehmen.

Dabei scheint die Frage von Bedeutung, ob der Geschädigte

---

1) BGHZ 74, 144, 153 = NJW 1979, S. 1354, 1356 Abschn. II 3. c der Gründe.
2) 4 a, S. 102 ff.

eine schon zu Beginn des Amtshandelns individualisierte oder
zumindest teilindividualisierbare Einzelperson sein muß, oder
ob er ein beliebiger Angehöriger der Allgemeinheit sein darf,
der erst durch den Eintritt des Schadens aus der Masse hervor-
tritt.

a) Einschränkende Äußerungen in Literatur und Rechtsprechung

Zahlreiche Zitate in Literatur und Rechtsprechung, für die
das Nachfolgende nur beispielshaft stehen soll, deuten auf
eine entsprechende Differenzierung hin: "Der Bundesgerichtshof hat bereits früher darauf abgestellt, ob die Erledigung
des Amtsgeschäfts, ..., eine so große und unbestimmte Zahl
von Personen betrifft, daß diese der Allgemeinheit gleichzusetzen sind, oder ob die Verknüpfung der Amtshandlung mit den
Interessen einzelner Betroffener oder eines bestimmten Personenkreises nach der Natur des Amtsgeschäfts bereits so stark
ist, daß die Wahrung der Interessen der Allgemeinheit des Ge-
meinwesens nicht mehr überwiegt oder der Amtshandlung nicht
das entscheidende Gepräge gibt.[1]

Auch in der Rechtsprechung finden sich entsprechende Äußerungen.[2] So entschied der BGH im Urteil vom 21.12.1959 unter
Hinweis auf die ständige Rechtsprechung schon des Reichsgerichts über die Frage, ob die amtspflichtwidrige Erteilung
eines Rechtskraftzeugnisses zu Amtshaftungsansprüchen führte
danach, ob "die Amtspflicht lediglich im Interesse der Allgemeinheit oder ob sie auch im Interesse von einzelnen Personen" begründet worden sei.[3]

---

1) BGHZ 35, 44, 50 ff.; offenbar kritiklos übernommen bei RGRK-Kreft,
   § 839, Rdn. 216 m.w.N.; vgl. auch Staudinger-Schäfer, § 839, Rdn. 237
   "grundsätzlich unanwendbar ist § 839, wenn dem Beamten die Amtspflicht
   nur gegenüber der Allgemeinheit (einer unbestimmten Zahl von Personen)
   obliegt", ebenfalls m.w.N.; ferner Soergel-Glaser, Rdn. 176 und
   BK-Dagtoglou, Rdn. 148.
2) Zahlreiche Nachweise bei Müko-Papier, § 839, Rdn. 191, Fßn. 507.
3) BGHZ 31, 388, 390.

In einem anderen Urteil vom 24.04.1961 sah es der BGH für die
Frage, ob die Justizverwaltung wegen einer Amtspflichtverletzung im Rahmen der allgemeinen Dienstaufsicht über Notare einem geschädigten Bürger, dessen Gelder der Notar für eigene
Zwecke verbraucht hatte, schadensersatzpflichtig war, für entscheidend an, ob die Amtspflicht nur dem allgemeinen Interesse an einer ordnungsgemäßen Amtsführung des Notars diente
oder ob die verletzte Amtspflicht gerade bestimmten Dritten
gegenüber bestanden habe.[1]

Wäre eine derartige Abgrenzung tatsächlich zwingend, käme eine Amtshaftung des BGA kaum in Betracht, denn bestimmte einzelne Arzneimittelverbraucher, auf die sich das Amtshandeln
beziehen ließe, lassen sich zumindest im Augenblick der Zulassung einer Arznei im Sinne dieser Abgrenzung nicht feststellen, wie im folgenden gezeigt werden soll.

b) Fehlende Individualisierbarkeit

Potentiell kann jedermann, weil er eine bestimmte Krankheit
bereits hat oder daran noch erkrankt, zum Verwender einer bestimmten Arznei und damit auch zum durch diese Arznei Geschädigten werden. Bei der Zulassung eines Arzneimittels läßt
sich der Kreis der potentiell Geschädigten also noch nicht
auf bestimmte individuelle Einzelpersonen eingrenzen. Der später tatsächlich geschädigte Patient muß aus Sicht einer bei
der Zulassung erfolgenden ex-ante-Betrachtung als ein beliebiger Angehöriger der Allgemeinheit erscheinen. Zumindest in
der großen Mehrzahl aller Fälle wird es also keinen einzelnen
Verbraucher geben, der von vornherein als Adressat der Arzneimittelzulassung angesehen werden könnte und sich so von der
großen Maße aller anderen abgrenzen ließe.

Auch eine Gruppenbildung ist nur bedingt möglich. So könnten

1) BGHZ 35, 44, 46.

zwar bestimmte, für einen ganz engen Anwendungsbereich und
Patientenkreis - wie etwa Bluter - entwickelte Arzneien einer
durch definierte Merkmale gekennzeichneten Adressatengruppe
zugeordnet werden; diese Gruppenbildung würde aber sofort
fragwürdig, wenn man an Präparate wie Schmerz- oder Grippemit-
tel denkt, die eine Vielzahl von Personen mehr oder weniger
häufig einnimmt. Schwierigkeiten ergäben sich auch daraus,
daß die Definition einzelner Patientengruppen nur schwer möglich wäre. Zählten zu den Adressaten der Zulassung eines Blut-
hochdruckpräparates alle in diesem Augenblick bekannten Hyper-
toniker oder auch noch nicht erkannte oder lediglich gefähr-
dete, erst später erkrankende Personen, wie Raucher etc.?

Da der Eintritt einer Krankheit sich kaum jemals für einen
einzelnen Menschen hundertprozentig ausschließen lassen wird
und deshalb auch alle zukünftigen - z. T. noch gar nicht gebo-
renen - Patienten zu den potentiellen Adressaten einer Zulassung im Sinne obiger Definition zu rechnen wären, kann festgestellt werden, daß eine Arzneimittelzulassung entweder jedem
oder niemandem dient. Es handelt sich um eine Typenzulassung,
die nicht vor jedem einzelnen Anwendungsfall erneut überprüft
werden kann, um so einen Einzelfalladressaten zu gewinnen.

Daraus folgt zugleich, daß das Merkmal der Drittbezogenheit
zumindest hier zur Haftungsbegrenzung nicht geeignet ist. Es
kann die Haftung nicht begrenzen, sondern allenfalls ganz ausschließen und damit den § 839 BGB bedeutungslos machen. Daß
dies weder dem historischen Zweck des § 839 BGB noch einem
fiskalischen Bedürfnis noch einer modernen Auffassung von
rechtsstaatlichem Handeln des Staates entspricht, wurde bereits gezeigt.[1] Es erscheint also wenig überzeugend, eine
staatliche Verantwortung bei der Zulassung von Arzneimitteln

---

1) S. o. IV 1 b u. c, S. 75 ff.

in Form der Amtshaftung von vornherein abzulehnen, nur weil
der spätere Verwender und potentiell Geschädigte sich im Augenblick der Zulassung noch nicht individuell bestimmen läßt.

Es bleibt also zu überprüfen, ob die unter a) wiedergegebene
Abgrenzungsformel tatsächlich zwingend ist. Daß diese Formel
die Zubilligung von Amtshaftungsansprüchen nicht gerade för-
dert, sondern in der Vergangenheit eher zur Zurückhaltung bei-
getragen haben dürfte, muß zunächst angenommen werden. Wären
die unter a) wiedergegebenen Formulierungen hingegen nicht
zwingend, entfiele ein potentiell bedeutsames Argument gegen
die Drittbezogenheit der Amtspflichten bei der Arzneimittelzulassung.

c) Gegenüber jedermann bestehende Amtspflichten sind möglich

Will man die Prüfung an dieser Stelle nicht abbrechen, ist
also zu fragen, ob das häufig genannte Kriterium der
Individualisierbarkeit des späteren Geschädigten oder einer
betroffenen Gruppe von Personen tatsächlich zwingend ist und
ggf. auch schon im Zeitpunkt der Vornahme der Amtshaftung erfüllt sein müßte.

Sowohl in der Literatur als auch in der Rechtsprechung lassen
sich nämlich zahlreiche Hinweise finden, die Zweifel an einer
so engen Auslegung des Begriffes des Dritten aufkommen lassen.
So kommt Schäfer[1] nach Zitat zahlreicher Entscheidungen
schließlich zu der gegenteiligen Aussage, daß nämlich der
Kreis der "Dritten" im Zeitpunkt der Vornahme der Amtshaftung
noch nicht festzustehen brauche und auch nicht von vornherein
übersehbar sein müsse. Kreft und Drees[2] meinen, daß zu

---

1) Staudinger-Schäfer, § 839, Rdn. 256.
2) RGRK-Kreft, § 839, Rdn. 239; Erman-Drees, § 839, Rdn. 59

Dritten alle Personen zählen, deren Belange nach der besonderen Natur des Amtsgeschäfts durch dieses berührt werden und
in deren Rechtskreis eingegriffen werden kann,[1] selbst wenn
sie durch die Amtsausübung nur mittelbar und unabsichtlich
betroffen werden.

Auch Entscheidungen der Obergerichte machen deutlich, daß die
eingangs und oben unter 3 a) wiedergegebene, aus Einzelent-
scheidungen hergeleitete These nicht verallgemeinert werden
kann. Es existieren vielmehr zahlreiche Entscheidungen, in
denen der Begriff des Dritten weniger eng ausgelegt wird.
Zwar trägt der Widerspruch zwischen den nachfolgend wiedergegebenen und den unter 3 a) genannten Entscheidungen nicht un-
bedingt zur Klarheit bei der Auslegung des Tatbestandsmerkma-
les bei, zumindest kann daraus aber gefolgert werden, daß eine sehr enge, den Staat weitgehend vor einer Inanspruchnahme
schützende Auslegung vorschnell wäre und keinesfalls zwingend
ist.

So hat bereits das Reichsgericht[2] hinsichtlich der drittschützenden Wirkung einer Beurkundung entschieden, daß diese
auch solche Personen erfasse, die an dem beurkundeten oder
beglaubigten Rechtsgeschäft nicht beteiligt gewesen seien,
weil "jede öffentliche Beurkundung oder Beglaubigung ihrer
Natur nach in eine ungewisse Zukunft weise und geeignet sei,
die Belange eines zunächst ganz unbestimmten Personenkreises"
zu beeinflussen.[3]
Der Bundesgerichtshof[4] hat sich dieser Rechtsprechung des
Reichsgerichts angeschlossen und z. B. für die Haftung aus
Amtspflichtverletzung eines Notars entschieden, daß Dritte im
Sinne des § 839 BGB nicht nur die bei dem Amtsgeschäft unmittelbar Beteiligten, sondern "nach gesicherter Rechtsprechung"
alle Personen seien, deren Interesse nach der besonderen Na-

1) Hervorhebung von der Verfasserin.
2) RGZ 154, 276, 288.
3) Entsprechend RGZ 155, 253, 255 für die Grundbuchführung.
4) BGH NJW 1966, 157.

- 100 -

tur des Rechtsgeschäfts berührt werde und in deren Rechtskreis dadurch eingegriffen werden könne, auch wenn sie durch
die Amtsausübung nur mittelbar und unbeabsichtigt betroffen
würden.1) Auch hinsichtlich der Amtspflicht einer Baubehörde,
die statische Berechnung ordnungsgemäß zu prüfen, wird der
Kreis der potentiell Anspruchsberechtigten und somit Dritten
i. S. des § 839 BGB praktisch nicht eingeschränkt, sofern
sich ein Schaden verwirklicht, dessen Abwehr diese Prüfung
dienen sollte2) (zu dieser am Schutzzweck orientierten Einschränkung später). Soweit die Bauüberwachung der "Gefahrenabwehr", "dem Schutz der Allgemeinheit" bzw. "dem öffentlichen
Interesse" diene, durch mangelhafte Standsicherheit drohende
Schäden an Leben, Gesundheit oder Sachwerten zu verhindern,
schütze sie "jedes Glied der Allgemeinheit", also jeden, der
als Bewohner, Benutzer, Besucher, als Vorübergehender oder
Arbeiter zu dem Bauwerk in Beziehung trete und auf die Standsicherheit vertraue.3) Hier ist also der Kreis der potentiell
Anspruchsberechtigten weder eingeschränkt noch im Zeitpunkt
der Erteilung der Baugenehmigung irgendwie übersehbar oder
zahlenmäßig oder in sonst irgendeiner Weise abgrenzbar. Gleiches gilt für Amtspflichtverletzungen bei der staatlichen Aufsicht über technische Betriebe; und auch hier werden Amtshaftungsansprüche zufällig geschädigter Dritter regelmäßig anerkannt. Der Bundesgerichtshof hat z. B. hinsichtlich der Überwachung einer der Personenbeförderung dienenden Seilbahn entschieden, daß hierdurch alle4) geschützt werden, denen als
Glieder der Allgemeinheit Gefahren für Leben, Gesundheit und
Eigentum bei einem nicht ordnungsgemäßen Betrieb der Bahn dro-
hen.5) Weitere Beispiele aus der Rechtsprechung des Bundesge-

1) BGH NJW 1966, 157 m.w.N.; weitere Nachweise bei RGRK-Kreft § 839,
   Rdn. 239 und Staudinger-Schäfer, § 839, Rdn. 256.
2) BGHZ 39, 358, 362 ff.
3) BGHZ 39, 358, 363 ff. m.w.N.
4) Hervorhebung von der Verfasserin.
5) BGH NJW 1965, S. 200 r. Sp.

richtshofes ließen sich anschließen[1]), können hier allerdings
unterbleiben, da bereits aus den genannten Entscheidungen hinreichend deutlich wird, daß es für einen Anspruch aus § 839
BGB keinesfalls zwingend erforderlich ist, daß der Anspruchsteller bereits im Zeitpunkt der Vornahme der Amtshandlung
individualisierbar war.

Es konnte also gezeigt werden, daß die zunächst unbegrenzbare
Zahl der durch eine fehlerhafte Arzneimittelzulassung Betroffenen einer Staatshaftung gegenüber einem später tatsächlich
Geschädigten nicht entgegensteht und daß nach heutigem Rechts-
verständnis der breiteren Einflußnahme des Staates auf zahlreiche Lebensvorgänge auch eine breitere, nicht von vornherein auf bestimmte Einzelpersonen konkretisierte Haftung des
Staates entspricht.

d) Zwischenergebnis

Ferner kann als Ergebnis der bisherigen Ausführungen festgehalten werden, daß keine überzeugenden oder gar unüberwindba-
ren Argumente vorliegen, die eine Staatshaftung für Arzneimittelzulassung generell ausschließen könnten. Vielmehr konnte
sogar in verschiedener Hinsicht Ähnlichkeit zu Fallgruppen
festgestellt werden, in denen eine Staatshaftung allgemein
bejaht wird.[2])

Zu klären bleibt, ob und ggf. welche Gesichtspunkte für eine
Haftung und die Anerkennung des Drittschutzes sprechen, wobei
vor allem auch näher auf Sinn und Zweck des AMG einzugehen
sein wird.

---

1) Vgl. Aufzählung bei BGHZ 54, 165, 169 ff.
2) Im Ergebnis ebenso: Deutsch, Rdn. 432; derselbe, VersR 1979, 685, 688;
   Kloesel, NJW 1976, S. 1769, 1771; Wolter, DB 1976, S. 2001, 2006; Weit-
   hauer, PharmInd. 1978, 425, 431.

4. Entscheidungskriterien und Argumente für den Drittschutz

a) Sinn und Zweck des AMG

Als wichtigstes Kriterium zur Bestimmung des drittschützenden Charakters wird stets darauf abgestellt, welchem Zweck die Amtspflicht, die verletzt wurde, dienen sollte.[1] Dieser Zweck ist aus Auslegung und Bestimmung der Schutzrichtung derjenigen Norm zu ermitteln, aus der die Amtspflicht folgt, und aus der Art des jeweiligen Amtsgeschäftes.[2] Hier ist also vor allem auf Zweck und Schutzrichtung des AMG abzustellen.

Dazu wurde bereits in der Einleitung[3] zur Entstehungsgeschichte des AMG 1976 ausgeführt, daß Anlaß für die Neufassung des AMG die durch den Contergan-Fall mit seinen Tausenden durch ein neues Arzneimittel erheblich an der Gesundheit Geschädigten ausgelöste Diskussion über die Arzneimittelsicherheit war. So betonte der federführende Ausschuß für Jugend, Familie und Gesundheit in seinem Bericht, daß von allen Fraktionen des Deutschen Bundestages die Notwendigkeit anerkannt wurde, das Arzneimittelrecht der Bundesrepublik Deutschland im Interesse einer Verbesserung der Arzneimittel<u>sicherheit</u> neu zu gestalten, denn einige folgenschwere Fälle von Arzneimittelschäden hätten deutlich gemacht, daß der pharmakologisch-medizinische Fortschritt neben einer wesentlichen Erschließung neuer therapeutischer Möglichkeiten zum Wohle der Menschen zugleich auch erhebliche gesundheitliche Risiken für den Verbraucher von Arzneimitteln schaffe.[4]

---

1) vgl. Dagtoglou BK, Art. 34, Rdn. 153; Staudinger-Schäfer, § 839, Rdn. 255; Soergel-Glaser, § 839, Rdn. 177.

2) Staudinger-Schäfer, § 839, Rdn. 255 m.w.N.; Dagtoglou BK, Art. 34, Rdn. 152.

3) S. 2 ff.

4) BT-Drucksache 7/5091, II 1., S. 5.

Kernstück der Gesetzesneufassung war die Ersetzung des formellen Registrierungsverfahrens durch das materielle Zulassungsverfahren. Auch diese Einführung eines neuen materiellen Prüfungsverfahrens diente jedoch ausschließlich dem Ziel, eine optimale Arzneimittelsicherheit zu verwirklichen. Dies wird aus der Begründung zum Regierungsentwurf unzweifelhaft deutlich, der im Hinblick auf dieses Ziel die Forderung aufstellt, "daß in Zukunft alle Arzneimittel die erforderliche Qualität, Wirksamkeit und Unbedenklichkeit aufweisen" müßten, und deshalb "diese drei Kriterien im Unterschied zum bisherigen Recht als Voraussetzungen für eine amtliche Zulassung statuiert" und "das bisher das Arzneimittelrecht bestimmende Registrierverfahren in ein Zulassungsverfahren umgestaltet".[1]

Diese in der Begründung des Gesetzentwurfs zum Ausdruck kommende Intention der Verbesserung des Gesundheitsschutzes der Patienten/Verbraucher wurde in der Stellungnahme des Bundesrates ausdrücklich aufgegriffen, in der es u. a. heißt, "... daß die Vorschriften des Entwurfs dazu beitragen könnten, die Bevölkerung vor gesundheitlichen Gefahren beim Gebrauch von Arzneimitteln mehr als bisher zu schützen ...".[2]

Auch in der Bundestagsberatung zu der Neufassung des AMG wurde immer wieder betont, daß das "Interesse der Patienten, des Verbrauchers"[3], "der Gesundheitsschutz der Bürger"[4] im Vordergrund stehe, es sich um eine "wesentliche Maßnahme zum Schutz der Gesundheit von Bürgern, Verbrauchern, Patienten"[5] handele, "seinem eigentlichen Zweck der möglichen Verhütung von Arzneimittelschäden entsprechend" es "bei der Zulassung

1) BT-Drucksache 7/3060, Allgemeiner Teil, S. 43.
2) Stellungnahme des Bundesrates, zitiert nach Kloesel-Cyran, Materialien zur Reform des Arzneimittelrechts, B 3 a.
3) BT-Drucksache 7/1706.
4) BT-Drucksache 7/9712.
5) BT-Drucksache 7/9703.

vor allem um gesicherte Qualität und erwiesene Unbedenklichkeit der Medikamente"[1]) gehe. "Dem Bedürfnis der Bevölkerung,
des Gutes Gesundheit uneingeschränkt teilhaftig zu werden,
trägt der Gesetzentwurf mit einem Mehr an vorbeugendem Gesundheitsschutz Rechnung ... Der Staat muß dieses Gemeinschaftsin-
teresse gewährleisten. Wir begrüßen deshalb die Einführung
eines dem Grunde nach obligatorischen Zulassungsverfahrens
für Arzneimittel ...".[2])

Ergänzend zu diesen Zitaten bedarf es keiner weiteren Ausführungen, um zu belegen, daß der Schutz der Gesundheit der Pa-
tienten/Verbraucher von Arzneimitteln wesentliches mit der
Einführung des Zulassungsverfahrens im AMG verfolgtes Schutz-
ziel war.

Dieser Schutzrichtung steht es nicht entgegen, daß man sich
einmütig gegen eine Garantiehaftung des Gesetzgebers für absolute Arzneimittelsicherheit aussprach[3]), da sich aufgrund der
unvermeidbaren Unsicherheit neuer Arzneimittel auch bei einem
Höchstmaß an Prüfung und Kontrolle im Zulassungsverfahren Risiken, die mit Arzneimitteln verbunden sind, nicht absolut
ausschließen lassen.[4]) Durch diese Erwägungen bei der Ge-
setzesgestaltung sollte lediglich zum Ausdruck gebracht werden, daß Opfer einer Arzneimittelschädigung gegen die Zulassungsbehörde dann keinen Rechtsanspruch auf Entschädigung erhalten sollen, wenn ein schuldhaftes Verhalten der Behörde
nicht nachweisbar ist.[5]) Da der von einer schuldhaften Amtspflichtverletzung abhängige Anspruch aus § 839 BGB mit einer
Arzneimittelgefährdungshaftung nicht vergleichbar ist, kann
aus diesen Erwägungen kein Argument gegen die Amtshaftung bei

---

1) BT-Drucksache 7/9715.
2) BT-Drucksache 7/9712.
3) Vgl. Bericht des Ausschusses für Jugend, Familie und Gesundheit,
   BT-Drucksache 7/5091, II 3., S. 7 und II 6., S. 9.
4) Regierungsbegründung, BT-Drucksache 7/3060, Allgemeiner Teil, S. 4.
5) BT-Drucksache 7/5091, II 6., S. 9.

der Zulassung von Arzneimitteln hergeleitet werden.

Als Zwischenergebnis kann also festgehalten werden, daß das
AMG als dasjenige Gesetz, das die Pflichten des BGA bei der
Zulassung von Arzneimitteln begründet, den Zweck verfolgte,
durch Arzneimittel drohende Körper- und Gesundheitsschäden
von Patienten fernzuhalten.[1] Diese Schutzrichtung des AMG
wird also für die Einordnung der einzelnen Pflichten des BGA
bei der Arzneimittelzulassung als drittschützend in beson-
derem Maße zu berücksichtigen sein. In umgekehrter Richtung
wird bei der Einzelbeurteilung der verschiedenen Amtspflichten jedoch auch zu bedenken sein, daß sich Hinweise auf die
Abwehr sogenannter reiner Vermögensschäden in den Gesetzesmaterialien nicht fanden.

Im Rahmen der Ermittlung der Reichweite des drittschützenden
Charakters einer Amtspflicht unter besonderer Berücksichtigung von Sinn und Zweck der die Amtspflicht begründenden Norm
ist auch ein Gesichtspunkt wieder aufzugreifen, der bereits
oben im Rahmen der historischen Interpretation des § 839
BGB[2] näher angesprochen wurde. Dort konnte nämlich bereits
festgestellt werden, daß die für die Haftung eines Beamten
geltende Sondernorm des § 839 BGB gegenüber den für jedermann
geltenden Vorschriften der § 823 ff. BGB keine Haftungserleichterung bei der Schädigung materieller Rechtsgüter herbeiführen sollte. Es ging den Verfassern des BGB allein darum,
durch Schaffung der speziellen Amtshaftungsregelung klarzu-
stellen, daß der Beamte nicht auch für bloß formale Verstöße
gegen dienstliche Ordnungsvorschriften schadensersatzpflichtig werden sollte.

Auch diese Differenzierung wird bei der Beurteilung des drittschützenden Charakters der einzelnen vom BGA bei der Arzneimittelzulassung zu beachtenden Amtspflichten dahingehend

1) Ebenso Wolter, DB 1976, S. 2001, 2005.
2) s. o. 1. c, S. 76 ff.

zu berücksichtigen sein, daß u. U. zwischen eher den formalen
Ablauf des Zulassungsverfahrens regelnden Vorschriften und
solchen Vorschriften, die der Abwehr konkreter Gesundheitsgefahren dienen, differenziert werden könnte. Denn während
z. B. ein Verstoß gegen das Verbot der Zulassung eines Medikamentes, für das der begründete Verdacht unvertretbarer schädlicher Nebenwirkungen besteht, zur Verletzung der konkreten,
sogar in § 823 Abs. 1 BGB geschützten Rechtsgüter Leben, Körper und Gesundheit des Patienten führen kann, scheinen andere
Vorschriften, wie etwa das Verbot der Zulassung vor vollstän-
diger Beibringung aller erforderlichen Unterlagen eher dem
internen Ablauf des Zulassungsverfahrens zu dienen. Soweit
aber der Zweck einer Amtshandlung nur in der Gewährleistung
einer ordentlichen Amtsführung besteht, handelt es sich
selbst dann nicht um eine einem Dritten gegenüber obliegende
Amtspflicht, wenn durch die Beachtung oder Nichtbeachtung dieser Amtspflicht reflexweise auch Interessen Dritter berührt
werden.[1] Soweit hingegen durch eine Amtspflichtverletzung
absolute Rechtsgüter i.S.d. § 823 Abs. 1 BGB beeinträchtigt
werden, läßt sich für die Drittbezogenheit i.S.d. § 839 BGB
anführen, daß der Beamte damit nicht weitergehend haftet, als
er für eine entsprechende Rechtsgutverletzung auch als Nicht-
beamter hätte haften müssen.

b) Gespaltene Drittbezogenheit

Als Konsequenz der Herleitung der Drittbezogenheit aus der
jeweiligen Schutzrichtung der die Amtspflicht begründenden
Norm folgt zugleich, daß ein und dieselbe Amtspflicht hinsichtlich einer Zweckrichtung drittschützend wirken kann,
während sie in anderer Hinsicht keinen Drittschutz entfalten muß.[2] Kreft[3] spricht in diesem Zusammenhang von ge-

---

1) Dagtoglou BK, Art. 34 GG, Rdn. 153; AK-Rittstieg § 839, Rdn. 27.
2) AK-Rittstieg, § 839, Rdn. 28; Soergel-Glaser, § 839, Rdn. 177;
   Müko-Papier, § 839, Rdn. 203.
3) RGRK, § 839 Rdn. 246.

spaltener Drittbezogenheit.

In der Rechtsprechung finden sich verschiedene Beispiele dafür, daß einer Amtspflicht im Hinblick auf die Schutzrichtung
der diese Amtspflicht begründenden Norm drittschützender Charakter nur bezüglich einer bestimmten Zweckrichtung zugebil-
ligt wurde, während bezüglich einer anderen Zweckrichtung lediglich eine nicht drittschützende Reflexwirkung angenommen
wurde.

So hat z. B. der BGH in dem bereits angesprochenen Fall der
staatlichen Aufsicht über eine der Personenbeförderung dienende Seilbahn ausgeführt, daß diese Aufsicht zwar der Abwehr
von Gefahren für Leben, Gesundheit und Eigentum der Allgemeinheit diene, daß dadurch aber nicht zugleich der Zweck verfolgt werde, den Seilbahnunternehmer selbst vor finanziellen
Risiken zu schützen, die ihm drohen, wenn es aufgrund fehler-
hafter Aufsicht zu einem Seilbahnunglück komme. Aus den die
Aufsicht anordnenden Vorschriften ließe sich nämlich nicht
herleiten, daß die Seilbahnüberwachung auch im Interesse des
Unternehmers und mit Rücksicht auf seine finanziellen Belange
erfolgen sollte. Damit lagen diese Belange außerhalb des
Schutzzweckes der die Amtspflicht anordnenden Vorschrift und
waren damit im Zusammenhang mit einer Amtspflichtverletzung
auch nicht drittgeschützt.[1])

Ebenso hatte der BGH bereits früher entschieden, daß die
Pflicht der Baugenehmigungsbehörden, die Statik ordnungsgemäß zu prüfen, zwar dazu diene, die Allgemeinheit einschließlich des Bauherrn vor Lebens- und Gesundheitsgefahren zu be-
wahren, Ansprüche des Bauherrn aus § 839 BGB auf Ausgleich
eines erlittenen Vermögensschadens infolge mangelhafter Überprüfung der Statik durch die Bauaufsichtsbehörde ergäben sich
dennoch nicht, da die Amtspflicht nicht dem Schutzzweck
diene, den Bauherrn vor nutzlosen finanziellen Aufwendungen

---

1) BGH NJW 1965, S. 200 ff.

zu schützen.[1]) Diese Entscheidung macht deutlich, daß eine
Vorschrift sogar hinsichtlich ein und derselben Person (Bau-
herr) einerseits (Körper und Gesundheit) drittschützend, andererseits (Vermögen) hingegen nicht drittschützend sein kann.

Mit entsprechender Begründung wurden auch Ansprüche eines
Wehrpflichtigen abgelehnt, der, obwohl er wehrdienstunfähig
war, entgegen § 9 Nr. 1 Wehrpflichtgesetz zum Wehrdienst herangezogen worden war. Der Kläger hatte nämlich keine Gesundheitsschäden erlitten, vor denen eine Freistellung vom Wehrdienst im Falle der Untauglichkeit schützen soll, sondern
machte lediglich sonstige materielle und immaterielle Schäden
geltend, die er dadurch erlitten hatte, daß er infolge amtspflicht-
widriger Bejahung seiner Wehrdienstfähigkeit Wehrdienst leisten mußte und deshalb keiner anderen Tätigkeit nachgehen
konnte. Diese Schäden, die letztlich auf mit dem Wehrdienst
verbundenen Zeitverlusten beruhten, waren jedoch nicht vom
Schutzzweck der verletzten Amtspflicht umfaßt, und insofern
scheiterte ein Anspruch aus § 839 BGB an der fehlenden Drittbezogenheit, die für andersartige, dem Schutzzweck unterlie-
gende (Gesundheits-)Schäden durchaus gegeben gewesen wäre.[2])

Die soeben wiedergegebenen Entscheidungen zeigen also, daß
die Aufspaltung der Drittbezogenheit einer bestimmten Amtspflicht je nach dem Schutzzweck der die Amtspflicht begründenden Norm auch in die Rechtsprechung eingegangen ist. Darüber
hinaus zeigen diese Entscheidungen jedoch, daß der BGH eher
dazu neigt, die Drittbezogenheit anzunehmen, wenn es sich um
Schädigungen von Leben, Gesundheit, Körper oder anderen absoluten Rechtsgütern handelt. Ansprüche aufgrund reiner Vermögensschäden scheitern demgegenüber häufiger an dem Erfordernis der Drittbezogenheit. Dies entspricht jedoch dem, ver-

---

1) BGHZ 39, 358, 363.
2) BGHZ 65, 196 = BGH NJW 1976, S. 186.

glichen mit dem reinen Vermögensschutz, stärker verwirklich-
ten Schutz absoluter Rechtsgüter.[1])

Insgesamt sprechen also Entstehungsgeschichte und Schutzzweck
des AMG dafür, einzelnen Amtspflichten des BGA bei der Zulassung von Arzneimitteln drittschützende Wirkung zumindest im
Hinblick auf die Vermeidung von Körper- und Gesundheitsschäden der Patienten zuzubilligen.[2])

c) Tatsächliche Verantwortungsübernahme

Für die Annahme eines drittschützenden Charakters zumindest
einiger Amtspflichten und damit die grundsätzliche Anerkennung der Staatshaftung bei der Zulassung von Arzneimitteln
spricht auch die Überlegung, daß der Staat sich im AMG die
Zulassung eines jeden Arzneimittels vorbehält und damit auch
eine faktische, durch die Monopolstellung bei der Zulassung
noch besonders unterstrichene Verantwortung übernimmt. Indem
sich der Staat die Gestaltung des Prüfungs- und Zulassungsverfahrens, die Benennung der materiellen Zulassungskriterien
und Qualitätsmerkmale sowie die letztverantwortliche Zulassungsentscheidung vorbehält, entlastet er zwar nicht den weiterhin verantwortlichen Arzneimittelhersteller, übernimmt jedoch die Funktion der Gefahrenabwehr auf einem Gebiet, auf
dem der einzelne Bürger wegen der besonderen Komplexität und
Schwierigkeit der Beurteilung überfordert wäre, wenn ihm der
Schutz seiner Gesundheit und seines Lebens ohne Unterstützung
selbst überlassen bliebe. Je stärker der Staat aber bestimmte
Schutzfunktionen zum Vorteil aller Bürger übernimmt, desto
stärker wird auch die staatliche Verantwortung hinsichtlich
der pflichtgemäßen Wahrnehmung dieser übernommenen Aufgaben.[3]) Als Folge der in einer modernen, arbeitsteiligen Wirtschaft immer komplizierter werdenden Probleme des gesell-

1) Vgl. aber auch die engeren Voraussetzungen des § 826 BGB gegenüber
   § 823 Abs. 1. BGB.
2) Vgl. hinsichtlich jeder einzelnen Amtspflicht sogleich unter 5,
   S. 112 ff.
3) Deutsch, Rdn. 432.

schaftlichen Zusammenlebens wachsen damit nicht nur die staatlichen Aufgaben, sondern gleichzeitig die staatliche Verantwortung für die Sicherheit des einzelnen. In dem Maße, in dem
der einzelne stärker auf staatliche Leistungen angewiesen
ist, wächst auch sein subjektives Recht auf die ordnungsgemäße Erbringung dieser Leistungen durch den Staat.[1]

Auch insoweit zeigen sich wiederum Parallelen zu einem anderen Sachgebiet, in dem die Drittbezogenheit der Amtspflicht
durch die Rechtsprechung des Bundesgerichtshofes bereits anerkannt wurde. Wie bereits oben[2] dargestellt wurde, hat der
BGH[3] die Drittbezogenheit der aus dem Gesundheitsgesetz von
1934 für die Gesundheitsbehörden folgenden Amtspflichten bei
der Überwachung der Trinkwasserversorgung vor allem deshalb
als drittschützend angesehen, weil der einzelne Bürger mangels der Möglichkeit der Einflußnahme auf die Trinkwasserversorgung und mangels eigener Kontrollmöglichkeiten die entsprechenden Gefahren weder erkennen noch selbst abwehren kann.
Entsprechende Überlegungen gelten für die Zulassung von Arzneimitteln. Auch hier hat der Bürger keine eigene Möglichkeit
zur Kontrolle und ist insofern auf die staatliche Kontrolle
angewiesen, der er mangels eigener Fachkenntnisse vertrauen
muß. Dies spricht dafür, auch eine haftungsrechtliche Verantwortung des Staates anzunehmen.

d) Fiskalische Gesichtspunkte

Eine auf bestimmte Amtspflichten und jeweils ausgesuchte
Schutzgüter begrenzte Staatshaftung wäre auch nicht mit praktisch unbegrenzten finanziellen Risiken für den Staat
verbunden. Eine Begrenzung der geschützten Rechtsgüter durch

---

1) Vgl. Dagtoglou BK Art. 34 GG, Rdn. 172; Stein, S. 192.
2) s. o. 2. a., S. 81.
3) BGH LM Nr. 1 zu GesundheitsG vom 3.7.1934.

die jeweilige Überprüfung des Schutzzwecks der verletzten
Amtspflicht führt zwangsläufig dazu, einzelne, weniger
schutzwürdige Interessen und Schadensersatzforderungen auszu-
grenzen. Eine Haftung für jeden erdenklichen, durch ein Arzneimittel verursachten Schaden mit den damit verbundenen finanziellen Belastungen für den Staat wäre also nicht die zwin-
gende Folge der Anerkennung der drittschützenden Wirkung solcher Amtspflichtverletzungen, die zu einem Eingriff in vitale
Interessen des einzelnen Bürgers führen und deren Zweck es
gerade war, entsprechende Rechtsgutverletzungen abzuwehren.

Wie bereits oben dargelegt wurde, ist es Zweck des AMG, durch
Arzneimittel drohende Gefahren für Körper und Gesundheit des
Patienten abzuwehren. Es geht also um den Schutz besonders
hochwertiger Rechtsgüter.[1] Die finanziellen Lasten für den
Schutz dieser Rechtsgüter hat die Allgemeinheit ohnehin durch
Einrichtung einer modernen Gesundheitsvorsorge sowohl in Form
der Infrastruktur (Krankenhäuser etc.), für die weitgehend
öffentliche Träger die Kosten übernehmen, als auch durch Einrichtung einer allgemeinen Krankenversicherung, für deren ausreichende finanzielle Ausstattung - wenn auch über Beiträge
durch den Bürger - der Staat ebenfalls zu sorgen hat, weitgehend übernommen. Verglichen mit den daraus resultierenden finanziellen Lasten für das Gemeinwesen, stellen die auf Einzel-
fälle begrenzten Ansprüche für Fehler bei der Zulassung von
Arzneimitteln keine untragbaren finanziellen Belastungen dar.
Ansprüche einzelner durch Arzneimittel geschädigter Patienten
sind angesichts der sonstigen Maßnahmen des Staates zur Gesundheitsvorsorge praktisch nur ein Härtefallausgleich für
diejenigen, die trotz der breiten, auf allen Ebenen stattfin-
denden Anstrengungen des Staates noch zu Schaden gekommen
sind. Diese jeweils vom Einzelnachweis aller Tatbestandsmerkmale durch jeden einzelnen Anspruchsteller abhängenden Ansprüche berühren die Fiskalinteressen des Staates nicht dermaßen

---

1) Vgl. Art. 2 Abs. 2 GG.

stark, daß bereits aus diesem Grunde der drittschützende Charakter entsprechender Amtspflichten ausgeschlossen werden müßte.

e) Verletzung gem. § 823 Abs. 1 BGB geschützter Rechtsgüter

Wie bereits gezeigt wurde[1]), sollte durch die Schaffung des § 839 BGB keine Entlastung des Beamten aus derjenigen Haftung erfolgen, die auch jeder Nichtbeamte zu tragen hat. Dem wird die Rechtsprechung dadurch gerecht, daß Delikte allgemein als Verletzung von Amtspflichten mit drittschützendem Charakter angesehen werden.[2]) Auch dies spricht dafür, daß Pflichtverletzungen des BGA bei der Zulassung von Arzneimitteln zumindest so weit als drittbezogen zu betrachten sind, als diese Pflichtverletzungen zu Eingriffen in gem. § 823 Abs. 1 BGB geschützte absolute Rechte, insbesondere Körper und Gesundheit, führen.

5. Drittbezogenheit einzelner Amtspflichten

Anhand der zuvor unter 4. aufgestellten Kriterien soll nunmehr für die einzelnen Amtspflichten des BGA untersucht werden, ob und im Hinblick auf welche Rechtsgüter ihnen drittschützender Charakter zuzubilligen ist. Dabei ergeben sich für die in § 25 AMG genannten Zulassungsvoraussetzungen unterschiedliche Ergebnisse.

a) Qualität, Wirksamkeit, Unbedenklichkeit gem. § 25 Abs. 2
   Nr. 3-5 AMG

Bei den in den Nummern 3-5 des § 25 Abs. 2 AMG genannten Zulassungsvoraussetzungen Qualität, Wirksamkeit und Unbedenk-

---

1) s. o. 1 c, S. 76 ff.
2) s. o. 2. b aa, S. 82 ff.

lichkeit handelt es sich um solche, deren Beachtung oder
Nichtbeachtung bei der Zulassung eines Arzneimittels zu unmittelbaren Auswirkungen auf die Gesundheit des Verbrauchers/Pa-
tienten führen kann.

So ist es theoretisch nicht schwer vorstellbar, daß mangelnde
Qualität[1]) in Form von Verunreinigungen des Präparates oder
in Form wechselnder Inhalts- und Wirkstoffzusammensetzungen
und -anteile zu Schädigungen durch die verunreinigte Substanz
oder durch Dosierungsfehler bei schwankender Zusammensetzung
führen kann, wenn auch derartige Fehlerrisiken in der Praxis
als beherrscht gelten. Ein Qualitätsproblem wäre auch mangelnde Haltbarkeit eines Medikamentes, wenn dieses durch Lagerung
gesundheitsschädigende Eigenschaften annimmt. Da durch die
Schaffung des materiellen Zulassungsverfahrens mit dem AMG
1976, wie bereits näher ausgeführt wurde[2]), gerade das Ziel
verfolgt wurde, Gesundheitsschäden durch Arzneimittel im Interesse des Verbrauchers auszuschließen, ist also die Amtspflicht gem. § 25 Abs. 2 Nr. 3 AMG, nur Arzneimittel mit angemessener Qualität zuzulassen, als drittschützend in bezug
auf die Gesundheit des Verbrauchers anzusehen.

Gleiches gilt zumindest in bestimmten Fallkonstellationen
auch für die Wirksamkeit bzw. die Pflicht zur Prüfung der
Wirksamkeit eines Arzneimittels im Zulassungsverfahren. Hier
ist zunächst denkbar, daß ein wirksames Mittel vom BGA ausschließlich deshalb nicht zugelassen wird, weil es fälschlich
als unwirksam eingestuft wird. Das Mittel stände dann nicht
auf dem Markt zur Verfügung und könnte somit auch nicht ver-
ordnet werden und nicht zur Behandlung der Krankheit, für die
es entwickelt wurde, beitragen. Da nicht nur die Verursa-
chung, sondern auch die Aufrechterhaltung oder zeitliche Verlängerung einer Krankheit oder eines Leidens eine Gesund-

---

1) Vgl. zum Qualitätsbegriff Kloesel-Cyran, § 4 AMG Rdn. 35 und § 25
   Rdn. 23 ff m.w.N.
2) s. o. 4. a., S. 102 ff.

- 114 -

heitsschädigung darstellt[1]), kann die Nichtzulassung eines
wirksamen Arzneimittels also zu einer Verletzung von Rechtsgütern führen, die nach Sinn und Zweck des AMG geschützt werden
sollen. Der Pflicht zur Wirksamkeitsprüfung ist also drittschützender Charakter zuzubilligen und ihre Verletzung durch
Nichtzulassung eines wirksamen Arzneimittels könnte grundsätzlich zu Amtshaftungsansprüchen des geschädigten Bürgers führen. Im Einzelfall wäre bei einer entsprechenden Fallkonstellation im Rahmen des § 839 BGB allerdings noch weiter danach
zu differenzieren, ob anstelle des pflichtwidrig nicht zugelassenen Arzneimittels andere, gleich gute, bereits auf dem
Markt befindliche Mittel zur Behandlung zur Verfügung gestanden hätten[2]) oder ob das nicht zugelassene Mittel die erste
und einzige oder zumindest eine verglichen mit anderen Präpa-
raten signifikant bessere Alternative zur Behandlung gewesen
wäre. Diese tatsächlichen Fragen haben allerdings keinen Einfluß auf die generelle Einordnung der Amtspflicht zur Wirksamkeitsprüfung als drittschützend i.S.d. § 839 BGB.

Für die Frage des Drittschutzes ist hingegen von Bedeutung,
was für einen Schaden der Anspruchsteller geltend macht. Dies
soll anhand einer gemessen an der zuvor erörterten Situation
der Nichtzulassung eines wirksamen Mittels genau umgekehrten
Fallgestaltung verdeutlicht werden.

Eine Pflichtverletzung des BGA läge ebenfalls vor, wenn entgegen § 25 Abs. 2 Nr. 4 AMG ein Arzneimittel zugelassen würde,
dem die vom Antragsteller angegebene therapeutische Wirksamkeit fehlte. Diese Pflichtverletzung könnte aufgrund des
drittschützenden Charakters der entsprechenden Prüfungspflicht im Hinblick auf Gesundheitsschäden Amtshaftungsansprüche begründen, wenn bei einem Patienten durch den Einsatz
dieses unwirksamen Mittels ein Heilungserfolg, der durch Einsatz anderer Medikamente oder Behandlungsmethoden erreichbar
gewesen wäre, vereitelt oder verzögert würde.[3]) Wollte jedoch

1) S. o. S. 8 und IV 2 b, aa, S. 86.
2) S. hierzu unter dem Gesichtspunkt der Kausalität unter V, S. 120.
3) Vgl. Kloesel, NJW 1976, S. 1769 zum Schutz des Verbrauchers vor unwirksamen Arzneimitteln als Ziel des AMG.

der betroffene Patient nicht nur den aus der Gesundheitsschädigung resultierenden Schaden, sondern daneben auch einen reinen Vermögensschaden, der z. B. darin bestehen könnte, daß
für den Kauf der unwirksamen Arznei vergeblich finanzielle
Mittel eingesetzt wurden, geltend machen, so wäre dies im Rahmen des § 839 BGB nicht erfolgreich. Bezogen auf reine Vermögensinteressen der Verbraucher enthalten die Amtspflichten
des BGA gem. § 25 Abs. 2 AMG nämlich keine drittschützende
Wirkung.[1] Eine die Vermögensinteressen der Verbraucher be-
rücksichtigende Schutzrichtung läßt sich weder aus der Entstehungsgeschichte noch aus Sinn und Zweck des AMG herleiten,
noch folgt sie aus anderen Beurteilungskriterien, wie etwa
Zugehörigkeit zu den in § 823 Abs. 1 BGB geschützten Rechtsgütern.[2]

Durch die pflichtwidrige Zulassung bedenklicher Arzneimittel
i.S.d. § 25 Abs. 2 Nr. 5 AMG wäre hingegen wieder der Schutzbereich des AMG berührt, da durch die Prüfung der Bedenklichkeit, also der Gefahr unvertretbarer Nebenwirkungen, gerade
der Vermeidung von Gesundheitsschäden in Form solcher Nebenwirkungen begegnet werden soll. Die pflichtwidrige Zulassung
eines bedenklichen Arzneimittels beinhaltet also die Verletzung drittschützender Amtspflichten. Gleiches gilt für die
Nichtzulassung aufgrund pflichtwidriger Fehleinstufung eines
Mittels als bedenklich, sofern dadurch Heilungserfolge durch
Unverfügbarkeit des tatsächlich unbedenklichen Mittels vereitelt werden.[3]

b) Vollständigkeit der Unterlagen, ausreichende Prüfung
   gem. § 25 Abs. Nr. 1, 2 AMG, Schnellzulassung gem.
   § 28 Abs. 3 AMG, Viermonatsfrist § 27 Abs. 1 AMG

Anders als bei den unter a) genannten Merkmalen handelt es
sich hier um Zulassungsvoraussetzungen, deren Nichteinhal-

---

1) a.A. offenbar Kloesel, NJW 1976, S. 1769 i.V.m. S. 1771.
2) S. bereits oben unter 4.
3) S.o. die entsprechenden Ausführungen zur Wirksamkeit.

tung nicht zwangsläufig oder unmittelbar zu einer Gesundheitsschädigung des Patienten/Verbrauchers führen kann, solange
das gem. § 25 Abs. 22 Nummern 1 oder 2 AMG amtspflichtwidrig
zugelassene Arzneimittel trotz dieses Pflichtverstoßes eine
ausreichende Qualität und Wirksamkeit und keine unvertretbaren Nebenwirkungen aufweist. Wenn nämlich ein Arzneimittel
zugelassen würde, das die unter a) genannten Kriterien erfüllt, obwohl dies nicht ausreichend geprüft wurde und auch
nicht die entsprechenden Unterlagen vorlagen, so ließe dies
zwar auf eine amtspflichtwidrige Arbeitsweise des BGA schließen und könnte für den betreffenden Mitarbeiter dienstliche
Konsequenzen haben, der Verbraucher wäre durch die Amtspflichtverletzungen aber nicht betroffen. Daraus wird deutlich, daß die Beachtung der in den Nummern 1 und 2 des § 25
AMG aufgestellten Zulassungsvoraussetzungen letzlich immer
nur im Zusammenhang mit den in den Nummer 3 bis 5 genannten
Voraussetzungen (Qualität, Wirksamkeit, Unbedenklichkeit) für
den Verbraucher an Bedeutung gewinnen kann, weil in der Regel
nur durch eine vollständige Vorlage der erforderlichen Unterlagen einschließlich der Unterlagen über eine ausreichende
Prüfung bei der Entwicklung des Arzneimittels gewährleistet
werden kann, daß nur Arzneimittel mit ausreichender Qualität,
Wirksamkeit und Unbedenklichkeit zugelassen werden.[1] Die Voraussetzungen der Nummern 1 und 2 haben also eine dienende,
eher formale Funktion im Hinblick darauf, die Voraussetzungen
der Nummern 3 - 5 zu erfüllen, was hinsichtlich der in ausrei-
chendem Umfang und ordnungsgemäß durchzuführenden Prüfungsmaßnahmen auch daraus deutlich wird, daß die Ergebnisse dieser
Prüfungsmaßnahmen Grundlage der Entscheidung über Qualität,
Wirksamkeit und Unbedenklichkeit sind und zur Versagung der
Zulassung nach diesen Kriterien führen können.[2]
Nach den aus der historischen Interpretation des § 839 BGB
gewonnen Kriterien spricht dieser formale Charakter eher gegen die Anerkennung drittschützender Wirkung, was die Be-

---

1) Vgl. Kloesel-Cyran, § 25 AMG, Rdn. 10.
2) Vgl. Kloesel-Cyran, § 25 AMG, Rdn. 21 a.E.

deutung dieser Regelungen im Hinblick auf die Ziele des AMG
jedoch nicht abwertet. Denn nur die ausreichende Prüfung bei
der Entwicklung und die Beibringung entsprechender, vollstän-
diger Unterlagen kann eine gewisse Gewähr dafür bieten, daß
ein neu zuzulassendes Arzneimittel nicht nur zufällig und
glücklicherweise, sondern mit größtmöglicher Wahrscheinlichkeit eine ausreichende Qualität, Wirksamkeit und Unbedenklichkeit aufweist. Insofern haben die Zulassungsvoraussetzungen
gem. Nr. 1 und 2 die nicht zu unterschätzende Bedeutung, daß
nur durch eine Einhaltung eines formal ordnungsgemäßen Verfahrens bei der Entwicklung und bei der Zulassung die Rahmenbedingungen für die Erreichung materiell richtiger Prüfungser-
gebnisse geschaffen werden können. Einzelne oder häufige Verstöße gegen die Verfahrensvorschriften gem. Nr. 1 und 2 würden also wohl zwangsläufig zur häufigeren Zulassung von Arzneimitteln mit unvertretbaren Nebenwirkungen, mangelnder Qualität oder Wirksamkeit und damit zu häufigeren Arzneimittel-
schädigungen der Verbraucher führen. Amtshaftungsansprüche
aufgrund dieser Schädigungen könnten und müßten die Verbraucher dann aber auf eine Verletzung der Nr. 3 - 5 stützen, da
es nicht Sinn des AMG ist, ein bestimmtes Prüfungsverfahren
im Interesse des Verbrauchers einzuführen, sondern den
Verbraucher vor unwirksamen, bedenklichen oder qualitativ
schlechten Arzneimitteln zu schützen. Auf dem Wege zu diesem
Ziel stellt das dazu gewählte Prüfungsverfahren nur ein nicht
drittschützendes, behördliches Interesse dar.

Entsprechendes gilt für Verstöße im Rahmen des beschleunigten
Verfahrens des § 28 Abs. 3 AMG, da die bloße Modifikation des
Regelzulassungsverfahrens nicht zu einer Veränderung bei der
Beurteilung des drittschützenden Charakters von Verfahrensvorschriften im Grundsätzlichen führen kann. Die Schnellzulassung entbindet das BGA jedoch nicht von der Pflicht der Prüfung der Voraussetzungen des § 25 Abs. 2 Nr. 3 - 5 AMG (Qualität, Wirksamkeit und Unbedenklichkeit), so daß Fehler auch in
diesem Verfahren zu Amtshaftungsansprüchen wegen Verletzung
dieser Vorschriften führen können.

Auch bei der Fristvorgabe des § 27 Abs. 1 AMG handelt es sich
um eine aus Sicht des Verbrauchers formelle Norm, der nicht
ohne weiteres Schutzcharakter zukommt. Der Zweck der höch-
stens 4monatigen Bearbeitung kann für den Patienten sogar Gefahren bergen, nämlich eine unvollständige Überprüfung.

Jedoch wird man § 27 Abs. 1 AMG als Grundsatz für den Regelfall ansehen müssen. Technisch gesprochen entfaltet die 4-Mo-
natsfrist keinen Schutz zugunsten einzelner i.S. des § 839
BGB. Bei konkreter Verzögerung wird die gesetzliche Regelannahme von 4 Monaten Bearbeitungszeit jedoch eine wesentliche
Rolle bei der Bemessung der Amtspflicht zur zügigen Behandlung der Anträge bilden, so daß insoweit § 27 Abs. 1 AMG
drittschützende Wirkung zugunsten der Patienten/Arzneimittel-
verbraucher entfaltet.[1]

c) Verstoß gegen gesetzliche Vorschriften gem. § 25 Abs. 2
   Nr. 7 AMG

Sofern das BGA Arzneimittel zuließe, deren Inverkehrbringen
gegen gesetzliche Vorschriften verstoßen würde, läge darin
eine Verletzung der Pflicht aus § 25 Abs. 2 Nr. 7 AMG. Ob und
inwieweit diese Pflicht auch drittschützenden Charakter aufweist, läßt sich allerdings dem AMG allein nicht entnehmen,
denn letztlich dient diese Vorschrift nur der Berücksichtigung in anderen Gesetzen geregelter Ziele und Vorschriften bereits im frühestmöglichen Zeitpunkt des Zulassungsverfahrens.
Die Beurteilung des Drittschutzes kann sich also nur nach dem
Inhalt und Schutzzweck der anderen gesetzlichen Vorschriften
richten. Hierauf wäre gegebenenfalls zurückzugreifen. § 25
Abs. 2 Nr. 7 AMG beinhaltet lediglich eine Vorverlegung dieses Schutzes, ohne einen darüber hinausreichenden weiteren
Inhalt zu begründen.

---

1) Zur Schutzwirkung zugunsten der Hersteller vgl. unten, S. 167 und B II
   1, S. 190.

d) Ergebnis

Es konnte gezeigt werden, daß es Sinn und Zweck des AMG 1976 ist, Gesundheitsschäden beim Arzneimittelverbraucher durch qualitativ nicht einwandfreie, unwirksame oder bedenkliche Arzneimittel zu vermeiden. Dementsprechend dienen die Zulassungsvoraussetzungen des § 25 Abs. 2 Nr. 3 - 5 AMG, durch deren Beachtung die Qualität, Wirksamkeit und Unbedenklichkeit von Arzneimitteln gewährleistet werden soll, im Hinblick auf Gesundheit und körperliche Unversehrtheit unmittelbar dem Schutz und dem Interesse jedes potentiellen Arzneimittelverbrauchers. Daß sich im Augenblick der Zulassungsentscheidung der spätere Arzneimittelverbraucher noch nicht genau bestimmen läßt, steht dem drittschützenden Charakter der Amtspflicht aus § 25 Abs. 2 Nr. 3 - 5 AMG nicht entgegen.

V. Kausalität

Die Amtspflichtverletzung muß für die eingetretene Arzneimittelschädigung ursächlich geworden sein. Im Rahmen des § 839 BGB gilt, wie im allgemeinen Deliktsrecht, § 823 ff. BGB, die Theorie des adäquaten Kausalzusammenhangs. Ursächlichkeit liegt danach vor, wenn die Pflichtverletzung generell und nicht nur unter besonders eigenartigen, unwahrscheinlichen und nach dem gewöhnlichen Verlauf der Dinge außer Betracht zu lassenden Umständen geeignet ist, einen Erfolg dieser Art herbeizuführen.[1]

Die Beweislast für den ursächlichen Zusammenhang zwischen Amtspflichtverletzung und Arzneimittelschädigung trägt grundsätzlich der Geschädigte. Da ein Gesundheitsschaden verschiedene Ursachen haben kann, ist die Darlegung des Ursachenzusammenhangs im Einzelfall schwierig.[2] Erleichtert wird die Beweisführung des Geschädigten allerdings dadurch, daß nach der Rechtsprechung die Grundsätze des Anscheinsbeweises Anwendung finden[3], so daß der Kausalitätsnachweis bereits dann erbracht ist, wenn eine Amtspflichtverletzung feststeht und der eingetretene Gesundheitsschaden nach dem gewöhnlichen Verlauf der Dinge, typischerweise auf einem solchen Pflichtverstoß beruht.
Im Falle des Gebrauchs eines unwirksamen Medikaments besteht nur dann ein haftungsrelevanter Ursachenzusammenhang, wenn auf dem Arzneimittelmarkt andere, wirksame Medikamente zur Verfügung gestanden hätten. Ebenfalls schwierig gestaltet sich die Beweisführung für den Geschädigten, wenn er mit verschiedenen Arzneimitteln behandelt wurde und zunächst festgestellt werden muß, welches der Medikamente die Schädigung hervorgerufen hat. Noch problematischer ist die Beweisführung für denjenigen, der einen Amtshaftungsanspruch aus der Nicht-

---

1) Müko-Papier, § 839 Rdn. 233; RGRK-Kreft, § 839 Rdn. 302; Soergel-Glaser, Rdn. 192.
2) Wolter, ZRP 1974, S. 260, 265.
3) RGRK-Kreft, § 839 Rdn. 553; Soergel-Glaser, § 839 Rdn. 234; BGH NJW 1974, 453, 455; BGH LM, § 839 Fd. Nr. 19.

oder verspäteten Zulassung eines Medikamentes herleiten will.
Er muß in diesem Fall nachweisen, daß und in welcher Weise
ein auf dem Markt noch nicht erprobtes Arzneimittel zu einer
Verbesserung oder Heilung seines Gesundheitszustandes geführt
hätte und daß andere, zugelassene Arzneimittel diesen Erfolg
nicht bewirken konnten.

Zu denken wäre beispielsweise an das Medikament AZT. Da es
bislang keine wirksamen Arzneimittel gegen Aids gibt, weder
was die Heilung noch die dauerhafte Bekämpfung der Symptome
dieser Erkrankung betrifft, hätte im Falle der Nichtzulassung
des Medikamentes AZT von Aids-Patienten zur Begründung eines
Amtshaftungsanspruches gegen das BGA der Beweis geführt werden müssen, daß diese Entscheidung ursächlich für eine Verschlechterung bzw. Nichtverbesserung ihres Gesundheitszustandes war, die AZT verhindert hätte.

VI. Verschulden

Der Amtshaftungstatbestand setzt ferner eine schuldhafte -
vorsätzliche oder fahrlässige - Verletzung der Amtspflicht
voraus.

Eine Amtspflichtverletzung ist fahrlässig begangen, wenn der
Amtsträger die im Verkehr erforderliche Sorgfalt außer acht
gelassen hat.[1] Dabei ist eine Individualisierung des Amtsträgers, dessen schuldhaftes Fehlverhalten die Amtshaftung
begründet, nicht erforderlich. Für den Fall, daß der einzelne
Verantwortliche nicht festgestellt werden kann, ist vielmehr
darauf abzustellen, ob das Gesamtverhalten der Zulassungsbehörde als solches schuldhaft amtspflichtwidrig war.[2]

Auch der Verschuldensnachweis kann mit Hilfe des Anscheinsbeweises geführt werden.[3] So hat schon das Reichsgericht

---

1) Müko-Papier, § 839 Rdn. 243.
2) Müko-Papier, § 839 Rdn. 247.
3) RGZ 125, 85, 87; BGHZ 22, 258, 267; Müko-Papier, § 839 Rdn. 238; Ossenbühl, S. 45; RGRK-Kreft, § 839 Rdn. 548.

in einer Entscheidung vom 25.06.1929 vom Bestehen einer Amtspflichtverletzung unmittelbar auf das Verschulden geschlossen.[1] In der Praxis hat sich dementsprechend das Verschulden
nicht als unüberwindliche Hürde erwiesen.[2]

VII. Subsidiaritätsklausel - Prüfung der Anwendbarkeit

Das BGA wäre dann nicht zum Schadensersatz verpflichtet, wenn
die Haftung wegen Subsidiarität ausschiede.
Nach § 839 Abs. 1 Satz 2 BGB gilt für die Beamtenhaftung folgende Regelung: "Fällt dem Beamten nur Fahrlässigkeit zur
Last, so kann er nur dann in Anspruch genommen werden, wenn
der Verletzte nicht auf andere Weise Ersatz zu erlangen vermag." Art. 34 Satz 1 GG bestimmt: "Verletzt jemand in Ausübung eines ihm anvertrauten öffentlichen Amtes die ihm einem
Dritten gegenüber obliegende Amtspflicht, so trifft die Verantwortlichkeit grundsätzlich den Staat oder die Körperschaft, in deren Dienst er steht." Ob die Subsidiaritätsklausel des § 839 Abs. 1 Satz 2 BGB auch für die Amtshaftung des
Staates anzuwenden ist, ist umstritten.

Von der Beantwortung dieser Streitfrage wird in den aller-
meisten Fällen abhängen, ob eine Amtshaftung für Arzneimittelzulassung auch in der Praxis durchgreift, da durch die
Gefährdungshaftung und die Deliktshaftung des Herstellers
gem. § 84 AMG bzw. §§ 823 ff. BGB regelmäßig eine andere
Ersatzmöglichkeit gegeben ist, die der Amtshaftung voran-
ginge. Nur falls dieser Anspruch gegen die Hersteller nicht

---

1) RGZ 125, 885, 87.
2) Müko-Papier, § 839 Rdn. 85.

- 123 -

zu realisieren wäre[1]), entfiele dieser vorrangige Anspruch und die Amtshaftung käme trotz Subsidiarität zum Tragen. Ein trotz Subsidiarität zur Amtshaftung führender Grund für mangelnde Durchsetzbarkeit des sonstigen Anspruchs kann z. B. die Zahlungsunfähigkeit des Verpflichteten sein.[2]) Bei einem großen, finanzstarken Arzneimittelhersteller dürften Zahlungsschwierigkeiten - auch wegen der gemäß § 94 AMG bestehenden Pflichtversicherung - allerdings kaum jemals relevant werden. Denkbar wäre jedoch, daß die Herstellerhaftung scheitert, weil der verantwortliche Schadensverursacher nicht mehr ermittelt werden kann. Ein Beispielsfall sind die durch die Faktor VIII- und IX-Konzentrate hervorgerufenen Arzneimittelschäden. Manche Hämophile können heute nicht mehr mit sicherer Kenntnis sagen, mit welchen Medikamenten sie behandelt wurden oder - noch häufiger - haben über längere Zeit Faktor-VIII-Präparate verschiedener, zeitlich nicht mehr feststellbarer Hersteller genommen. Auch der Zeitpunkt der Kontamination ist nicht bekannt. Eine Haftung der Hersteller nach § 830 Abs. 1 S. 2 BGB scheitert daran, daß nicht alle Mittel von der Zeit her gesehen zuerst HIV-kontaminiert waren. Die Subsidiaritätsklausel greift in diesem Fall nicht, das BGA haftet, wenn sein Fehler sich zeitlich ausgewirkt hat und Verschulden vorliegt.

Abgesehen von solchen Sonderfällen würde wegen der Haftung des Herstellers gem. § 84 AMG oder §§ 823 ff. BGB die Haftung des Staates entfallen, wenn § 839 Abs. 1 S. 2 BGB zur Anwendung käme. Die Entscheidung der Streitfrage ist also von Bedeutung. Rechtsprechung und herrschende Meinung sprechen sich im Grundsatz für die Anwendung des § 839 Abs. 1 Satz 2 BGB aus.[3])

1) Müko-Papier, § 839 Rdn. 272 ff.
2) Müko-Papier, § 849 Rdn. 273.
3) Ausdrücklich zum AMG Wolter, DB 1976, S. 2006; allgemein BGHZ 13, 88 ff., 104; 29, 38 ff., 44; 42, 176 ff., 181; 68, 217., 219; Bender, Rdn. 70; Dagtoglou, Bk Art. 34, Rdn. 264; v. Mangoldt-Klein, Art. 34 II 3c; RGRK-Kreft, § 839 Rdn. 484; Soergel-Glaser, § 839 Rdn. 211; Erman, JZ 1955, S. 294 ff.; Scheuner, DöV 1955, S. 547, 549; Brüggemann, DAR 1955, S. 233, 237; Schröer, JZ 1955, 308 ff., 310; Pagendarm, DöV 1955, S. 520 ff., 523, 524; Erdsiek, KF 1960, S. 3, 6; E. Schneider, NJW 1966, S. 1264; Waldeyer, NJW 1972, 1249 ff.; Kühne, JR 1974, 70 ff.; Futter, S. 56 ff.; derselbe, JZ 1975, S. 66, 67; Ruland, BayVBl 1976, S. 581; Medicus, JuS 1977, S. 641, 642; Schwendy, AcP 1979, 367, 373, 376.

Von einer Mindermeinung in der Literatur wird die Anwendung
der Subsidiaritätsklausel mit unterschiedlicher Begründung
z. T. ganz verneint[1]) bzw. § 839 Abs. 1 Satz 2 BGB nur im Außenverhältnis zwischen Geschädigtem und Staat für anwendbar
erklärt, nicht aber im Innenausgleich zwischen privatem Schädiger und Staat.[2])

Es soll zunächst untersucht werden, ob sich die Frage der Anwendbarkeit und Interpretation der Subsidiaritätsklausel des
§ 839 Abs. 1 S. 2 BGB aus der Entstehungs- und Entwicklungsgeschichte dieser Norm beantworten läßt.

1. Entstehungs- und Entwicklungsgeschichte der Subsidiaritätsklausel

a) Die Regelung der Amtshaftung im Bürgerlichen Gesetzbuch

Der Erste Entwurf zur Regelung der Amtshaftung sah eine privatrechtliche Haftung des Beamten für Amtspflichtverletzungen
vor, ohne Subsidiaritätsklausel. Mit der privatrechtlichen
Ausgestaltung der Haftung knüpfte der Entwurf an die im
preußischen und sächsischen Recht[3]) geltenden Haftungsbestimmungen an.

Begründet wurde der privatrechtliche Charakter der Amtshaftung einmal mit der Konstruktion des Staatsdienerverhältnis-

---

1) Bettermann, DöV 1954, S. 299 ff., 304; derselbe, DöV 1955, 528 ff.,
   530; derselbe DVBl 1976, 351; derselbe, 41. DJT Bd. 2, C 93; derselbe
   JZ 1961, 482, 483; Machleid, NJW 1955, S. 1820 FBn. 5; Bonsmann, ZRP
   1969, S. 52, 53; Honsell, JuS 1978, 745, 746; Scheuner, DöV 1955, S.
   545, 548; Hohenester, NJW 1962, S. 1140, 1142; Marschall v. Bieberstein, S. 215, 216; derselbe, Festschrift f. Reimer Schmidt, S. 771,
   781, 782; Füchsel, DAR 1972, S. 313 ff.

2) Keuk, AcP 168, 175, 192 ff.; Hohenester, NJW 1962, S. 1140, 1142;
   derselbe, NJW 1984, S. 84, 85; Ruland, VSSR 1975, S. 92, 102 ff.; Waldeyer, NJW 1972, S. 1249, 1251, 1252; Hanau, VersR 1967, S. 516 ff.,
   521, 522.

3) II 10 § 91 ALR von 1794, § 29 Abs. 1 Preuß. GrundbuchO, § 1507 sächsi-
   sches BGB von 1865.

ses als eines privatrechtlichen Mandatskontraktes.[1] Die
Amtspflichtverletzung stellte sich danach als eine Verletzung des Mandatsverhältnisses dar, für das der Staat als Man-
dant nicht haftete.

Nachdem die Mandatskontrakttheorie aufgegeben und das Beamten-
verhältnis als öffentlich-rechtlich angesehen wurde[2], begründeten Rechtsprechung und Literatur die privatrechtliche Haftung des Amtswalters damit, daß der amtspflichtwidrig handelnde Beamte als "ohne Auftrag des Staates handelnd, in den Pri-
vatstand" eintrete[3] und "als einzelner, nicht als Beamter"[4]
"in civilrechtlicher Hinsicht für alle aus eigener Hand began-
genen unerlaubten Handlungen einzustehen"[5] habe.

Eine Neuerung des Amtshaftungsrechtes im Vergleich zu den
Haftungsbestimmungen des Preußischen Allgemeinen Landrechtes
(ALR II 10 § 91) und § 1507 des sächsischen BGB bedeutet
der 1. Entwurf zum BGB, indem er sich ausdrücklich gegen die
Subsidiarität der Beamtenhaftung aussprach, "wenngleich
Rücksichten der Billigkeit und die Rücksicht auf das bestehende Recht sich dafür anführen lassen, die Haftpflicht des
Beamten gegenüber dem geschädigten Dritten nur als eine subsidiäre zu gestalten, so ist es doch als bedenklich erachtet, in dieser Beziehung zugunsten der Beamten von den allgemeinen Grundsätzen, nach welchen die Haftung derselben
für den aus ihrer Pflichtverletzung wirklich entstandenen
Schaden nicht eine blos subsidiäre ist, abzuweichen, zumal
durch die Anerkennung einer subsidiären Haftpflicht der Beamten dem verletzten Dritten die Verfolgung seiner Ansprüche

---

1) Vgl. Rehm, Hirths Annalen 1884, S 565 ff, 575, 576 m.w.N., 583 ff.;
   Gehre, S. 59.
2) Rehm, Hirths Annalen 1884, S. 632 ff. u. 1885, S. 65, 95 ff.;
   Pfeiffer, S. 361 ff., 367 ff.; Gehre, S. 63 ff.
3) Gönner, S. 222; Loening, S. 106 ff., 107.
4) Von Sarwey, S. 303, 304, Fßn. 3.
5) Loening, S. 96 ff., 107.

erheblich erschwert wird."[1]

Sowohl nach der allgemeinen Vorschrift des ALR II 10 § 91 als
auch nach § 29 Abs. 1 der preußischen Grundbuchordnung von
1872 hatte der Beamte, selbst wenn er grob fahrlässig gehandelt hatte, lediglich subsidiarisch gehaftet. Begründet wurde
die Ablehnung der Subsidiarität der Haftung mit dem Rechtsschutz des Geschädigten und der angestrebten Übereinstimmung
mit den allgemeinen, außerhalb der Beamtenhaftung geltenden
haftungsrechtlichen Grundsätzen.

Dennoch wurde abweichend von der ersten Fassung in den zweiten Entwurf die Subsidiaritätsklausel aufgenommen. Welches
die Gründe waren, die den Gesetzgeber zu dieser Kehrtwendung
bewogen haben, ist aus den Protokollen nicht sogleich ersichtlich, da im Vordergrund der Beratungen ein Antrag (Antrag 2)[2]
auf eine noch weitergehende Einschränkung der Haftung des Beamten gestanden hat, nämlich das Bestreben, die Haftung auf
Vorsatz und grobe Fahrlässigkeit zu beschränken. Auch insofern hatte der erste Entwurf noch keine Veranlassung gesehen,
zugunsten des Beamten von den allgemeinen Grundsätzen abzuweichen.[3] Die Beratungen in der zweiten Kommission wurden
schließlich auch noch überlagert durch die Diskussion des heutigen § 839 Abs. 3 BGB[4] (Wegfall der Ersatzpflicht bei
schuldhaftem Nichtgebrauch eines Rechtsmittels).
Der Antrag 2 wollte hier auf Verschulden der Geschädigten verzichten und damit die Beamtenhaftung noch weiter einschrän-
ken.[5] Die Begründung des Antrags 2 zielte in erster Linie
auf den Schutz und die Wahrung der persönlichen Interessen
des Beamten, wie die Wiedergabe in den Protokollen belegt,
wonach es für die Vertreter dieses Antrags zu weit ging,

---

1) Vgl. Protokolle II, S. 658 ff.
2) Wie vor.
3) Motive II, S. 823.
4) Vgl. zu den Erwägungen der Mehrheit der Kommission Protokolle II, S.
   662 ff.
5) Protokolle II, S. 659 und 661.

"den Beamten regelmäßig wegen jeder Fahrlässigkeit[1]) bei Erfüllung einer ihm gegenüber einem Dritten obliegenden Amtspflicht haften zu lassen. Eine solche Haftung sei hart für
den Beamten, der jeden Tag eine Menge von Amtspflichten erle-
digen müsse, nicht selten in der Erledigung des einen Ge-
schäfts durch die Notwendigkeit, rasch ein anderes f₀orzuneh-
men, gestört werde und in der Eile, mit der er handeln müsse,
leicht ein Versehen begehen könne. Die Haftung bedrohe den Beamten mit der Gefahr, in Prozesse von oft sehr zweifelhaftem
Ausgang verwickelt zu werden und schädige dadurch das Interesse des Dienstes und des auf die Thätigkeit des Beamten angewiesenen Publikums, weil sie (die Haftung) bei vielen Beamten
zu übertriebener Aengstlichkeit führe."[2])
Es gehe nicht an, den Beamten wegen jedes Mißgriffs haften zu
lassen, zumal seine Tätigkeit "nicht zu seinem eigenen Vortheile geübt werde".[3])

Zwar hat sich der so begründete Antrag 2 letztlich mit seinem
Ziel einer Begrenzung der Haftung auf Vorsatz und grobe Fahrlässigkeit nicht durchgesetzt, die zuvor wiedergegebenen Gründe und Erwägungen sind aber dennoch von der Kommissionsmehrheit aufgegriffen und berücksichtigt worden. Zur Begründung
der Einführung der Subsidiaritätsklausel[4]) wurde nämlich ausdrücklich betont, daß damit "den Bedenken, welche gegen die
Haftung der Beamten für jede Fahrlässigkeit obwalten, Rechnung getragen werde".[5]) Außerdem sollte durch eine einheitliche Regelung im BGB der Gefahr vorgebeugt werden, daß die Länder mit dann jeweils verschiedenen Regelungen von der in Art.
55 des Entwurfs zum EGBGB vorgesehenen Möglichkeit Gebrauch

---

1) Hier wird nochmals deutlich, daß der letztlich abgelehnte Antrag 2 den
   Schutz des Beamten in erster Linie durch einen Ausschluß der Haftung
   für normale Fahrlässigkeit erreichen wollte.
2) Protokolle II, S. 660.
3) Protokolle II, S. 661.
4) In der Zählung des Entwurfs § 736 Abs. 1 S. 2.
5) Protokolle II, S. 662.

machen, "wegen dieser Bedenken"[1] eigene Subsidiaritätsklau-
seln einzuführen oder beizubehalten."[2]

Man kann also feststellen, daß letztlich durch die Einführung
der Subsidiaritätsklausel zumindest auch dem von verschiedener Seite geforderten Schutzbedürfnis des einzelnen Beamten
vor einer unbegrenzten und allzu häufig drohenden Haftung
Rechnung getragen wurde. Dabei spielte vor allem auch die
Überlegung eine Rolle, daß der Beamte seine Tätigkeit "nicht
zu seinem eigenen Vortheile" ausübte.[3]

Die Kommissionsmehrheit hat zwar gesehen, daß dieser Schutz
des Beamten zwangsläufig zulasten der auf die Amtstätigkeit
angewiesenen Dritten geht, wenn diese durch den Eingriff eines Beamten, den sie zu dulden gezwungen seien, zu Schaden
kommen.[4] Die Mehrheit hat deshalb die beantragte Haftungs-
beschränkung auf Vorsatz und grobe Fahrlässigkeit abgelehnt.
In den Protokollen wird aber auch ausgeführt, daß "der an
sich angemessenste Weg zu einem wirksamen Schutz der Dritten
wohl darin bestehen würde, daß der Staat selbst die Haftung
ihnen gegenüber auf sich nehme".[5] Indes war letzterer Weg
"wegen des engen Zusammenhanges dieser Frage mit dem öffentlichen Rechte, weshalb es nicht angehe, durch das BGB reichs-
rechtlich eine solche Haftung einzuführen"[6] nicht gangbar[7]
und durch Annahme der Subsidiaritätsklausel war es zumindest
gelungen, eine noch weitergehende Benachteiligung der Dritten
durch Beschränkung der Haftung auf grobes Verschulden des Beamten, Ausschluß auch schon bei schuldlosem Nichtgebrauch eines Rechtsmittels[8] und landesrechtliche Subsidiaritätsklau-

---

1) Schutz des Beamten im Sinne des Antrages 2 (s.o.).
2) Protokolle II, S. 662.
3) S. bereits Fßn. 3, S. 124, Protokolle II, S. 661.
4) Protokolle II, S. 662.
5) Protokolle II, S. 662 = Mugdan II, S. 1155.
6) Protokolle II, S. 662; vgl. insoweit auch die 2. Beratung im Reichstag, Mugdan II, S. 1391 ff.
7) Auf die interessante Parallele zur Argumentation des BVerfG in der
   Entscheidung v. 19.10.1982 (BVerfGE 61, S. 149) kann hier nicht näher
   eingegangen werden.
8) Wie es Antrag 2 ebenfalls vorsah, vgl. Protokolle II, S. 659.

seln abzuwehren. Hätte man allerdings die Möglichkeit zur Einführung einer direkten Staatshaftung gehabt, wäre diese zur
Gewährleistung eines angemessenen Drittschutzes eingeführt
worden, was nicht ohne Auswirkung auf das Erfordernis geblieben wäre, den Beamten durch eine Subsidiaritätsklausel zu
schützen.[1] Da der Geschädigte seine Ansprüche dann nämlich
in erster Linie direkt gegen den Staat hätte richten können,
wäre der handelnde Beamte nicht der Belastung häufiger - z. T.
auch unberechtigter - gegen ihn persönlich gerichteter und
seine Entschlußfreudigkeit beeinträchtigender Ansprüche ausgesetzt gewesen. Auf die Einführung einer Subsidiaritätsklausel
hätte dann also verzichtet werden können. Die Meinung der
Mehrheit in der zweiten Kommission läßt sich also stark ver-
einfacht dahingehend zusammenfassen, daß zum Schutz (der Ent-
scheidungsfreudigkeit) des Beamten keine Subsidiaritätsklausel erforderlich gewesen wäre, wenn der Beamte durch Einführung einer direkten Staatshaftung ausreichend entlastet worden wäre.

Die Zusammengehörigkeit und Wechselwirkung zwischen beiden
Sachfragen - nämlich unmittelbare Staatshaftung im Interesse
des Geschädigten und zur Entlastung des Beamten sowie (alter-
nativ hierzu) Subsidiaritätsklausel zum Schutz des Beamten -
trat auch im weiteren Gesetzgebungsverfahren nochmals zutage,
als im Reichstag in der 2. Beratung der 2. Lesung des Ge-
setzesentwurfs zum BGB nochmals ein Vorstoß zur Einführung
der Staatshaftung unter gleichzeitiger Aufgabe der Subsidiarität i.S.d. heutigen § 839 Abs. 1 S. 2 BGB unternommen wurde.
In den Beratungen wurde durch den Abgeordneten Frohme (SPD)
der bereits in der 2. Kommission von einem Mitglied angekün-
digte[2] Antrag gestellt, wenn schon nicht ausschließlich, so
doch neben der Beamtenhaftung eine Staatshaftung einzuführen.[3] Auch dieser Antrag auf Einführung der primären

1) Ebenso Futter, S. 31 in Fßn. 16 und Lerche, JuS 1961, S. 242 in Fßn. 36.
2) Protokolle II, S. 663 ff.
3) Mugdan II, S. 1387. Wortlaut des Antrags: "Verletzt ein Beamter in
   Ausübung seiner Wirksamkeit seine Amtspflicht oder verletzt er in
   Ausübung seiner amtlichen Wirksamkeit eine Gesetzesvorschrift, so haftet er dem Verletzten für den daraus entstandenen Schaden. Dem

Staatshaftung war mit dem Rechtsschutz des Geschädigten begründet worden.[1] In der Diskussion dieses Antrages kamen also erneut die Auswirkungen dieser Haftungskonstruktion für
den Beamten zur Sprache.[2] Es wurde also nicht nur einseitig
das schutzwürdige Interesse des Geschädigten gesehen, sondern
auch das schutzwürdige Interesse des mit dem Haftungsrisiko
belasteten Beamten.

Die Entscheidung gegen die Einführung der primären Staatshaftung wurde daher sowohl in Kenntnis der Konsequenz dieser
Entscheidung für den Geschädigten als auch den Beamten getroffen. Nach allem spricht einiges dafür, daß zwischen der Ablehnung der Staatshaftung und der Einführung der Subsidiaritätsklausel durch den zweiten Entwurf, der insofern Gesetz geworden ist, ein direkter Zusammenhang bestand.

In diesem Sinne äußern sich auch verschiedene Stimmen in der
Literatur[3], desgleichen der Große Senat für Zivilsachen des
BGH in einer Entscheidung vom 12.04.1954[4], in der es wörtlich heißt: "Gerade weil damals die Aufnahme einer allgemeinen Staatshaftungsklausel abgelehnt wurde, hat man sich
schließlich aus der Erwägung, der Beamte, der ständig genö-
tigt sei, im allgemeinen Interesse zu handeln, könne durch
eine zu weitgehende Verschuldenshaftung in seiner Ent-
schlußfreiheit gehemmt sein, mit einer subsidiären Haftung
des Beamten abgefunden."[5]

Schröer hat dem entgegengehalten, die Subsidiarität der
Beamtenhaftung sei nicht etwa eingeführt worden, weil die
Staatshaftung abgelehnt wurde, sondern obwohl diese abgelehnt
wurde. Zwischen der Ablehnung der primären Staatshaftung und

---

noch Fßn. 3, S. 129:
   Verletzten haftet für diesen Schaden gemeinsam mit dem Beamten der
   Staat, die Gemeinde oder die öffentlich-rechtliche Körperschaft, von
   der der Beamte angestellt ist.
1) Mugdan II, S. 1385 ff.
2) Mugdan II, S. 1388 ff., insbesondere S. 1394 ff.
3) Futter, S. 34/35; Lerche, JuS 1961, S. 242, Fßn. 36.
4) BGHZ 13, 88.
5) A.a.O., S. 100.

der Einführung des zweiten Entwurfes gebe es keinen Zusammenhang. Es wäre ja auch vom Standpunkt des Geschädigten aus eine höchst sonderbare Konsequenz gewesen, wenn man die Haftung
des Beamten deshalb eingeschränkt hätte, weil man die Haftung
des Staates versagte.[1] Zur Stützung dieser These bezieht er
sich auf den Ablauf der Beratungen zu § 839 BGB, da zunächst
die subsidiäre Amtshaftung angenommen und erst danach zur
Staatshaftung Stellung genommen worden sei.[2]

Die Argumentation Schröers ist jedoch zu sehr auf die Sicht
des Geschädigten beschränkt, für den in der Tat die Einführung des zweiten Entwurfes eine weitere Verschlechterung seiner Position bedeutete.[3] Außer acht gelassen wird dabei aber
die Position des betroffenen Beamten, zu dessen Interessen-
schutz die Einführung der subsidiären Amtshaftung nur konse-
quent erscheint, da ihm mit der Ablehnung der primären Staatshaftung die erhoffte Haftungserleichterung genommen wurde und
er nur durch die Begründung der subsidiären Amtshaftung vor
dem Risiko der vollen Haftung geschützt wurde.[4]

Auch die Tatsache, daß die Entscheidung - innerhalb der 2.
Kommission[5] - zugunsten der Einführung der subsidiären Amtshaftung zeitlich vor der Ablehnung der Staatshaftung getroffen wurde, läßt sich nicht gegen die These anführen, daß die
Ablehnung der Staatshaftung die Einführung der Subsidiaritätsklausel bedingt hat, denn zum einen geht es zu weit, aus der
Reihenfolge der Protokollierung und Diskussion, die häufig
ausschließlich durch die Zweckmäßigkeit bestimmt wurde, so
weitgehende Schlüsse zu ziehen; zum anderen waren bei den

---

1) Schröer, JZ 1955, S. 308, 309; im Ergebnis auch Pagendarm, DöV 1955,
S. 520 ff., 523.
2) Schröer, JZ 1955, S. 308, 309; ebenso Dürig, JZ 1955, S. 525 FBn. 8.
3) Futter, S. 35.
4) Futter, S. 35.
5) Siehe zu dieser gebotenen Einschränkung sogleich.

Beratungen zu § 839 BGB die vertretenen Positionen aus den
Beratungen der 1. Kommission und der öffentlichen, politischen Diskussion hinreichend bekannt.

Außerdem stellt Schröer den Ablauf der Entscheidungsfindung -
bezogen auf das gesamte Gesetzgebungsverfahren - sogar unzu-
treffend dar, denn bereits in der 1. Kommission, also vor der
Einführung der Subsidiaritätsklausel in der 2. Kommission,
war entschieden worden, daß eine Staatshaftung durch das BGB
nicht eingeführt werden solle bzw. könne, sondern der Länder-
gesetzgebung überlassen werde.[1] Auch in der 2. Kommission
war über die Staatshaftung schon lange entschieden worden[2],
was den Mitgliedern auch während der Erörterung der Subsidiaritätsklausel bewußt war, wie die Bezugnahme auf "den
früheren Beschluß, durch welchen die Aufnahme einer allgemeinen Vorschrift über die Haftung des Staates und der Körperschaften des öffentlichen Rechtes für die zum Schadensersatze
verpflichtenden Handlungen ihrer Beamten abgelehnt ..." wurde[3], beweist.
Schröers Argumentation ist also nicht überzeugend. Es bleibt
bei dem zuvor dargelegten Ergebnis der historischen Interpretation, daß die Subsidiaritätsklausel des § 839 Abs. 1 S. 2
BGB zum Schutz der einzelnen Beamten vor zahlreichen Schadensersatzforderungen eingeführt wurde, weil die im Hinblick
auf deren Entschlußfreudigkeit für notwendig gehaltene Entlastung aus vor allem politischen Gründen nicht durch Einführung einer direkten Staatshaftung herbeigeführt werden konnte
bzw. sollte.

b) Überleitung der Amtshaftung auf den Staat

aa) Gesetzgebung der Einzelstaaten und im Reich

Nach Art. 77 Einführungsgesetz zum BGB (EGBGB) blieb eine Regelung der Haftung des Staates dem Landesgesetzgeber vorbe-

1) Motive II, S. 826 und Mugdan I, S. 409 (Motive zu § 46).
2) Protokolle I, S. 607 (Anhang 5).
3) Protokolle II, S. 663.

halten. Die Gesetzgebung in den einzelnen Ländern gestaltete sich recht unterschiedlich. In Preußen[1]) und einigen Kleinstaaten[2]) verblieb es zunächst bei dem bisherigen Rechtszustand, wonach der Staat generell nicht haftete. Einige Staaten legten ausdrücklich fest, daß der Staat nur dann haftete, wenn es gesetzlich besonders vorgesehen war.[3])

Unter anderem in Hessen wurde eine Staatshaftung in Form des Schuldbeitritts bzw. einer Art Ausfallhaftung des Staates eingeführt.[4]) Die meisten Einzelstaaten entschieden sich jedoch für eine Haftungsüberleitung auf den Staat, so zunächst Württemberg, Baden und Bayern.[5])

Eine primäre Staatshaftung wurde demgegenüber in keinem Einzelstaat eingeführt. Durch Gesetz vom 1.8.1909 wurde auch in Preußen die Beamtenhaftung auf den Staat übergeleitet.[6]) Ein Jahr später folgte eine dementsprechende reichsgesetzliche Regelung durch das Gesetz über die Haftung des Reiches für seine Beamten vom 22.5.1910.[7]) Daß die zum Schutz des Beamten eingeführte Subsidiaritätsklausel nunmehr zugunsten des Staates wirkte, wurde nicht als Problem gesehen und bei den Beratungen nicht angesprochen.[8])

---

1) Mit Ausnahme der Rheinprovinz, dort galt Art. 1384 code civil.

2) Sachsen-Altenburg, Sachsen-Meiningen, Schwarzburg-Rudolstadt, vgl. die Nachweise bei Delius, S. 16.

3) Anhalt, Art. 32 I des Ausf. Gesetzes zum BGB vom 18.4.1899, Gesetzessammlung, S. 57; Mecklenburg-Schwerin, VO vom 9.4.1899 zur Ausführung des BGB (RegBl 57), § 49 I Mecklenburg-Strelitz, VO vom 9.4.1899 zur Ausführung des BGB, § 48 I (öff. Anz 49).

4) Hessen, Art. 78 I des Ausf. Gesetzes zum BGB vom 17.7.1899 (RegBl 133); Reuss ältere Linie, § 69 des Ausf. Gesetzes zum BGB vom 26.10.1899, Gesetzessammlung, S. 25; Sachsen-Weimar-Eisenach, § 91 des Ausf. Gesetzes zum BGB vom 5.4.1899 (RegBl 123); Schwarzenburg-Sondershausen, Art. 19, § 1 des Ausf. Gesetzes zum BGB vom 19.7.1899. Gesetzessammlung, S. 29.

5) Württemberg, Ausf. Gesetz zum BGB vom 28.7.1899, RegBl 423, Art. 202 I, Baden, Art. 5, Ausf. Gesetz vom 17.6.1899, GVBl S. 229; Bayern, Art. 60, 61, Gesetz vom 9.6.1899, Beilage Gesetz u. Verordnungsblatt Nr. 28, S. 1.

6) Gesetz vom 1.8.1909, Gesetzessammlung, S. 691.

7) Gesetz vom 22.5.1910 (RegBl S. 798).

8) Reichstagsprotokolle, Bd. 261, S. 2592 ff., 2727, 2728 u. Bd. 275, 1905 ff. (Bericht der 8. Kommission über den Entwurf - Bd. 255, S. 8229 ff. u. Bd. 270, S. 17 ff.).

bb) Art. 131 WRV

Durch Art. 131 der Weimarer Reichsfassung (WRV) wurde diese
Haftung des Staates "anstelle" des Beamten verfassungsrechtlich verankert. Auch bei den Beratungen zu Art. 131 WRV wurde
die Übernahme der Subsidiaritätsklausel auf die staatliche
Haftung nicht problematisiert.[1]

Der Erstunterzeichner in der 2. Lesung der Verabschiedung des
Antrags, der Abgeordnete Burlage, sagte bei der Beratung wörtlich: "Es ist selbstverständlich, daß der Sinn des Antrags
dahin geht, die Grenzen, die für die Haftung des Beamten heute bestehen, nicht irgendwie zu erweitern. Es soll nur grundsätzlich an die Stelle der Verantwortlichkeit des Beamten die
des Staates treten."[2] Als im Verlauf der Debatte die Befürchtung geäußert wurde, der Textentwurf des Art. 131 erweitere
die Beamtenhaftung[3], betonte Burlage nochmals:
"... Wir wollen doch nichts anderes und es ist kein anderes
Ziel hier gesetzt, als daß der Staat statt des Beamten haften
soll. Damit ergibt sich schon, daß wir nicht die bestehende
Beamtenhaftung erweitern wollen, das liegt gänzlich außerhalb
des Bodens, auf dem dieser Antrag erwachsen ist."[4] Dementsprechend hat das Reichsgericht in seiner Rechtsprechung zur
Staatshaftung stets Art. 131 WRV und § 839 BGB zusammenge-
faßt. Das gilt auch für die Subsidiarität der Beamtenhaftung,
welche ohne weiteres in die Staatshaftung übernommen wurde.

So wurde in einer Entscheidung vom 29.4.1921[5] ausgeführt,

---

1) Verhandlungen der verfassunggebenden Deutschen Nationalversammlung,
   Bd. 328, S. 1630 ff.

2) Verhandlungen der verfassunggebenden Deutschen Nationalversammlung,
   Bd. 328, S. 1638.

3) Verhandlungen der verfassunggebenden Deutschen Nationalversammlung,
   Bd. 328, S. 1640.

4) Verhandlungen der verfassunggebenden Deutschen Nationalversammlung,
   Bd. 328, S. 1641; so auch die einhellige Meinung der Literatur zu Art.
   131 WRV, vgl. nur Giese, Art. 131 WRV, Anm. 3; Poetzsch-Heffter, Art.
   131 WRV Anm. 4.

5) RGZ 102, 166, 168, 169.

- 135 -

daß in Art. 131 WRV mit den Worten "die Verantwortlichkeit"
nichts anderes gemeint sein könne als die Verantwortlichkeit, wie sie dem Beamten in § 839 BGB auferlegt sei, also
nur bei vorsätzlicher oder fahrlässiger Amtspflichtverletzung
und nur unter der Beschränkung des Absatzes 1 S. 2 (subsidi-
är), da der Eingang des Satzes 1 den Eingang des § 839 BGB
genau wiederhole, nur unter Einschränkung der Worte "in Ausübung der ihm anvertrauten öffentlichen Gewalt". Diese Auslegung des Art. 131 S. 1 WRV werde bestätigt durch Art. 131 S.
2 WRV, der den Rückgriff des Staates gegen den Beamten regel-
te. Das Schadensersatzverlangen gegen den Beamten und ebenso
hier der Rückgriff gegen ihn ziele nur auf das, was der Beamte nach § 839 BGB schuldig sei. Es könne, so daß RG, mit der
diesen Rückgriff begründenden Verantwortlichkeit gegenüber
Dritten daher nichts anderes gemeint sein als die Verantwortlichkeit aus dem Grunde und in den Schranken des § 839 BGB.[1]

cc) Art. 34 GG

Das Grundgesetz knüpft mit Art. 34 an die durch Art. 131 WRV
geschaffene Rechtslage an.[2]
In den Beratungen des Zuständigkeitsausschusses des parlamentarischen Rates zur Regelung der Amtshaftung im Grundgesetz
wurde die Problematik der Subsidiaritätsklausel im Rahmen der
Staatshaftung angesprochen. Der Abgeordnete Dr. Laforet (CSU)
plädierte für die Beibehaltung der vorhandenen Rechtslage.
"Was wir geben, ist nichts anderes als eine Ergänzung des
§ 839 nach den heutigen Bestimmungen."[3] Er verwies darauf,

---

1) RGZ 102, 166, 168, 169.
2) V. Mangoldt-Klein, Art. 34 Rdn. II 2 u. 7; RGRG-Kreft, § 839 Rdn. 488;
Pagendarm, DöV 1955, S. 520 ff., 523, 525; Schröer, JZ 1955, S. 308
ff.; Tietgen, DVBl 1955, S. 549; Bachof, SJZ 1950, S. 166; derselbe,
Vornahmeklage, S. 117; Rupp, NJW 1961, S. 811; Schleeh, AöR 1967,
S. 58, 87; Weitnauer, KF 1962, S. 8; Heidenhain, S. 37, 38, 43;
Bartlsperger, NJW 1968, S. 1697, 1701; Bender, Rdn. 70.
3) Dagtoglou, BK Art. 34 I Entstehungsgeschichte, S. 3.

daß die Länderfinanzminister auf die Subsidiaritätsklausel in
§ 839 BGB nicht würden verzichten wollen. Man müsse sonst das
Bürgerliche Gesetzbuch ändern.[1] Der Abgeordnete Dr. Hoch
(SPD) vertrat demgegenüber zusammen mit dem Abgeordneten Ehlers (SPD) die Gegenposition. Es werde allmählich immer kla-
rer, daß das ganze Problem überhaupt kein beamtenrechtliches
Problem sei, sondern daß es sich um ein Problem des Rechts-
staates handele, um den Schutz des Staatsbürgers gegen die
Allmacht der Staatsgewalt, das eigentlich in die Grundrechte
hineingehöre.[2] Der Abgeordnete Ehlers hielt dem Hinweis auf
die Staatsfinanzen entgegen, der Staat müsse die mit dem Wegfall der Subsidiaritätsklausel verbundenen Mehrkosten in Kauf
nehmen.[3] Tatsächlich handelte es sich jedoch nur um eine am
Rand geführte Erörterung, die im Ergebnis nicht ausdiskutiert
wurde und bei der Verabschiedung der Gesetzesfassung im Ple-
num gar nicht mehr vertieft wurde.[4] In den Beratungen der
Ausschüsse des Parlamentarischen Rates bestand vielmehr Einigkeit darüber, daß eine Änderung der bisherigen Rechtslage
nicht beabsichtigt war. Von Mangoldt, Vorsitzender des Grundsatzausschusses meinte zu Art. 34 GG, daß dieser praktisch
nur eine Umformulierung von Art. 131 WRV darstelle.[5]

Es läßt sich daher nur eine Feststellung dahingehend treffen,
daß der Gesetzgeber das Problem der Fortgeltung der Subsidiaritätsklausel im Rahmen der Amtshaftung gesehen hat, sich
jedoch weder für noch gegen ihre Anerkennung ausdrücklich ausgesprochen hat, wenn man einmal von dem Hinweis des Abgeordneten Dr. Laforet auf die Länderfinanzen absieht. Mit Art.
34 GG wurde die Regelung des § 839 Abs. 1 Satz 2 BGB lediglich als bereits existente Norm akzeptiert. Der Funktions-

---

1) Dagtoglou, BK Art. 34 I Entstehungsgeschichte, S. 4
2) A.a.O., S. 3.
3) A.a.O., S. 4.
4) A.a.O., S. 6.
5) Dagtoglou, a.a.O., S. 5; vgl. zum Ganzen auch Dr. Laforet, DöV 1949,
   S. 221, 222; Schröer, JZ 1955, S. 308, 310.

wandel der Subsidiaritätsklausel zu einer Schutznorm des Staates wurde nicht weiter problematisiert, auch eine Auseinandersetzung mit der Frage der Vereinbarkeit der Klausel mit sonstigen Bestimmungen des Grundgesetzes fand nicht statt. Man kann also sagen, daß es heute im Rahmen des Art. 34 GG[1] i.V.m. § 839 BGB keine Subsidiarität gäbe, wenn diese nicht im Interesse der Beamten durch die 2. Kommission in das BGB eingefügt worden wäre.

Trotz dieses Hintergrundes sah sich der BGH - entgegen eigener Überzeugung[2] - nicht in der Lage, in seiner Rechtsprechung auf die Anwendung der Subsidiaritätsklausel für die Amtshaftung nach § 839 BGB i.V.m. Art. 34 GG generell zu verzichten. Anspruchsgrundlage der Amtshaftung sei die aus § 839 BGB folgende Schadensersatzverpflichtung, die unter den Voraussetzungen des Art. 34 S. 1 GG auf den Dienstherrn übergeleitet werde. Wenn nun nach Art. 131 WRV und Art 34 GG in derartigen Fällen anstelle des Beamten die Körperschaft hafte, so bedeute dies weder eine Haftung für deren eigenes Verschulden (§ 823 BGB) noch für Verletzung der Aufsichtspflicht (§ 831 BGB), sondern die Übernahme einer fremden Haftung.[3] Zwar sei der ursprüngliche Sinn der Subsidiaritätsklausel mit der Haftungsübernahme durch den Staat entfallen und nur für jene Fälle von Bedeutung, in denen die persönliche Haftung des Beamten bestehen geblieben sei; § 839 Abs. 1 S. 2 BGB sei inzwischen aber nicht mehr allein als Schutznorm zugunsten des Amtsträgers, sondern auch zugunsten des Staates zu verstehen. Weil der Staat nach Art. 34 GG nur für fremdes Unrecht und nur für fremde Schuld hafte, solle er über § 839 Abs. 1 S. 2 BGB finanziell entlastet werden.[4] In einer späteren Entscheidung heißt es: "Mag diese Bestimmung bei mancherlei Fallgestaltungen auch heute nicht mehr stets zu sachgerechten Er-

---

1) Heidenhain, S. 38 ff., 43; Dagtoglou, wie vor; v. Mangoldt-Klein, Art. 34 GG Rdn. 2, 7, 10.
2) BGHZ 42, 176, 181; siehe dazu sogleich.
3) BGHZ 1, 388, 391.
4) BGHZ 13, 88, 103.

gebnissen führen, mag sie deshalb und mit einer gewissen Berechtigung als 'antiquiert' bezeichnet werden und mag eine
Gesetzesreform insoweit notwendig erscheinen, so ist der Rich-
ter doch nicht befugt, dem Gesetz von sich aus die Beachtung
zu versagen."[1]

An der Geltung der Subsidiaritätsklausel hat der BGH bis heute festgehalten, in neueren Entscheidungen durch eine restrik-
tive Auslegung des § 839 Abs. 1 S. 2 BGB den Anwendungsbereich der Subsidiaritätsklausel jedoch stark eingeschränkt
(vgl. hierzu unten, 5 b aa, S. 155 ff.).

2. Art. 34 GG als unmittelbare Anspruchsnorm

Zum Teil wird die Ansicht vertreten, mit Art. 34 GG sei eine
originäre Staatshaftungsnorm geschaffen worden[2] und deshalb
würde die für die Beamtenhaftung in § 839 Abs. 1 Satz 2 BGB
getroffene Einschränkung nicht für diese Eigenhaftung des
Staates gelten.[3] Zur Begründung wird zum einen auf den Wortlaut der Norm verwiesen. In Satz 3 des Art. 34 GG sei von dem
"Anspruch auf Schadensersatz" die Rede. Damit werde deutlich,
daß die "Verantwortlichkeit" des Satzes 1 des Art. 34 GG als
Schadensersatzpflicht zu verstehen sei.[4] Daß Art. 34 GG
selbst Anspruchsnorm sei, ergebe sich zum anderen daraus, daß
im Außenrechtsverhältnis des Staates oder eines sonstigen
Hoheitssubjektes zu dritten Personen nicht der Amtswalter,
sondern die juristische Person, deren Aufgaben und Befugnisse
der Organwalter wahrnehme, Träger von Rechten und Pflichten
sei. Unmittelbare oder direkte Staatshaftung heiße also

1) BGHZ 42, 176, 181.
2) Papier, S. 111 ff.; Bartlsperger, S. 131; Füchsel, DAR 1972, S. 313
ff., 317; Haas, S. 57, 58, 65; Jellinek, JZ 1955, S. 147, 149;
kritisch auch Rupp, NJW 1982, S. 1731, 1732; derselbe Grundfragen, S.
35; Menger, Jellinek Gedächtnisschrift, S. 350; Bettermann, DöV 1954,
S. 299, 300; derselbe, JZ 1961, S. 482; Reinhardt, DöV 1955, S. 542,
543; Heydt, JR 1967, S. 169, 170; Wertenbruch, JuS 1963, S. 180, 182.
3) Papier, S. 119.
4) Papier, S. 111.

Haftung wegen Verletzung dieser dem Staat obliegenden Außen-
rechtspflichten.[1] Der Grund und Sinn der Regelung des § 839
Abs. 1 Satz 2 BGB - Schutz des schwachen Organwalters - ent-
falle bei dieser Staatshaftung.[2]

Dieser am Wortlaut des Art. 34 GG orientierten Argumentation
ist jedoch die unter 1. dargestellte Entstehungsgeschichte
dieser Norm entgegenzuhalten. Wie dargelegt, wurde im zustän-
digen Ausschuß angesprochen, daß die Überleitung der Haftung
des Beamten auf den Staat die Übernahme auch der Subsidiaritätsklausel bedeute. Der Gesetzgeber hat sich in Kenntnis dieser Rechtsfolge dennoch nicht veranlaßt gesehen, in Art. 34
GG eine unmittelbare Staatshaftung zu begründen, sondern Art.
34 GG als befreiende Schuldübernahme des Staates der durch
§ 839 BGB zivilrechtlich normierten persönlichen Haftungsver-
bindlichkeit des Amtswalters ausgeformt und die Geltung des
§ 839 Abs. 1 Satz 2 BGB im Rahmen der Amtshaftung bewußt in
Kauf genommen. Die in Satz 1 des Art. 34 GG angesprochene
"Verantwortlichkeit" ist die in § 839 BGB bestimmte Verantwortlichkeit, die durch Art. 34 GG auf den Staat übergeleitet
wird.[3]

Auch der Hinweis, nur der Staat, nicht aber der Amtswalter
stehe in einer unmittelbaren Rechtsbeziehung zum Bürger, läßt
sich nicht zur Interpretation des Art. 34 GG als einer primären Staatshaftungsnorm anführen. Denn nach ständiger Rechtsprechung wird den dem Amtswalter obliegenden Amtspflichten,
deren Verletzung zur Amtshaftung führt, Außenwirkung beigelegt.[4] Art. 34 Satz 1 GG knüpft die Haftung des Staates

---

1) Papier, S. 112.
2) Ebenso Bettermann, DöV 1954, S. 229, 304; derselbe, JZ 1961, S. 482,
483.
3) Ossenbühl, S. 5; Dagtoglou, BK Art. 34, Rdn. 43, 110.
4) BGHZ 16, 111, 113 (Amtspflicht zum rechtmäßigen Handeln); BGH LM
§ 839 C Nr. 47 (Pflicht zum Beachten der Zuständigkeitsregeln), BGHZ
45, 143, 146 (Fehlerfreie Ermessensausübung); BGH NJW 1972, 101
(Pflicht, Schädigung Dritter durch unerlaubte Handlungen zu vermeiden),

daran, daß "... jemand in Ausübung eines ihm anvertrauten öffentlichen Amtes die ihm einem Dritten gegenüber obliegende Amtspflicht verletzt ...". Das Tatbestandsmerkmal Amtspflicht ist auf den Organwalter als Person bezogen, die dem Staat gegenüber dem Bürger obliegenden Rechtspflichten sind hingegen keine Amtspflichten, sondern öffentliche Verhaltenspflichten.[1] Unmittelbares Zuweisungssubjekt in Art. 34 GG ist damit aber gerade nicht der Staat, sondern der Amtswalter.[2] Art. 34 GG begründet, indem der Staat nicht selbst als unmittelbares Haftungssubjekt angesprochen wird, somit keinen originären selbständigen Staatshaftungstatbestand. Die durch Art. 34 GG normierte "Verantwortlichkeit" des Staates ist vielmehr ausdrücklich nur eine von § 839 BGB abgeleitete, mittelbare Staatshaftung in Form der privativen Haftungsübernahme.[3]

---

noch Fßn. 4, S. 139
  BGHZ NJW 1973, 894 (Pflicht zur Beachtung des Grundsatzes der Verhältnismäßigkeit); BGH DöV 1970, 680, 681; BGH NJW 1969, 509 (Erteilung unrichtiger Auskünfte); BGH, DVBl 1971, S. 464, 465 (rasche Sachentscheidung); BGH NJW 1963, S. 644 (Amtspflicht zu konsequentem und rücksichtsvollem Verhalten).

1) Ossenbühl, S. 5, 31; BGHZ 13, 88, 104; BGHZ 34, 99, 110; BVerwGE 13, 17, 23 ff.

2) Ossenbühl, S. 5, 31; Bender, Rdn. 83, 84; Dagtoglou, BK Art. 34, Rdn. 9, 10, 43, 110; v. Mangoldt-Klein, Art. 34 GG, Rdn. 18 ff., 142 ff., III 3a.

3) Heidenhain, S. 36 ff.; Bartlsperger, NJW 1968, S. 1697, 1701; Erichsen, DöV 1965, S. 158, 160; Dagtoglou, BK, Art. 34, Rdn. 43 ff. (noch im Prozeß befindlich rechtsdogmatisch verselbständigt); Maunz-Dürig-Herzog-Scholz, Art. 34, Rdn. 17 ff.; Bender, Rdn. 77; Pagendarm, DöV 1955, S. 520, 523; Ruland, BayVBl 1976, S. 581; Tietgen, DVBl 1955, S. 549, 552; Luhmann, S. 205; RGRK-Kreft, § 839, Rdn. 488; Soergel-Glaser, § 839, Rdn. 60; BGHZ 13, 88, 104; BVerwGE 13, 17, 23; 25, 138, 145; NJW 1963, S. 69 ff.

3. Vereinbarkeit der Subsidiaritätsklausel mit dem Grundgesetz

Im Hinblick auf das Grundgesetz wurden in der Literatur und
auch in der Rechtsprechung Bedenken hinsichtlich der Verfas-
sungsmäßigkeit der Subsidiaritätsklausel im Rahmen der auf
den Staat übergeleiteten Amtshaftung laut.

a) Gleichheitsgebot nach Art. 3 Abs. 1 GG

Es könnte ein Verstoß gegen den Gleichheitsgrundsatz, Art. 3
GG vorliegen, wenn die Differenzierung zwischen der Haftung
aus Amtspflichtverletzung und der allgemeinen Deliktshaftung
nach §§ 823 ff. BGB, die keine der Subsidiaritätsklausel entsprechende Haftungsentlastung vorsieht, als willkürlich bewertet werden müßte, was der Fall wäre, wenn sich ein vernünftiger, aus der Natur der Sache ergebender oder sonstwie sachlich einleuchtender Grund für die Differenzierung nicht finden ließe.[1]

Hierzu wird von einigen Autoren die Ansicht vertreten, die
ursprünglich zum Schutz des Beamten eingeführte Norm könne
nach der Übernahme der Haftung durch den Staat nicht mehr als
sachlicher Grund für eine Differenzierung der Haftung aus
Pflichtverletzung und der nach allgemeinem Deliktsrecht angesehen werden.[2]

---

1) So die Formulierung des Bundesverfassungsgerichts in ständiger Rechtsprechung für die Voraussetzungen einer Verletzung des allgemeinen
Gleichheitsgrundsatzes, BVerfGE 1, 14, 52; 4, 144, 155; 25, 101, 105;
27, 364, 371; 49, 192, 209; Dürig, in: Maunz-Dürig-Herzog, Art. 3 Rdn.
282, 283; v. Münch, Grundgesetz-Kommentar, Art. 3, Rdn. 10 u. 11.

2) Dagtoglou, BK Art. 34, Rdn. 260 ff.; Jellinek, JZ 1955, S. 147, 148;
Bettermann, DöV 1954, S. 299 ff., 304; derselbe, DöV 1955, S. 528,
530; Ruland, BayVBl 1976, S. 581, 583; derselbe, VSSR 1975, S. 92,
106; Enneccerus-Nipperdey, AT des BGB, § 119 Fßn. 68; Futter, S. 104,
107 ff.; derselbe, NJW 1977, S. 1225, 1227; Hohenester, NJW 1962,
1140, 1142; Marschall v. Bieberstein, Festschrift f. Reimer Schmidt,
S. 771, 781, 784; Meister, NJW 1964, 1702, 1705; Hauß, LM Nr. 23 zu
§ 426; Honsell JuS 1978, S. 745, 746; Stoll, Festschrift f. Hauß,
S. 349 ff., 363 ff.; Konow, DVBl 1971, S. 454; Ising, S. 50.

Der BGH hat sich mit diesem Vorwurf des Verstoßes der Subsidiaritätsklausel gegen das Gleichheitsgebot auseinanderge-
setzt und "... selbst wenn man anerkennen wolle, daß der
Schutz des Beamten (wie im Bereich der Staatshaftung) nicht
mehr rechtfertige ..." die sachliche Rechtfertigung in dem
höheren Haftungsrisiko im Vergleich zum allgemeinen Deliktsrecht gesehen, da nach § 839 BGB jede fahrlässige Schädigung,
auch wenn sie nur das Vermögen des Geschädigten betrifft, die
Schadensersatzverpflichtung auslöst. Diese Haftungerweiterung
nach § 839 BGB stelle einen sachlichen Grund für die durch
§ 839 Abs. 1 Satz 2 BGB bewirkte Haftungsbegrenzung auch zugunsten des gem. § 839 BGB in Verbindung mit Art. 34 GG haf-
tenden Staates dar, dessen Kassen nicht über Gebühr in Anspruch genommen werden sollen.[1]

Dieser Auffassung des BGH ist im Hinblick auf Art. 3 Abs. 1
GG zuzustimmen, obwohl auch im allgemeinen Deliktsrecht aus
den §§ 823 Abs. 2 und 826 BGB[2] eine Haftung für Vermögensschäden folgen kann. Der Haftungstatbestand des § 839 Abs. 1
BGB ist nämlich im Vergleich zu den allgemeinen Tatbeständen
der §§ 823 Abs. 2 und 826 BGB weiter gefaßt. Anders als der
nach allgemeinem Deliktsrecht Verantwortliche, der nur unter
den besonders engen (Vorsatz, Sittenwidrigkeit) Voraussetzungen des § 826 BGB oder gem. § 823 Abs. 2 BGB nur wenn er gegen den speziellen Fall betreffende Schutzgesetze verstößt,
für die Verletzung von Vermögensinteressen einzustehen hat,
muß der nach § 839 Abs. 1 BGB Verpflichtete für alle Vermögensschäden Ersatz leisten, die durch Amtspflichtverletzungen
verursacht worden sind. Eine Schadensersatzpflicht besteht
danach auch dann, wenn eine Haftung nach allgemeinem Deliktsrecht ausscheidet, so beispielsweise im Falle der Erteilung
einer unrichtigen Auskunft.[3]

---

1) BGHZ 49, 267, 277 ff.; 13, 88 ff., 104; LM Nr. 7 zu § 839 (E) BGB;
   BGH VersR 1965, 64, 65.
2) Spezielle Tatbestände, §§ 824, 831 BGB.
3) Beispiel von Bender, Rdn. 72.

Zu berücksichtigen ist auch, daß jeder Verstoß gegen ein
Schutzgesetz zugleich eine Amtspflichtverletzung darstellt[1]),
während umgekehrt keine der zahlreichen Amtspflichten, die zu
einer Haftung aus § 839 BGB führen können, auch eine Haftung
im Rahmen des § 823 Abs. 2 BGB begründet. Der Staat hat zudem
nach Art. 34 GG auch keine Exkulpationsmöglichkeit. Die durch
die Subsidiaritätsklausel bewirkte Ungleichbehandlung zwischen Amtshaftung und Deliktshaftung nach den §§ 823 ff. BGB
kann daher nicht als völlig willkürlich bezeichnet werden,
ein Verstoß gegen das Gleichheitsgebot nach Art. 3 Abs. 1 GG
liegt demnach nicht vor.

b) Art 14 GG

Ein Verstoß gegen die Eigentumsgarantie, Art. 14 Abs. 1 GG,
kommt einmal unter dem Gesichtspunkt in Betracht, daß der Geschädigte nicht die Auswahlmöglichkeit hat, ob er den Staat
oder den 'anderweitigen Ersatzpflichtigen' haftbar macht sowie im Hinblick darauf, daß der Schadensersatzleistende gegen
den Staat keinen Gesamtschuldnerausgleich nach § 840 BGB
durchführen kann.

Gegen das erstgenannte Argument hat der BGH eingewendet, die
fehlende Auswahlmöglichkeit zwischen mehreren Schädigern be-
rühre nicht den Wesenskern des Eigentums, da der Geschädigte
ja doch letztendlich seinen Schaden von einem der Schädiger
ersetzt erhalte.[2]) Auch in der Nichtdurchsetzung des internen
Haftungsausgleiches nach § 840 BGB hat der BGH keine Verletzung der Eigentumsgarantie für den Mitschädiger gesehen, da
der Ausgleichsanspruch von vornherein gar nicht entstehe und
es daher an einer enteignungsfähigen Vermögensposition
fehle.[3])

---

1) Staudinger-Schäfer, § 839, Rdn. 263; vgl. auch RGRK-Kreft, § 839,
   Rdn. 248 und Soergel-Glaser, § 839, Rdn. 177.
2) BGH NJW 1968, S. 696 ff., 699.
3) BGH NJW 1968, S. 696 ff., 699.

Dem BGH ist daraufhin der Vorwurf der petitio principii entgegengehalten worden, da Ansatzpunkt der Prüfung der Eigentums-
verletzung eben gerade das Nichtentstehen des Ausgleichsan-
spruches sei.[1] Dieser Einwand trägt jedoch nur auf den
ersten Blick, denn nach feststehenden Enteignungsgrundsätzen
verlangt eine Verletzung der Eigentumsgarantie den Entzug einer bereits vorhandenen, schutzwürdigen Vermögensposition[2],
wie sie z. B. vorliegt, wenn die bauliche Ausnutzung eines
Grundstücks beeinträchtigt wird.[3] Da jedoch in dem hier diskutierten Fall eine vergleichbare, konkrete Vermögensposition
von vornherein nicht zur Entstehung gelangt, liegt eine Verletzung schutzwürdiger Vermögenswerte, die einen Verstoß gegen das Grundrecht des Eigentums begründen könnte, nicht vor.

4. Wegfall oder Wandelung des Normzwecks.

Die Subsidiaritätsklausel wäre auch dann de lege lata nicht
mehr anwendbar, wenn der ursprüngliche Normzweck vollständig
weggefallen wäre. Ratio legis des § 839 Abs. 1 S. 2 BGB war,
wie bereits ausführlich dargelegt wurde[4], der Schutz des Beamten vor umfassender Haftung mit dem Ziel der Stärkung seiner Entschlußfreudigkeit. Es spricht einiges dafür, daß mit
der Übernahme der Beamtenhaftung durch den Staat diese Rechtfertigung entfallen ist und damit § 839 Abs. 1 S. 2 BGB obso-
let und nicht mehr anwendbar sein könnte.[5] Dieser von Bettermann begründeten These haben sich zahlreiche Autoren ange-

---

1) Bülow, DVBl 1981, S. 813 ff., 815.
2) BVerfGE 4, 7, 17 ff.; BGHZ 34, 188, 190; 86, 152, 159.
3) BGHZ 65, 182, 186; 66, 182, 189.
4) S. o. 1 a, S. 124 ff.
5) Bettermann, DöV 1954, S. 299 ff., 304; Grundrechte III/2, S. 837; derselbe, DöV 1955, S. 528 ff., 530; derselbe JZ 1961, S. 482, 483; derselbe, 41. DJT II C 93; derselbe, DVBl 1976, S. 351; Scheuner, DöV
   1955, S. 548; Bonsmann, ZRP 1969, S. 52; Machleid, NJW 1955, S. 1820,
   Rdn. 5; Honsell, JuS 1978, S. 745, 746; Marschall v. Bieberstein,
   Festschrift f. Reimer Schmidt, S. 771 ff., 775 ff.; derselbe, S. 216;
   Futter, S. 104 ff., 111; Bruck-Möller-Sieg, § 67, Rdn. 29.

schlossen. Diese auf den ersten Blick überzeugende Ansicht
ist jedoch nicht unumstritten. So wird dagegen vorgebracht,
daß das bezweckte Ziel der Stärkung der Entschlußfreudigkeit
des Beamten auch im Bereich der Staatshaftung Gültigkeit be-
halte[1] (sogleich b). Wiederum andere sehen den nach der Überleitung der Beamtenhaftung auf den Staat gewandelten Zweck
der Norm in dem Schutz des Staates vor übermäßiger finanziel-
ler Belastung[2] (sogleich c). Teilweise wird die Fortgeltung
der Subsidiaritätsklausel auch aus dem allgemeinen staatsrechtlichen Subsidiaritätsprinzip hergeleitet[3] (sogleich a).

a) Subsidiaritätsprinzip

Der zuletzt genannte Gesichtspunkt wird namentlich von
Küchenhoff zur Begründung der Fortgeltung des § 839 Abs. 1 S.
2 BGB herangezogen.[3]

Aus dem Grundsatz der Nachrangigkeit der staatlichen Aufgaben-
erledigung folge, daß der Staat auch bei Ausgleich von Schäden auf Grund von Amtspflichtverletzungen erst sekundär zu-
ständig sei und hafte. Hierbei wird jedoch übersehen, daß es
bei den Anwendungsfällen des Subsidiaritätsprinzips jeweils
um die Frage geht, ob der Staat sich klärend in einen zwischen Dritten bereits bestehenden Konflikt (z. B. Maßnahme
der Gefahrenabwehr der Polizei- und Ordnungsverwaltung, vgl.
§ 1 Abs. 3 Nds. SOG) einschalten bzw. eine Tätigkeit übernehmen soll (z. B. im Rahmen der Sozialfürsorge, vgl. § 2 Abs. 1
BSHG oder erwerbswirtschaftlichen Tätigkeiten, vgl. § 108
NGO), während bei der Staatshaftung der Staat von vornherein
als Beteiligter, nämlich Schädiger, in den zu regelnden Konflikt einbezogen ist. Bei der Staatshaftung geht es also
nicht um die Frage, ob der Staat sich "freiwillig" einschal-

---

1) Vgl. die Fundstellennachweise, S. 146, Fßn. 2 u. 4.
2) Vgl. die Fundstellennachweise, S. 149, Fßn. 1.
3) Küchenhoff, RdA. 1959, S. 201, 202; derselbe, BayVBl 1976, S. 740 ff.;
   derselbe, BayVBl 1977, S. 622, 624; Dürig, JZ 1955, S. 525, Fßn. 16.

- 146 -

ten soll, sondern er ist von vornherein selbst Partei. Die
Anwendung des Subsidiaritätsprinzips mit der daraus hergelei-
teten Pflicht zur Zurückhaltung des Staates würde hier also
nicht zugunsten, sondern ausschließlich zu Lasten des Bürgers
wirken. Aus diesem Gesichtspunkt läßt sich die Beibehaltung
der Subsidiaritätsklausel daher nicht rechtfertigen.[1]

b) Mittelbarer Beamtenschutz

Gegen die These, daß § 839 Abs. 1 S. 2 BGB aufgrund der Haftungsübernahme durch den Staat nicht mehr anwendbar sei, da
der Normzweck der Stärkung der Entschlußfreudigkeit des Beamten weggefallen sei, wird eingewandt, daß bei Einführung des
§ 839 Abs. 1 Satz 2 BGB einige Ländergesetze die staatliche
Haftungsübernahme ausdrücklich vorsahen.[2] Wenn gleichwohl in
Kenntnis dieser Tatsache § 839 Abs. 1 Satz 2 BGB verabschiedet wurde, könne dies nur dahingehend gedeutet werden, daß
nach dem Willen des Gesetzgebers die Subsidiaritätsklausel
sowohl im Falle der Beamtenhaftung als auch im Falle der übergeleiteten Staatshaftung gültig sein sollte, der Gesetzgeber
die Beeinträchtigung der Entschlußfreudigkeit des Beamten also auch bei der Staatshaftung als schutzwürdig angesehen habe.[3] Daß die Normsituation unter der Geltung der Staatshaftung im Hinblick auf die Regreßmöglichkeit keine entscheidende Veränderung erfahren habe, wird auch von anderen Vertretern in der Literatur als Grund für die Fortgeltung der Subsidiaritätsklausel angeführt.[4] Auch der Beamte, der im Falle
grober Fahrlässigkeit gem. Art. 34 S. 2 GG der Regreßhaftung
ausgesetzt sei, trage damit noch immer ein nicht unerheb-

---

1) Gegen eine Herleitung des § 839 Abs. 1 S. 2 BGB aus dem
Subsidiaritätsprinzip auch Bernzen, S. 84, 85; Isensee, S. 86 ff.; Glaser, S. 42; Zuck, S. 47; Lerche, JuS 1961, S. 242, Fßn. 39.
2) Bülow, DVBl 1981, S. 813, 814.
3) Bülow, DVBl 1981, S. 813, 814.
4) Medicus, JuS 1977, S. 642; Lerche, JuS 1961, S. 237, 242; Schröer,
JZ 1955, S. 311 ff.

liches Haftungsrisiko, vor dem er nur durch die Anwendung der
Subsidiaritätsklausel geschützt sei.[1] Folgte man dieser Argumentation, dann wäre der Normzweck des § 839 Abs. 1 S. 2 BGB
auch im Rahmen der Staatshaftung noch erfüllt. Das liefe aber
auf eine Gleichsetzung des Risikos der unmittelbaren Haftung
für jede Fahrlässigkeit (§ 839 BGB) mit dem Risiko nur für
grobe Fahrlässigkeit oder Vorsatz in Regreß genommen zu werden (Art. 34 GG) hinaus. Angesichts der klaren Differenzierung in Art. 34 GG, wonach der Beamte zwar für grobes Verschulden, nicht aber für einfache Fahrlässigkeit in Regreß genommen werden kann, scheint diese Gleichsetzung aber gerade
nicht dem heutigen Gesetzeswillen zu entsprechen.[2] Futter
will deshalb anhand eines Vergleiches mit dem arbeitsrecht-
lichen Haftungsrecht eine Lösung entwickeln. Die Risikolage
des Beamten sei der des privatrechtlich tätigen Angestellten/
Arbeiters vergleichbar, da letztendlich ein fremdnütziges Risiko getragen werde. Dieser Risikolage werde im Arbeitsrecht
mit einer dementsprechend differenzierten Verteilung der Haftungslast zwischen Arbeitgeber und Arbeitnehmer Rechnung getragen. Das Betriebsrisiko liege danach grundsätzlich beim Arbeitgeber, der im Falle der fahrlässigen Arbeitspflichtver-
letzung des Arbeitnehmers voll hafte. Bei Vorsatz und grober
Fahrlässigkeit werde dagegen der Arbeitnehmer nicht entlastet, bei einem dazwischenliegenden mittleren Grad der Fahrlässigkeit erfolge Schadensteilung.[3] Angesichts der identi-
schen Risikolage bei hoheitlichem Tätigwerden könne der
Schutz des Beamten nur sachgemäß durch eine dieser Risikolage
entsprechende Verteilung der Haftungslast zwischen dem Beamten und dem Dienstherrn verwirklicht werden. Die Subsidiaritätsklausel, die diese Last im Bereich normaler Fahrlässigkeit zugunsten des Staates und im Bereich grober Fahrlässigkeit zugunsten des Beamten einem Dritten auferlege, könne da-

---

1) RGRK-Kreft, § 839 Rdn. 484 und Fundstellennachweise, S. 146, FßN. 4.
2) Vgl. Futter, S. 46.
3) Futter, S. 44 ff.; zur Rechtsprechung des BAG, Urteil vom 24.11.1987,
   DB 1988, S. 1603 ff (ausdrücklich nur zur gefahrgeneigten Tätigkeit).

- 148 -

her nicht mehr mit Erwägungen zum Beamtenschutz legitimiert
werden.[1]

Futter ist zuzugeben, daß sowohl Beamter als auch der privatrechtlich tätige Arbeitnehmer nicht im eigenen Interesse handeln. Seine Schlußfolgerungen, der Beamte müsse dem Arbeitnehmer haftungsrechtlich in vollem Umfang gleichgestellt werden,
ist jedoch nicht zwingend.

Der Vergleichbarkeit der Interessenlage wäre auch dann Rechnung getragen, wenn man den Beamten dem Schutz der arbeits-
rechtlichen Haftungsgrundsätze unterstellen würde, ohne ihm
gleichzeitig den Schutz des § 839 Abs. 1 S. 2 BGB zu entziehen. Denn, wie bereits dargelegt wurde, ist die Amtshaftung
im Vergleich zur allgemeinen Deliktshaftung im Umfang weiter
- Haftung ohne spezielle Voraussetzungen auch bei Vermögensschaden -, so daß mit Rücksicht auf diese Haftungserweiterung
es durchaus als sachlich gerechtfertigt angesehen werden
könnte, die Amtshaftung im Ergebnis auf subsidiäres Eingreifen zu beschränken. Gegen Futters Überlegungen spricht ferner, daß der Gesetzgeber sich für die Einführung des § 839
Abs. 1 S. 2 BGB in Kenntnis der Tatsache entschieden hat, daß
beispielsweise in Sachsen eine gesetzliche Regelung der
Schuldübernahme durch den Staat bestand.[2]

Hinzu kommt, daß auch bei Einführung der Staatshaftung für
Reichsbeamte mit Gesetz vom 22.05.1910 und deren verfassungsrechtliche Festschreibung durch Art. 131 WRV und Art. 34 GG
der Gesetzgeber ausdrücklich keine Einschränkung der Fortgeltung der Subsidiaritätsklausel bestimmt hat, obwohl diese
Rechtsfolge gesehen wurde.
Ursprünglicher und fortbestehender Gesetzeszweck ist damit
zumindest auch der mittelbare Beamtenschutz gegen den Rück-
griffsanspruch.

---

1) Futter, S. 48.
2) Prot. II., S. 662.

c) Fiskalprivileg

Ein weiterer Rechtfertigungsgrund für den Fortbestand der Subsidiaritätsklausel könnte aus dem fiskalischen Interesse des Staates an der Ersparnis von Ausgaben folgen. Dieser Gesichtspunkt könnte als neuer Normzweck neben den zwischenzeitlich zurückgetretenen Beamtenschutz getreten sein.[1] Eine Veränderung der Normsituation, d. h. der tatsächlichen Verhältnisse und Gepflogenheiten zur Zeit der Entstehung des Gesetzes kann zu einer Veränderung des Normzwecks führen mit der Folge, daß das Gesetz mit diesem veränderten Norminhalt seine Gültigkeit behält.[2] Ein Gesetz kann also im Laufe seines Bestehens den Normzweck wechseln und somit nach längerer Zeit einen anderen Sinn und Zweck verfolgen, als ihm vom historischen Gesetzgeber ursprünglich beigelegt wurde.

Schon unter 1 b[3] konnte im Rahmen der Entwicklungsgeschichte der Subsidiaritätsklausel gezeigt werden, daß bereits bei den Beratungen zu dem Reichsgesetz vom 22.05.1910 über die Haftung des Reiches, das die Haftung des Beamten auf den Staat überleitet, wie auch bei den Beratungen zu Art. 131 WRV und Art. 34 GG Einigkeit darüber bestand, daß die Haftung inhaltlich unverändert auf den Staat überging und die Subsidiaritätsklausel nunmehr zugunsten des Staates wirkte.

Auch die Wirkung des § 839 Abs. 1 S. 2 BGB als eines Fiskusprivilegs muß somit als ein Zweck dieser Norm angesehen werden. Diesem veränderten Schutzzweck der Norm ist bei der Rechtsanwendung im Rahmen der Auslegung Rechnung zu tragen. Aus diesem gewandelten Schutzzweck folgt zugleich ein weiteres Argument für das bereits oben festgestellte Ergebnis[4],

1) So Schwendy, AcP 179, S. 367, 375, 376; Staudinger-Schäfer, § 839 Rdn. 367; Wolany, Annales Universitatis Saraviensis 1954, S. 121, 133; Treitz, in: Wussow, Unfallhaftpflichtrecht, Rdn. 484; Pagendarm DöV 1955, S. 520, 524; auch Bülow, DVBl 1981, S. 815, 816; Medicus, JuS 1977, S. 641, 642.
2) Larenz, S. 224, 225.
3) S. 132 ff.
4) 4 b, S. 148.

daß die gesetzliche Regelung der subsidiären Haftung nicht
unbeachtet bleiben kann. Allerdings ist bei der Auslegung im
Hinblick auf den gewandelten, nunmehr in erster Linie dem
Staat dienenden Gesetzeszweck zu berücksichtigen, daß der
Staat nicht in gleicher Weise privilegierungswürdig ist wie
der Beamte als nicht im Eigeninteresse handelnde Einzelperson. Wohl aus dieser Überlegung heraus wird die Subsidiaritätsklausel heute vielfach als "ein Ärgernis"[1), "antiquiert"[2), "führt bei mancherlei Fallgestaltungen nicht mehr
zum sachgerechten Ergebnis"[2) "Schandfleck des BGB" bezeichnet.[3) Das Interesse des Staates an einer fiskalischen Entlastung trägt zwar, wie dargelegt, eine grundsätzliche Rechtfertigung in der gegenüber dem allgemeinen Deliktrecht erweiterten Haftungsfolge des § 839 BGB. Die nachrangige Haftung
des Staates kann jedoch im Ergebnis nicht befriedigen. Denn
gerade die Bejahung eines Amtspflichttatbestandes ist Ausdruck eines besonderen Schutzbedürfnisses der dadurch Begün-
stigten, dem aber gerade dadurch, daß der Staat nicht haftet
und sich damit letztlich der Verantwortung entzieht, nicht
Rechnung getragen wird.[4) Nach allem ist also eine zurückhal-
tende Anwendung der Subsidiaritätsklausel mit einer am veränderten Schutzzweck orientierten einschränkenden Gesetzesinter-
pretation geboten.[5)

5. Einschränkende Interpretation des § 839 Abs. 1 S. 2 BGB

a) Wirkungsweise der Subsidiaritätsklausel im Rahmen der Ausgleichshaftung

Als eine Möglichkeit der Einschränkung der Wirkung der Subsi-

---

1) Deutsch, JZ 1974, S. 712.
2) BGHZ 42, 176, 181.
3) Schneider, NJW 1966, S. 1263, 1264.
4) Siehe hierzu auch Müko-Papier, § 839 Rdn. 257.
5) Deutsch, Rdn. 432; RGRK-Kreft, § 839 Rdn. 440; Schwendy, AcP 179, 367,
   376 ff.; Ruland, VSSR 1975, 92, 94 ff.; Futter, S. 110 ff.; derselbe,
   JZ 1975, S. 67; Kühne, JR 1974, S. 70 ff.; Marschall v. Bieberstein,
   S. 216. Dagtoglou, BK Art. 34 Rdn. 264; Keuk, AcP 168, 192; Kahlke,
   VersR 1981, S. 604 ff., 607.

diaritätsklausel wird vertreten, § 839 Abs. 1 S. 2 BGB nur im
Außenverhältnis Staat/Geschädigter anzuwenden, nicht aber im
Rahmen des Haftungsausgleichs unter den Schädigern.[1]

Für die im Rahmen der vorliegenden Arbeit zu untersuchende
Frage des Bestehens eines Amtshaftungsanspruchs des Geschädigten gegen das BGA ist diese These von Bedeutung, soweit über
die Durchführung des internen Haftungsausgleiches zwischen
Staat und nicht privilegiertem Schädiger (im folgenden Mitschädiger genannt) hinausgehend einige Vertreter dieses Ansat-
zes für eine quotenmäßige Begrenzung der Haftung unmittelbar
im Außenverhältnis eintreten. Der Geschädigte könnte dann unmittelbar das BGA in Höhe des quotenmäßigen Haftungsanteiles
in Anspruch nehmen oder aber in voller Höhe von dem Mitschädiger Erstattung des Schadens verlangen, der seinerseits auf
die Möglichkeit des Innenausgleichs verwiesen wäre.[2]

Begründet wird diese Ansicht damit, aus den Motiven zum
ersten Entwurf und insbesondere den Protokollen zum zweiten
Entwurf, mit dem die Subsidiaritätsklausel eingeführt wurde,
ergebe sich, daß der Gesetzgeber die Rückwirkung der Subsidiaritätsklausel auf das Verhältnis zwischen Beamtem und Mitschädiger nicht gesehen habe. Der Gesetzgeber habe in
§ 839 Abs. 1 S. 2 BGB lediglich das Verhältnis zwischen dem
Geschädigten und dem Beamten nicht aber das Rückgriffsver-
hältnis zwischen dem Beamten und dem Mitschädiger regeln wollen.[3]

1) Waldeyer, NJW 1972, S. 1249, 1251; Hohenester, NJW 1962, S. 1140,
1141; derselbe, NJW 1984, S. 84, 85; Futter, S. 57, 108 ff.; Ruland,
VSSR 1975, S. 92, 105 ff.; Hanau VersR 1967, S. 516, 522; Medicus, JuS
1977, S. 637, 644; Ising, S. 25, 59 Hauß, S. 15.

2) Ruland, VSSR 1975, S. 92 ff., 108; Keuk, AcP 168, 175, 192 ff.; für
den Bereich vertraglicher Haftungsprivilegien: Böhmer, MDR 1968, S.
13, 14; Hanau, VersR 1967, S. 516, 524; Keuk, AcP 168, 175, 188;
Prölls, JuS 1966, S. 400 ff.; Thiele, JuS 1968, S. 149, 157; Palandt-
Heinrichs, § 426 Rdn. 5 a; Wacke, AcP 1970, S. 42, 46 ff.; Gemtos,
S. 10 ff.; v. Caemmerer, ZfRV 1968, S. 81, 96, 97 ausdrückl. verneinend zu § 839 I S. 2 BGB, S. 98.

3) Waldeyer, NJW 1972, 1249, 1251; Hohenester, NJW 1962, S. 1142; Keuk
AcP 168, S. 192 Anm. 61; Ruland, BayVBl 1967, S. 581, 583; Futter,
S. 56 ff., 108 ff.; Bonsmann, ZRP 1969, S. 52 ff.; Marschall v. Bieber-
stein, S. 215 ff.

- 152 -

Auch der Umstand, daß die Vorschrift des § 841 BGB, die das
Innenverhältnis zwischen Beamtem und Mitschädiger in Abänderung von § 426 BGB regelt, aus dem ersten Entwurf unverändert
übernommen worden sei, bestätige, daß durch die Einfügung der
Subsidiaritätsklausel'der Schadensausgleich zwischen Beamtem
und Mitschädiger nicht ausgeschlossen werden sollte, da die
Bestimmung anderenfalls keinen Sinn ergebe.[1]

Jedoch ist bereits der Ansatzpunkt dieser Meinung, wonach
eine gesamtschuldnerische Haftung bestehe, nicht überzeugend.
Ein Gesamtschuldverhältnis besteht hier deshalb nicht, weil
für den Staat das Vorrecht der subsidiären Haftung nach § 839
Abs. 1 Satz 2 BGB wirkt, so daß eine gleichrangige Haftung
des Staates neben der des Mitschädigers nicht begründet
wird.[2] Ein Ausgleichsanspruch nach § 426 BGB entsteht daher
nicht. Denn nach § 426 Abs. 1 S. 1 BGB findet ein Ausgleich
nach Kopfteilen zwischen Gesamtschuldnern nur statt, "soweit
nicht ein anderes bestimmt ist". Hier schließt § 839 Abs. 1
S. 2 BGB schon die Entstehung eines Anspruchs und damit auch
ein Gesamtschuldverhältnis überhaupt aus.

Eine gesetzgeberische Entscheidung dahingehend, daß durch die
Einführung der Subsidiaritätsklausel ein Schadensausgleich
zwischen Mitschädiger und Beamtem nicht ausgeschlossen werden
sollte, kann den Motiven nicht entnommen werden. Zwar trifft
es zu, daß im ersten Entwurf, der eine Subsidiaritätsklausel
noch nicht enthielt, Beamter und Mitschädiger gesamtschuldnerisch gehaftet hätten und die Frage des Ausgleichs nach Maßgabe der §§ 426, 841 BGB geregelt war. Aus der Tatsache, daß
§ 841 BGB unverändert in den zweiten Entwurf mit übernommen

---

1) Waldeyer, NJW 1972, S. 1251; Hanau, VersR 1967, S. 516, 521, 522;
   Keuk, ebenda; Futter, S. 108 ff., 111, 112; Medicus, JZ 1967, S. 398;
   Hohenester, NJW 1962, S. 1140, 1142; Ruland, VSSR 1975, S. 92, 105 ff.
2) Soergel-Glaser, § 839 Rdn. 211; RGRK-Kreft, § 839 Rdn. 491.

wurde, kann jedoch nicht geschlußfolgert werden, der Gesetzgeber sei auch weiterhin von dem unveränderten Bestehen eines
Gesamtschuldverhältnisses zwischen Beamtem und Mitschädiger
ausgegangen. Denn auch die Subsidiaritätsklausel beinhaltet
Fallkonstellationen, die ein Gesamtschuldverhältnis begründen
- vorsätzliche Schadensverursachung des Beamten, aussichts-
lose Inanspruchnahme des Mitschädigers -, so daß § 841 BGB
mithin auch unter der Geltung des Haftungsprivilegs nicht
"sinnentleert" ist. § 841 BGB setzt danach das Bestehen eines
Gesamtschuldverhältnisses voraus, begründet selbst kein Gesamtschuldverhältnis. Aus § 841 BGB selbst kann daher auf das
Bestehen eines Gesamtschuldverhältnisses nicht geschlossen
werden.[1]

Auch der Hinweis auf die Denkschrift des Reichsjustizamtes[2],
in der es heißt: "Ist neben dem Beamten ein Dritter für den
Schaden verantwortlich, so haften sie beide als Gesamtschuld-
ner"[3], stützt nicht die These von der gesamtschuldnerischen
Haftung. Denn auch diese Äußerung kann nur dahin verstanden
werden, daß immer dann, wenn ein Gesamtschuldverhältnis besteht, gesamtschuldnerisch gehaftet wird. Unter welchen Voraussetzungen aber ein Gesamtschuldverhältnis vorliegt - ob
generell oder nur bestimmte Fallkonstellationen -, wird gerade nicht festgestellt.[4]

Erweist sich danach die These, der Gesetzgeber habe eine Haftung des Beamten neben dem Mitschädiger begründen wollen, als
nicht haltbar, so wäre die Rechtsauffassung von der unmittelbaren quotenmäßigen Haftung des Staates gleichwohl dann ver-

---

1) Bülow, DVBl 1981, S. 813, 817; Nöldeke, Gruch. Bd. 42, 795, 827.
2) Keuk, AcP 168, 1972 Fßn. 61.
3) Mugdan Bd. II, S. 1270.
4) Bülow, DVBl 1981, S. 817.

tretbar, wenn man dem Geschädigten gegen den nicht privile-
gierten Mitschädiger nur einen um den Verschuldensanteil des
BGA gekürzten Schadensersatzanspruch zubilligt mit der Folge,
daß insoweit ein anderweitiger Ersatzanspruch i.S. § 839 Abs.
1 S. 2 BGB von vornherein nicht entsteht.[1] Diese Haftungskonstruktion führt im Ergebnis in erster Linie zu einer Begünsti-
gung des nichtprivilegierten Mitschädigers. Ein dementspre-
chender Schutzzweck liegt der Regelung des § 839 Abs. 1 S. 2
BGB aber gerade nicht zugrunde. § 839 Abs. 1 S. 2 BGB ist,
wie dargelegt, ausdrücklich zum Schutz des Beamten eingeführt
worden. Auch der Schutzzweck der Fiskalinteressen des Staates
verdeutlicht, daß nur der nach § 839 BGB i.V.m. Art. 34 GG
Verantwortliche begünstigt, nicht aber ein anderer Schädiger
entlastet werden soll.

Der Haftungsvorrang des "anderweitig Ersatzpflichtigen" steht
daher einer unmittelbaren Haftung des Staates entgegen. Die
Rechtsauffassung, der Staat hafte dem Geschädigten unmittelbar entsprechend seiner Verantwortungsquote, ist daher nicht
überzeugend. Die erstrebte Einschränkung der Wirkung des
§ 839 I S. 2 BGB kann durch eine Begrenzung der Wirkungsweise
des § 839 I S. 2 BGB daher nicht erreicht werden.

Eine einschränkende Interpretation der Subsidiaritätsklausel
kann daher nur unmittelbar an dem Wirkungsbereich der Norm
ansetzen.[2]

b) Anwendungsbereich

aa) Fallgruppen aus der Rechtsprechung

Durch die Rechtsprechung wurde die Anwendbarkeit der Subsidiaritätsklausel bereits in einzelnen Fällen begrenzt. Es ist

---

1) Schwendy, AcP 179, S. 389 ff.
2) Deutsch, Rdn. 432; Leonhardt, S. 589; Stoll, Festschrift f. Hauß, S.
   349, 365 ff.; Bülow, DVBl 1981, S. 813, 817 ff.

zu prüfen, welche Überlegungen diesen Entscheidungen zugrunde
liegen und ob diese zur Begründung einer einschränkenden Interpretation der Klausel auch für die vorliegende Fallkonstellation mit herangezogen werden können.

aaa) Verwaltungsrechtliche Schuldverhältnisse

Im Bereich der verwaltungsrechtlichen Schuldverhältnisse hat
der BGH den Wirkungsgrad der Subsidiaritätsklausel dadurch
begrenzt, daß er bei den öffentlich-rechtlichen Benutzungs-
und Leistungsverhältnissen[1] und bei der öffentlich-rechtlichen Verwahrung[2] neben dem Anspruch aus § 839 BGB Haftungs-
ansprüche nach allgemeinen bürgerlich-rechtlichen Grundsätzen
zuerkannt hat. Die Haftung des Staates nach bürgerlich-rechtlichen Grundsätzen begründet der BGH damit, daß in den Fällen, in denen ein besonders enges Verhältnis des einzelnen
zum Staat oder zur Verwaltung begründet worden sei, wie beispielsweise im Falle der öffentlich-rechtlichen Verwahrung,
dem Staat eine besondere Fürsorge- und Obhutspflicht zukom-
me.[3] Auch über solche vertraglichen Schuldverhältnisse hinausgehend wurden mit dem Ziel einer angemessenen Verteilung
der Verantwortung innerhalb des öffentlichen Rechts[4] Ansprüche gegen die öffentliche Hand aus Geschäftsführung ohne Auftrag im Falle eines Rettungseinsatzes der Feuerwehr bei einem
Öltankwagenunfall gewährt.
Auch und gerade in Fällen, in denen die öffentliche Hand bei
der Ausübung von Hoheitsbefugnissen in den privaten Bereich
übergreife, sei, so der BGH, die Selbständigkeit der sich daraus ergebenden Ansprüche der Betroffenen anzuerkennen. Das
sei die Kehrseite des in solchen Fällen trotz hoheitlichen

---

1) BGHZ 66, 302 ff.; 61, 7, 11 ff.; 54, 299, 303 ff.
2) Bspw. Beschlagnahme, BGHZ 1, 369, 381 ff.; LG Köln NJW 1965, S. 1440;
   Sicherstellung, BGHZ 4, 192 ff.; 34, 349 ff.
3) BGHZ 21, 214, 218, 219.
4) BGHZ 21, 214, 218; 71, 389, 396 ff. (Anspruch aus culpa in contrahendo
   bei öffentlich-rechtlichem Vertrag).

Handelns begründeten bürgerlich-rechtlichen Schuldverhältnis-
ses, aus dem die öffentliche Hand den Vorteil ziehe, Ersatz
ihrer Aufwendungen und damit eine Entschädigung für ihre Inanspruchnahme verlangen zu können.[1]

So stehe § 839 Abs. 1 S. 2 BGA auch der Seerechtshaftung des
Staates nach den für alle Schiffseigner geltenden Haftungsbestimmungen nicht entgegen. Nach Art. 7 EGHGB sollten die Vorschriften des § 485 HGB und des § 486 Abs. 1 Nr. 3 HGB über
die Haftung der Reeder für das Verschulden einer Person der
Schiffsbesatzung sowie die Vorschriften der §§ 734 bis 739
HGB über die Haftung im Falle des Zusammenstoßes von Schiffen
auch Anwendung finden, wenn die Verwendung eines Schiffes zur
Seefahrt nicht des Erwerbs wegen erfolgt. Da Nichterwerbs-
schiffe meist in Ausübung öffentlicher Gewalt geführt würden,
würde durch den Einwand aus § 839 Abs. 1 S. 2 BGB der Vorschrift des Art. 7 EGHGB ihre wesentliche Bedeutung genommen. Dem Sinn und Zweck des Art. 7 EGHGB nach haftungsrechtli-
cher Gleichstellung entsprechend verbiete es sich daher, daß
der Staat sich der Haftung durch Berufung auf die Subsidiaritätsklausel entziehen könne.[2]

Die in diesen Entscheidungen maßgeblichen Überlegungen einer
"angemessenen Verteilung der Verantwortung" und der "haftungsrechtlichen Gleichstellung" sind Gesichtspunkte, die auch im
Falle der Beurteilung der Verantwortlichkeit des BGA im Rahmen der Zulassungsprüfung und der daraus resultierenden Haftungsfolge Berücksichtigung finden müssen.[3] Denn wie bereits
bei der Prüfung der drittschützenden Wirkung herausgestellt
wurde, fallen etwaige Pflichtverletzungen des BGA in einen
Bereich, der außerhalb des durch die Amtspflichten geregelten
hoheitlichen Bereichs zu den unerlaubten Handlungen gem.
§ 823 BGB gehört. Die Verantwortlichkeit geht damit nicht
über die Haftung hinaus, der jedermann auf Grund allgemeinen
Deliktsrechts unterliegt.

---

1) BGHZ 21, 214, 219.
2) BGHZ 3, 321, 328 ff.
3) Vgl. hierzu sogleich unter bb., S. 160 ff.

bbb) Versicherungswesen

Ein weiterer Bereich, in dem inzwischen eine Einschränkung
der Anwendbarkeit der Subsidiaritätsklausel durch die neuere
Rechtsprechung erfolgte, ist das Versicherungswesen. Hier hat
der BGH unter Aufgabe der ständigen Rechtsprechung des Reichsgerichts, das den Geschädigten noch in Anwendung des § 839
Abs. 1 S. 2 BGB auf Versicherungsansprüche sowohl der privaten Versicherungen als auch der Sozialversicherung verwiesen
hatte[1]), beginnend mit einer Entscheidung vom 10.11.1977[2])
zunächst Leistungen der gesetzlichen Unfallversicherung aus
dem Kreis der anderweitigen Ersatzmöglichkeiten herausgenom-
men und später mit Urteil vom 20.11.1980 auch entsprechend
zugunsten einer privaten Krankenversicherung entschieden.[3])

Zweck der Krankenversicherung sei es, dem versicherten Arbeitnehmer bei unfallbedingter Krankheit Schutz in Form von Kran-
kenpflege und Krankengeld zu gewähren und dadurch seine bishe-
rige Lebenshaltung in gewissem Umfang zu gewährleisten. Es
handele sich betriebswirtschaftlich gesehen um verdienten
Lohn, der als solcher dem Arbeitnehmer gutzubringen sei.[4])
Aus diesem Grund verbiete sich die Anwendung des § 839 Abs. 1
S. 2 BGB. Denn bei Geltung des Verweisungsprivilegs auch für
solche Leistungen würde der Staat den Geschädigten auf
Möglichkeiten des Ersatzes verweisen können, die dieser unter
Aufwendung eigener Mittel und durch von ihm verdiente Leistungen Dritter erlangt habe. Entgegen dem Zweck der Krankenver-
cherung käme damit im Ergebnis die Krankenversicherung dem
Staat zugute, da dem Staat das Haftungsrisiko abgenommen werde. Dieses Ergebnis sei mit dem rechtsstaatlichen Anliegen
der Staatshaftung nicht zu vereinbaren.[5]) Es entspräche all-

1) RGZ 161, 199; 167, 207; 171, 173; BGH VersR 1954, 191; BGHZ 31, 148,
   150; VersR 1960, S. 352; VersR 1964, S. 540; VersR 1966, S. 662; BGHZ
   49, 267, 275; 62, 394, 397.
2) BGH NJW 1978, S. 495.
3) BGH NJW 1981, S. 626, 627.
4) BGH NJW 1981, S. 623, 625.
5) BGH NJW 1981, S. 623, 625.

gemein anerkannten Grundsätzen des Vorteilsausgleichs, den
Schädiger nicht freizustellen, soweit er ohne das Bestehen
der Sozialversicherung dem Geschädigten Ersatz zu leisten gehabt hätte. Auch für den Staat als Schädiger sei kein Grund
ersichtlich, der es rechtfertigen könne, ihn auf Kosten der
Solidargemeinschaft von der Haftung freizustellen.

Diese Überlegungen gelten auch für die Leistungen des Arbeit-
gebers nach dem Lohnfortzahlungsgesetz. Auch diese sieht der
BGH daher nicht als anderweitige Ersatzmöglichkeiten i.S.
§ 839 Abs. 1 S. 2 BGB an und wendet das Verweisungsprivileg
daher nicht an. Leistungen nach § 1 Abs. 1 Satz 1 Lohnfortzahlungsgesetz seien kein schadenskongruenter Ersatz, sondern
der dem Arbeitnehmer zustehende Lohn; die Lohnfortzahlung be-
zwecke nicht, dem Arbeitgeber ein über das allgemeine Krank-
heitsrisiko seiner Arbeitnehmer hinausgehendes Schadensrisiko
aufzuerlegen, wenn ein Dritter für die Erkrankung des Arbeitnehmers verantwortlich sei. Lohnfortzahlung sei ein Arbeitneh-
merschutz, nicht Schutz derjenigen, die den Schaden verantwortlich verursacht haben.[1]

Methodisch gewinnt der BGH dieses Prüfungsergebnis sowohl im
Falle der Beurteilung der Krankenversicherungs- wie auch der
Lohnfortzahlungsleistungen durch eine Abwägung zwischen dem
gesetzlichen Anliegen des § 839 Abs. 1 S. 2 BGB mit dem Rege-
lungszweck und den Besonderheiten der gesetzlichen Krankenversicherung bzw. dem Lohnfortzahlungsgesetz. Auch dieser Ansatzpunkt ist von grundsätzlicher Tragweite und soll daher bei
der Prüfung der Anwendbarkeit der Subsidiaritätsklausel im
Rahmen der Amtshaftung des BGA nach §§ 21 ff. AMG aufgegriffen werden und in die Beurteilung mit einfließen, hierzu sogleich unter bb.[2]

---

1) BGHZ 62, 380, 383 ff.
2) S. 160 ff.

ccc) Teilnahme am allgemeinen Straßenverkehr

Im Rahmen der Amtshaftung bei Teilnahme am allgemeinen Straßenverkehr hat der BGH in Abänderung seiner früheren Rechtsprechung mit Entscheidung vom 27.01.1977 die Subsidiaritätsklausel für nicht anwendbar erklärt.[1] Die Nichtanwendbarkeit
des § 839 Abs. 1 S. 2 BGB leitet der BGH auch in diesem Fall
aus einer Gegenüberstellung der Regelungsziele dieser Norm
mit den Zielen und dem Zweck der Haftung aus dem Straßenverkehrsrecht ab. Das Verweisungsprivileg des § 839 Abs. 1 S. 2
BGB widerspreche danach ebenso wie andere gesetzliche Haftungsprivilegien einem tragenden haftungsrechtlichen Grundsatz des Straßenverkehrsrechts. Das Straßenverkehrsrecht sei
ein eigenständiges Haftungssystem. In diesem Ordnungsbereich
gelte der Grundsatz der haftungsrechtlichen Gleichbehandlung
aller Verkehrsteilnehmer, der der Anwendung des gesetzlichen
Haftungsprivileges nach § 839 Abs. 1 Satz 2 BGB entgegenstehe. Der Grundsatz der haftungsrechtlichen Gleichbehandlung
folge aus der Gleichheit der Rechte und Pflichten der Verkehrsteilnehmer im Straßenverkehr. Die Amtspflicht des Beamten als Teilnehmer am Straßenverkehr zur Beachtung der allgemeinen Verkehrsregeln stimme inhaltlich mit den Sorgfaltspflichten überein, die jeden anderen Verkehrsteilnehmer trä-
fen, sie unterscheide sich "in nichts" von der Pflicht jedes
anderen Verkehrsteilnehmers. Dementsprechend hafte der Beamte, da sich die Amtspflicht nach dem Schutzbereich der Stra-
ßenverkehrsregeln bestimme, wie jeder sonstige Verkehrsteilnehmer nur für Schäden an Leben, Gesundheit und Eigentum. Anders als im Regelfall bestehe daher in diesem Fall verglichen
mit dem sonstigen Deliktsrecht auch keine erweiterte Amtshaftung für Vermögensschäden.
Mit dieser Entscheidung hat der BGH die Amtshaftung für
Pflichtverletzungen im Rahmen des allgemeinen Straßenverkehrsrechts also aus zwei Überlegungen der allgemeinen Deliktshaf-

1) BGHZ 28, 217, 220 ff.; zuvor hat der BGH aber bereits in ständiger
   Rechtsprechung das Bestehen eines Anspruchs aus Gefährdungshaftung,
   § 7 StVG, als einer selbständigen, neben die Amtshaftung tretenden Anspruchsgrundlage anerkannt mit der Begründung, es handele sich beim
   Straßenverkehr um ein selbständiges Haftungssystem, BGHZ 29, 38, 43.

tung angeglichen: die Amtspflicht zu verkehrsgerechtem Verhalten stimmt mit den Sorgfaltspflichten überein, die auch jeder andere Verkehrsteilnehmer zu erfüllen hat und der Haftungsumfang ist nicht weiter, als wenn ein sonstiger Verkehrsteilnehmer durch sein verkehrswidriges Verhalten den Tatbestand einer unerlaubten Handlung nach allgemeinem Deliktsrecht verwirklicht hätte.

bb) Folgerungen und Lösungsvorschlag

Diese Begründung des BGH greift über das Straßenverkehrsrecht hinausgehend auch in das allgemeine Deliktsrecht[1]) ein. Die vom BGH für den Ordnungsbereich des Straßenverkehrs festgestellte Gleichheit der Handlungspflichten besteht auch im Deliktsrecht, das in § 823 BGB ebenfalls den Schutz der absoluten Rechtsgüter als allgemein zu beachtende Rechtspflicht festschreibt.

Auch im Amtshaftungsrecht bestehen Fallkonstellationen, in denen der nach § 839 Abs. 1 BGB Haftende gegenüber dem allgemeinen Deliktsrecht keiner erweiterten Haftung ausgesetzt ist. Dies gilt für alle Tätigkeitsbereiche, bei denen die Amtshandlung zugleich den Tatbestand der §§ 823, 826 BGB verwirklicht.[2]) Das könnte den Schluß zulassen, daß auch in den hier untersuchten Fällen der Schutzzweck der verletzten Amtspflicht nicht über den der allgemeinen deliktsrechtlichen Haftungsnormen hinausgeht. Eine Gegenüberstellung von Handlungspflichten und Haftungsrisiken der Arzneimittelhersteller und des BGA soll dies verdeutlichen.

Sowohl Arzneimittelhersteller als auch BGA sind dem Schutz

---

1) Leonhardt, S. 589 ff.; v. Mangoldt-Klein, Art. 34 GG Rdn. 23; Lässig, JuS 1978, S. 679 ff., 682; Schwendy, AcP 179, S. 367, 379; Bülow, DVBl 1981, S. 813, 819; Stoll, Festschrift f. Hauß, S. 349, 363 ff.; Honsell, JuS 1978, S. 745, 746; Kreft, aktuelle Fragen, S. 44, 45; Pontzek, NJW 1973, S. 846; Brandenburg, JuS 1974, S. 710; kritisch Mayer, NJW 1973, S. 1918, 1919; OLG Stuttgart NJW 1964, S. 727.
2) Bülow, DVBl 1981, S. 813,, 819.

des Verbrauchers/Patienten vor schädlichen Arzneimitteln verpflichtet. Für das BGA folgt dies aus Sinn und Zweck des
durch das AMG 1976 eingeführten materiellen Zulassungsverfahrens.[1)
Die Verantwortlichkeit des Herstellers für Qualität, Wirksamkeit und Unschädlichkeit begründet eine Produzentenhaftung
nach §§ 823 ff. BGB. Darüber hinaus ist die Haftung des Herstellers unter den Voraussetzungen des § 84 AMG verschuldensunabhängig, wenn das Arzneimittel bei bestimmungsgemäßem Gebrauch medizinisch nicht vertretbare schädliche Wirkungen
hat, die ihre Ursache in der Entwicklung oder Herstellung haben oder eine nicht den Erkenntnissen der medizinischen Wissenschaft entsprechende Kennzeichnung erfolgte und dadurch
ein Mensch getötet oder der Körper oder die Gesundheit eines
Menschen nicht unerheblich verletzt werden.
Das unter dem Eindruck des Conterganfalles eingeführte materielle Zulassungsverfahren nach §§ 21 ff. AMG verpflichtet das
BGA zur Überwachung des Verkehrs mit Arzneimitteln, nämlich
der Prüfung der an Arzneimittel zu stellenden Anforderungen
hinsichtlich Qualität, Wirksamkeit und Unbedenklichkeit im
Rahmen des Zulassungsverfahrens. Das BGA kontrolliert also
genau die Einhaltung der Pflichten, die der Hersteller erfüllen muß. Dem BGA kommt damit innerhalb des Verwaltungsverfah-
rens als überwachender Behörde die Letztentscheidung zu. Dieser Überwachungskompetenz entspricht die Amtspflicht des BGA,
für die Sicherheit im Verkehr mit Arzneimitteln zu sorgen. Da
zulassungspflichtige Arzneimittel mit Zustimmung des BGA in
den Verkehr gelangen, ist damit für den Fall, daß ein Arzneimittel schädliche Wirkungen hat, auch die Verantwortung des
BGA als Zulassungsbehörde berührt. Der Hersteller hat in diesem Fall den Schaden unter den Voraussetzungen nach §§ 823 ff
BGB, § 84 AMG zu verantworten, weil er ein Arzneimittel mit
gesundheitsschädlichen Wirkungen in den Verkehr gebracht hat.
Das BGA hat den Schaden nach § 839 BGB i.V.m. Art 34 GG zu
verantworten, weil es dieses Medikament zugelassen bzw. nicht
rechtzeitig vom Markt genommen hat. Diesen inhaltsgleichen

---

1) S.o. IV 4 a, S. 102 ff.

Pflichten, die für das BGA eine auf Grund der Überwachungskompetenz ganz besonders herausgehobene Verantwortung begründet, entsprechen im Rahmen der Verschuldenshaftung des Herstellers gleiche Haftungsfolgen nach §§ 823 ff BGB bzw. § 839 BGB i.V.m. Art. 34 GG für Schäden der Verbraucher/Patienten an Leben, Körper, Gesundheit. Das BGA wird also keiner weitergehenden Haftung ausgesetzt, als sie ohnhein für jedermann aus dem allgemeinen Deliktsrecht folgt. Im Gegenteil trägt sogar der Hersteller darüber hinausgehend verschuldensunabhängig unter den Voraussetzungen des § 84 AMG weitergehend das Risiko , daß neue Arzneimittel 'unvermeidbar unsicher'[1] sind. Diese weitergehende Haftung des Herstellers ist jedoch gerechtfertigt, weil er auch Nutznießer des Vertriebs von Arzneimitteln ist. Das BGA haftet hingegen nur für schuldhaft pflichtwidrige Gesundheitsverletzungen und damit nicht weitergehend als nach § 823 Abs. 1 BGB, wenn diese Vorschrift nicht durch den speziellen § 839 BGB verdrängt wäre.

Liegt aber eine Haftungserweiterung nicht vor, so muß auch für Fallkonstellationen der vorliegenden Art der Grundsatz der haftungsrechtlichen Gleichbehandlung gelten. Das BGA kann sich daher im Falle der Verletzung einer der unter A III aufgezeigten Prüfungspflichten, wenn diese zu einer Schädigung an Leib, Leben oder Gesundheit der Arzneimittelverbraucher führt, nicht auf das Verweisungsprivileg nach § 839 Abs. 1 S. 2 BGB berufen.

---

1) BT-Drucksache 7/5091, II 6, S. 9.

B. ANSPRÜCHE DER HERSTELLER

I. Nichtzulassung unter Verstoß gegen § 25 AMG

1. Amtshaftung gem. § 839 Abs. 1 S. 1 BGB i.V.m. Art. 34 GG

Der Arzneimittelhersteller hat einen öffentlich-rechtlichen
Anspruch auf Erteilung der Zulassung für ein beantragtes Medikament, wenn kein Versagungsgrund nach § 25 Abs. 2 AMG vorliegt.[1] Wird die Zulassung trotz Fehlens eines solchen Versagungsgrundes verweigert oder übermäßig verzögert bzw. zurückgenommen, fragt sich, ob der Hersteller die aus der Vorenthaltung des Vertriebs resultierenden wirtschaftlichen Schäden
als Schadensersatzanspruch aus § 839 Abs. 1 S. 1 BGB i.V.m.
Art. 34 GG gegen das BGA geltend machen kann.
Die wirtschaftlichen Interessen, die sich für die Arzneimittelhersteller an die Realisierung der Vermarktungschance
durch Zulassung des beantragten Arzneimittels knüpfen, verdeutlichen die hohen Entwicklungskosten eines Arzneimittels
von ca. 155 Mio. DM[2] und der hohe Verbrauch an Medikamenten,
der in der Bundesrepublik bei ca. 650 Tabletten je Bundesbür-
ger pro Jahr liegt.[3]

a) Amtspflichtverletzung

Auch hier setzt der Amtshaftungsanspruch in erster Linie eine
Amtspflichtverletzung der Mitarbeiter des BGA voraus. Diese
kann wiederum daraus resultieren, daß eine (oder mehrere) der
in § 25 Abs. 2 AMG genannten Zulassungsvoraussetzungen falsch
beurteilt wird und deshalb eine Zulassung, die bei richtiger
Beurteilung gem. § 25 Abs. 1 AMG zu erteilen gewesen wäre,
verweigert wird.
Eine Amtspflichtverletzung, die zur pflichtwidrigen Nichtzulassung eines Arzneimittels führen würde, könnte also darin

---

1) Deutsch, Rdn. 432.
2) Thesing, S. 27. Die Kosten für Forschung und Entwicklung eines Medikamentes mit einem neuen Wirkstoff liegen noch höher, ca. 245 Mio. DM
   (Pharma Daten 1987, S. 18).
3) Westphal, S. 2.

bestehen, daß z. B. trotz ausreichender Prüfung und Vorlage
ausreichender Unterlagen durch den Hersteller die Zulassung
vom BGA unter Hinweis auf § 25 Abs. 2 Nr. 1 oder 2 AMG verweigert wird oder daß trotz angemessener Qualität, Wirksamkeit
und Unbedenklichkeit die Zulassung im Hinblick auf § 25 Abs.
2 Nr. 3-5 AMG unterbleibt. Da Inhalt und genaue Auslegung der
in Verbindung mit der Zulassungsentscheidung durch das BGA zu
beachtenden Kriterien gleichermaßen zugunsten und zu Lasten
jeder der an der Zulassungsentscheidung interessierten Person
bestehen, ergeben sich hier keine Abweichungen zu den bereits
im Rahmen der Prüfung der Ansprüche der Verbraucher gemachten
Ausführungen. Darauf kann deshalb Bezug genommen werden.[1]

b) Drittbezogenheit der Amtspflichten

Auch hier hängt neben den anderen Tatbestandsvoraussetzungen
der Amtshaftungsanspruch davon ab, daß die verletzte
Amtspflicht auch gegenüber dem Hersteller bestand. Die im
Falle der Patienten/Verbraucher als Problem diskutierte
mangelnde Individualisierbarkeit der Geschädigten stellt sich
bei den Herstellern als Antragsteller nicht.

Wie bereits unter A IV 4a ausgeführt wurde, ist maßgeblich
für die Entscheidung über den drittschützenden Charakter einer Amtspflicht vor allem die Schutzrichtung derjenigen Norm,
aus der diese Pflicht folgt. Eine Begrenzung der möglichen Ansprüche kann sich dabei jedoch daraus ergeben, daß eine bestimmte Vorschrift nicht in jeder Hinsicht einen Schutzzweck
verfolgen muß, sondern diesen nur für bestimmte Rechtsgüter
entfaltet.
Weiter wurde als wichtiges Abgrenzungskriterium der Umstand
festgestellt, ob es sich bei den jeweiligen, die Amtspflicht
begründenden Normen um in erster Linie formelle oder materielle Vorschriften handelt.

---

1) S.o. A III 1. und 2.

- 165 -

Anhand dieser Kriterien sind nunmehr die aus dem AMG folgenden Amtspflichten darauf zu untersuchen, ob sie Drittschutz
auch zugunsten der Hersteller entfalten.
Die Hersteller könnten ihre aus der Haftung gegenüber den Pa-
tienten/Verbrauchern resultierenden Vermögensschäden dem BGA
entgegenhalten, wenn Inhalt der Prüfpflicht des BGA auch die
Wahrnehmung dieser Vermögensinteressen wäre. In § 25 Abs. 10
AMG ist jedoch ausdrücklich geregelt, daß die Zulassungsprüfung keine Drittschutzwirkung zugunsten der Hersteller in
Form einer zivil- und strafrechtlichen Haftungsfreizeichnung
beinhaltet. Schon daraus läßt sich folgern, daß das AMG keinesfalls das Ziel verfolgt, die volle Verantwortlichkeit des
Herstellers für von ihm vermarktete Arzneimittel in irgendeiner Form dem Hersteller abzunehmen und auf die Zulassungsbehörde bzw. den Staat zu verlagern.
Ferner konnte bereits bei der Untersuchung der Amtshaftungsansprüche der Patienten/Verbraucher anhand der Gesetzesmaterialien gezeigt werden, daß die Prüfung der Arzneimittel auf Unbedenklichkeit, Qualität und Wirksamkeit dem Gesundheitsschutz der Patienten und Verbraucher zu dienen bestimmt ist.
Der Schutz der Vermögensinteressen der Hersteller vor Haftungsansprüchen wurde demgegenüber an keiner Stelle angesprochen. Vielmehr sah man es im Gegenteil als wesentliches Ziel
der Gesetzesreform an, aus der Erkenntnis heraus, daß neue
Arzneimittel 'unvermeidbar' unsicher sind, den Herstellern
nach § 84 AMG eine Gefährdungshaftung aufzuerlegen. Es kann
demnach nicht gleichzeitig Gesetzesziel gewesen sein, die Hersteller hinsichtlich der neu eingeführten Haftung nach § 84
AMG durch Begründung einer entsprechenden drittschützenden
Amtspflicht quasi im Regreßwege wieder zu entlasten.
Aus Ansprüchen geschädigter Verbraucher resultierende Vermö-
gensschäden können die Arzneimittelhersteller also nicht im
Rahmen der Amtshaftung geltend machen. Insoweit fehlt den
Pflichten des BGA der drittschützende Charakter.

Unmittelbarer als im zuvor erörterten Fall sind die Interessen des Herstellers hingegen berührt, wenn er durch die
pflichtwidrige Versagung oder verspätete Erteilung der Zulas-

sung (zeitweise) gehindert wird, ein Arzneimittel auf den
Markt zu bringen und kommerziell zu verwerten. Hierin könnte
ein Eingriff in den eingerichteten und ausgeübten Gewerbebetrieb des Herstellers, also ein absolutes Recht i.S.d. § 823
Abs. 1 BGB gesehen werden, was nach dem oben Gesagten[1] für
die Drittbezogenheit der einer fehlerhaften Zulassungsentscheidung zugrunde liegenden Amtspflicht sprechen könnte.

Wie unter 2b im einzelnen noch darzulegen sein wird, ist das
Recht auf Zulassung jedoch noch nicht so hinreichend konkreti-
siert, um eine den absoluten Rechtsgütern i.S.d. § 823 Abs. 1
BGB vergleichbare.Bestandsgarantie annehmen zu können.

Eine solche Schutzwirkung könnte aber daraus folgen, daß der
Gesetzgeber in § 25 AMG die Versagungsgründe vorgegeben hat
und das BGA verpflichtet ist, diese Bestimmungen rechtmäßig
und mit der gebotenen Beschleunigung anzuwenden und bei Nicht-
vorliegen von Versagungsgründen die Zulassung zu erteilen. Es
besteht also ein Anspruch auf Zulassung, wenn keiner der Versagungsgründe vorliegt. Wie bereits unter A IV 2 bb ausgeführt, ist in Rechtsprechung und Literatur als eine Fallgruppe, in der der Drittbezug der verletzten Amtspflicht angenommen werden kann, die Verletzung subjektiver öffentlicher Ansprüche bzw. die Nichterfüllung öffentlich-rechtlicher Ansprüche anerkannt, insbesondere dann, wenn der Anspruchsinhaber
die fehlerhafte Entscheidung mit Rechtsmitteln angreifen
kann. Genau letzteres ist hier der Fall. Die Zulassungsentscheidung stellt gegenüber dem Hersteller, der die Zulassung
beantragt hat, einen Verwaltungsakt dar, gegen den nach allgemeinen verwaltungsrechtlichen Grundsätzen Rechtsschutz in Anspruch genommen werden kann. Dieser Gesichtspunkt spricht also für die Anerkennung des Drittschutzes im Hinblick auf Vermögensschäden, die aus der verspäteten aber zu Unrecht verwei-
gerten Zulassung resultieren.

Für die Bejahung der Drittschutzwirkung einer das subjektiv-

1) S.o. A IV 2 b aa, S. 82 ff.

öffentliche Recht des Herstellers auf Zulassung verletzenden
Prüfungspflicht des BGA spricht ferner auch der gesetzgeberische Wille, wie er in § 27 AMG durch Setzung einer konkreten
Bearbeitungsfrist und in § 25 AMG zum Ausdruck kommt. Der Gesetzgeber wollte mit der Einführung des Zulassungsverfahrens
erreichen, daß der Gesundheitsschutz der Patienten/Verbrau-
cher von Arzneimitteln durch präventive Kontrollen verstärkt
wird und hat - in den Grenzen des § 25 AMG - die Zulassung
von Arzneimitteln untersagt. Hierdurch hat er damit aber
gleichzeitig zum Ausdruck gebracht, daß außerhalb der Grenzen
des § 25 AMG eine Nachrangigkeit der Interessen des Herstellers nicht besteht, sondern zum Wohle der Verbraucher, aber
auch des Herstellers als Antragsteller, zuzulassen ist.

Die Pflicht des BGA, bei Fehlen von Versagungsgründen das Arzneimittel zuzulassen, dient daher auch dem Schutz des Herstellers auf Wahrung seines Rechts auf Zulassung. Die pflichtwidrige Nichtzulassung begründet daher für den betroffenen Hersteller gegen das BGA unter der Voraussetzung, daß auch die
sonstigen Tatbestandsvoraussetzungen des § 839 BGB erfüllt
sind, einen Schadensersatzanspruch aus Amtspflichtverletzung,
§ 839 Abs. 1 S. 1 BGB i.V.m. Art. 34 GG.

2. Haftung aus enteignungsgleichem Eingriff

Die Nichtzulassung eines beantragten Arzneimittels trotz Vorliegens der Voraussetzungen nach § 25 Abs. 2 AMG könnte einen
Haftungsanspruch des Herstellers gegen das BGA aus enteignungsgleichem Eingriff begründen, wenn die Genehmigungsversagung sich als rechtswidriger Eingriff in eine eigentumskräftig verfestigte Rechtsposition darstellt.

Die Rechtsgrundlage des Haftungsinstituts des enteignungsgleichen Eingriffs hat der BGH zunächst in einer Analogie zu Art.
14 Abs. 3 GG gesehen[1], in neueren Entscheidungen jedoch die
Auffassung vertreten, der enteignungsgleiche Eingriff finde

---

1) BGHZ 6, 270, 290.

- 168 -

seine Tatbestandsvoraussetzungen und Rechtsgrundlage im einfachen Recht, im 'Aufopferungsgedanken in seiner richterrechtlich geprägten Ausformung'.[1]

a) Rechtsprechung des Bundesverfassungsgerichtes

Aufgrund neuerer Entscheidungen des BVerfG insbesondere den
Beschlüssen zur Kleingartenpacht[2] und zur Naßauskiesung[3]
wird die Fortgeltung des Haftungsinstituts des enteignungsgleichen Eingriffs in Frage gestellt. Die entscheidende Passa-
ge in der Begründung des Naßauskiesungsbeschlusses lautet:
"Sieht der Bürger in der gegen ihn gerichteten Maßnahme eine
Enteignung, so kann er eine Entschädigung nur einklagen, wenn
hierfür eine gesetzliche Anspruchsgrundlage vorhanden ist.
Fehlt sie, muß er sich bei den Verwaltungsgerichten um die
Aufhebung des Eingriffsaktes bemühen. Er kann aber nicht unter Verzicht auf die Anfechtung eine ihm vom Gesetz nicht zu-
gebilligte Entschädigung beanspruchen; mangels gesetzlicher
Grundlage können die Gerichte auch keine Entschädigung zuspre-
chen. Der Betroffene hat hiernach kein Wahlrecht, ob er sich
gegen eine wegen Fehlens der gesetzlichen Entschädigungsregelung rechtswidrige 'Enteignung' zur Wehr setzen oder unmittelbar eine Entschädigung verlangen will. Läßt er den Eingriffs-
akt unanfechtbar werden, so verfällt seine Entschädigungskla-
ge der Abweisung. Wer von den ihm durch das Grundgesetz einge-
räumten Möglichkeiten, sein Recht auf Herstellung des verfas-
sungsmäßigen Zustands zu wahren, keinen Gebrauch macht, kann

---

1) BGHZ 90, 17, 29, 31; 91, 20, 26, 27; 100, 136, 145; ebenso Maunz-
   Dürig-Papier, Art. 34 Rdn. 50 u. Art. 14 Rdn. 497; Ossenbühl, S. 152;
   Rüfner, in: Erichsen-Martens, S. 551; Wolff-Bachof, VerwR Bd. I, S.
   527;Weber, AÖR 1966, 400, 401; Dürig, Apeltfestschrift, S. 13, 47.
2) BVerfGE 52, 1, 27 ff.
3) BVerfGE 58, 300, 324, ff.

wegen eines etwaigen, von ihm selbst herbeigeführten Rechts-
verlustes nicht anschließend von der öffentlichen Hand Gelder-
satz verlangen."[1])

Das BVerfG knüpft damit an Art. 14 Abs. 3 S. 2 GG an, der den
Vorbehalt der gesetzlichen Entschädigungsregel normiert.

Kommt eine Enteignungsentschädigung nur dann in Betracht,
wenn eine ausdrückliche gesetzliche Grundlage hierfür vorliegt, so erscheint in der Tat der Fortbestand des Rechtsin-
stituts des enteignungsgleichen Eingriffs fraglich, da es einen Entschädigungsanspruch gewährt, ohne daß eine gesetzliche
Grundlage hierfür besteht. Hinzu kommt, daß auch die im Rahmen der Entschädigungsregelung des enteignungsgleichen Eingriffs bestehende Wahlmöglichkeit des Betroffenen, den Eingriff entweder mit Rechtsmittel anzugreifen, oder aber ihn zu
dulden und Entschädigung geltend zu machen, nach Meinung des
BVerfG mit Art. 14 GG nicht zu vereinbaren ist.

Zahlreiche Vertreter der Literatur gehen daher auch davon
aus, das Haftungsinstitut des enteignungsgleichen Eingriffs
sei wegen Verstoßes gegen Art. 14 Abs. 3 S. 2 GG verfassungs-
widrig.[2])

Der BGH hat demgegenüber an der Geltung des enteignungsgleichen Eingriffs festgehalten.[3]) Er leitet allerdings nunmehr
den Entschädigungsanspruch nicht mehr aus Art. 14 Abs. 3 GG
analog ab, sondern aus dem Aufopferungsgedanken in seiner
richterrechtlich geprägten Ausformung.

---

1) BVerfGE 58, 300, 324.

2) Bäumler, DöV 1980, S. 339, 341 Schulze-Osterloh, NJW 1981, S. 2537
ff.; Scholz NVwZ 1982, S. 347; Dolde, NJW 1982, S. 1797 u. FBn. 202;
Schrödter, DVBl 1982, S. 328; Sendler, DVBl 1982, S. 812, 816, Rupp,
NJW 1982, S. 1731, 1733; Kreft, NJW 1982, S. 1577; Baur, NJW 1982, S.
1735, 1736; Weber, JuS 1982, S. 855; derselbe, JuS 1981, S. 142;
Battis, NVwZ 1982, S. 585, 586; LG München, NVwZ 1983, S. 636 ff.;
Hendler, DVBl 1983, S. 873, 881 (bzgl. enteignungsgleichem Eingriff),
Schröer, DVBl 1984, S. 1864 ff.; Dörr, NJW 1988, S. 1049 ff., 1054
(zweifelnd).

3) BGH, wie vor, S. 168, FBn. 1; ebenso sprechen sich für die Fortgeltung
aus: Papier, NJW 1981, S. 2323; derselbe, NVwZ 1983, S. 203 ff.; derselbe, NVwZ 1986, S. 258 ff.; derselbe, JuS 1985, S. 184, 185 ff.; derselbe, in: Maunz-Dürig, Art. 14, Rdn. 631 ff.; derselbe Eigentumsgarantie im Wandel, S. 35 ff.; derselbe Anm. zu BGH, NJW 1984, S. 987, 993;

Dieser Auffassung des BGH ist zuzustimmen. Die zur inneren
Systematik des Art. 14 GG ergangenen Entscheidungen des
BVerfG sind zum einen dann für die Fortgeltung des Haftungsinstituts des enteignungsgleichen Eingriffs ohne Bedeutung,
wenn man mit dem BGH die Rechtsgrundlage dieser Entschädigungsregelung im einfachen Recht bzw. im Aufopferungsgrund-
satz sieht. Aber auch dann, wenn man das Haftungsinstitut des
enteignungsgleichen Eingriffs verfassungsrechtlich in Art. 14
GG verankert sieht[1]), zwingt die Rechtsprechung des BVerfG
nicht zur Aufgabe des enteignungsgleichen Eingriffs. Der Geltungsbereich des in Art. 14 Abs. 3 S. 2 GG normierten Geset-
zesvorbehalts ist ein im wesentlichen anderer als der dem enteignungsgleichen Eingriff zugrunde liegende Anwendungsbereich. Der Enteignungsbegriff i.S.d. Art. 14 Abs. 3 GG ist
dadurch gekennzeichnet, daß die Enteignung durch oder aufgrund eines Gesetzes erfolgt und gezielt konkret-individuell
in das Eigentum einer bestimmten Person eingegriffen wird.[2])
Der enteignungsgleiche Eingriff erfaßt demgegenüber die Fälle, in denen nicht vorhersehbar und daher auch nicht im voraus regelbar eine Beschränkung der Eigentumsrechte des einzelnen eintritt. Auch die rechtswidrigen Eingriffe, die allein
wegen ihrer Rechtswidrigkeit eine enteignende Sonderopferlage
begründen, sind sämtlich Anwendungsfälle des enteignungsgleichen Eingriffs, bei denen eine Enteignung durch oder aufgrund
eines Gesetzes gerade nicht vorliegt.[3])

Fortsetzung FBn. 3, S. 169
  Ipsen, DVBl 1983, S. 1029, 1032 ff.; Schwerdtfeger, JuS 1983, S. 104,
  110; Schwabe, JZ 1983, S. 273, 278; Ossenbühl, NJW 1983, S. 3 ff.; derselbe, Neuere Entwicklungen im Staatshaftungsrecht, S. 16 ff.; derselbe, JZ 1984, S. 741; Krohn, AgrarR 1984, Beil. I, S. 17 ff., 31;
  Krohn-Löwisch, S. 105 ff.; Leisner, AgrarR 1984, Beil. I, S. 29; Knauber, NVwZ 1984, S. 753 ff.; 757, 759, Götz, Anm. zu BGH, DVBl 1984, S.
  395; derselbe, AgrarR 1984, S. 2 ff. sowie Beil. I, 1984, in AgrarR
  4/1984, S. 26/27; Rüfner in Erichsen-Martens, S. 500 ff.; Olivet, NVwZ
  1986, S. 431 ff.; Bender, VerwArch 1986, S. 335, 360; Aust-Jacobs, S.
  67 ff.; Engelhardt, NVwZ 1985, S. 621 ff.
1) So bspw. Schwerdtfeger, JuS 1983, S. 104, 110.
2) BVerfGE 58, 300, 324; BGHZ 91, 20, 26; Maunz-Dürig-Papier, Art. 14
  Rdn. 634, 635.
3) Ossenbühl, NJW 1983, S. 1, 3.

Diese Fallkonstellationen des enteignungsgleichen Eingriffs
werden daher von dem Gesetzesvorbehalt des Art. 14 Abs. 3 S.
2 GG nicht erfaßt. Das Haftungsinstitut des enteignungsgleichen Eingriffs ist demnach in all den Fällen, in denen die
Enteignung nicht durch oder aufgrund eines Gesetzes erfolgt,
weiterhin vertretbar.
Eine rechtswidrige Zulassungsentscheidung kann daher einen
Entschädigungsanspruch aus enteignungsgleichem Eingriff nur
dann begründen, wenn der Eingriff in der Zulassungsentscheidung selbst zu sehen ist und nicht bereits in Anwendung des
AMG aufgrund eines Gesetzes erfolgt. Zwar handelt es sich bei
der rechtswidrigen Zulassungsentscheidung um eine fehlerhafte
Gesetzesanwendung, nicht das fehlerhaft angewendete AMG, sondern die fehlerhafte Zulassungsentscheidung wirkt sich jedoch
rechtsnachteilig als Eingriff in die Rechtsposition des betroffenen Antragstellers aus. Anders als in dem der Naßauskiesung zugrunde liegenden Sachverhalt haben die betroffenen Hersteller auch kein Wahlrecht entweder zu 'dulden und zu liqui-
dieren' oder Rechtsmittel einzulegen. Denn auch eine Klage
gegen die Entscheidung kann den in der Nichtzulassung liegenden Schaden nicht mehr beseitigen.[1] Zumindest insoweit ist
damit ein Anspruch nicht ausgeschlossen.
Ein Anspruch aus enteignungsgleichem Eingriff scheitert im
vorliegenden Sachverhalt also nicht bereits an der neueren
Rechtsprechung des BVerfG zu Art. 14 Abs. 1 und 3 S. 2 GG, so
daß die weiteren Voraussetzungen zu prüfen sind.

b) Vermögenswerte Rechtsposition

Wenn auch die Rechtsgrundlage des enteignungsgleichen Eingriffs nach den vorstehenden Ausführungen nicht in Art. 14
Abs. 1 GG gesehen werden kann, wird die Parallelität zur an
Art. 14 GG ausgerichteten Enteignung dadurch jedoch nicht aufgehoben, da die Fälle des enteignungsgleichen Eingriffs sich

---

1) Siehe hierzu auch unten, d bb, S. 186.

von der Enteignung grundlegend nur durch die Rechtswidrigkeit
des Eingriffs unterscheiden, im übrigen aber alle Abgrenzungsprobleme (vermögenswerte Rechtsposition, Eingriff, Sozialbindung) wie bei der Enteignung zu beurteilen sind. Enteignungs-
rechtlich geschützt sind danach nur eigentumsrechtlich er-
starkte Rechtspositionen i.S. Art. 14 Abs. 1 GG. Eigentum im
Sinne des Art. 14 Abs. 1 GG ist jede vermögenswerte Rechtsposition, die der persönlichen Lebensführung oder der wirtschaftlichen Betätigung als Grundlage dient.[1] Darunter fällt
auch jeder durch Zusammenfassung sachlicher und persönlicher
Mittel geschaffene, auf Erwerb gerichtete Geschäftsbetrieb.
Nach ständiger Rechtsprechung und der übereinstimmenden Meinung der Literatur ist daher auch der eingerichtete und ausge-
übte Gewerbebetrieb durch Art. 14 GG verfassungsrechtlich geschützt.[2]

aa) Zulassungsanspruch gem. § 25 Abs. 2 AMG als Bestandteil
    des eingerichteten und ausgeübten Gewerbebetriebs

Die Versagung der Zulassung könnte einen Eingriff in den eingerichteten und ausgeübten Gewerbebetrieb darstellen.

Der Schutzbereich des Gewerbebetriebs wird weit gefaßt. Nicht
nur der sachliche Bestand des Betriebes - Betriebsgrund-
stücke, Betriebsräume, Einrichtungsgegenstände und Warenvorrä-
te mit Außenständen -, sondern alle einzelnen Ausstrahlungen
und Erscheinungsformen des Betriebes, die neben dem sachlich-
gegenständlichen Bereich den wirtschaftlichen Wert des konkreten Unternehmens ausmachen, so z. B. geschäftliche Verbindun-
gen, Beziehungen, Kundenstamm, good will, Lagevorteil ("Kon-
takt nach außen"), werden geschützt.

---

1) v. Münch, Grundgesetz-Kommentar, Art. 14 Rdn. 11 m.w.N.
2) BGHZ 23, 157, 162 ff.; 45, 150, 155; 98, 341, 351; BVerfGE 13, 225,
   229; 51, 192, 221, 222; Maunz-Dürig-Papier, Art. 14 Rdn. 96;
   Ossenbühl, S. 105 ff.; Badura, AöR 1973, S. 153 ff.

Der Eigentumsschutz des Gewerbebetriebes erstreckt sich danach
auf die gesamte Erscheinungsform und den Tätigkeitskreis des
Betriebes als "Sach- und Rechtsgesamtheit", d. h. das ungestör-
te Funktionieren dieses Betriebsorganismus, dessen Beeinträchtigung den Verfügungsberechtigten daran hindert, von der in dem
Unternehmen verkörperten Organisation sachlicher und persönlicher Mittel den bestimmungsgemäßen Gebrauch zu machen.

Zu dem nach Art. 14 GG geschützten Eigentum gehören jedoch
nach ständiger Rechtsprechung nur "bereits vorhandene konkrete Werte", nicht geschützt sind hingegen bloße Aussichten und
Chancen.[1] Voraussetzung für einen Eigentumsschutz des eingerichteten und ausgeübten Gewerbebetriebes nach Art. 14 GG ist
daher, daß ein solcher Betrieb bereits vorhanden und eingerichtet ist. "Es muß eine Organisation sachlicher und sonstiger Mittel geschaffen sein, die ein planmäßiges Wirtschaften
schon ermöglicht."[2]
Nur im Rahmen dieser "schon getroffenen betrieblichen Veran-
staltungen"[3] ist das Recht des Betriebsinhabers auf Fortsetzung des Betriebes geschützt.
Es muß daher untersucht werden, ob der durch die rechtswidrige Versagung der Zulassungsgenehmigung vereitelte öffentlich-
rechtliche Anspruch auf Zulassungsentscheidung gem. § 25 AMG
als Bestandteil des konkret vorhandenen Betriebes des Arzneimittelherstellers angesehen werden kann. Das wäre dann zu bejahen, wenn bereits ein im Rahmen des Betriebes konkret wir-
kender Wert vorläge und es sich nicht nur um eine bloße Chance oder Gewinnaussicht[4] handelte, die sich dem Arzneimittelhersteller bietet und die es erst noch durch Aufnahme oder

---

1) BVerfGE 4, 7, 17 ff.; BGHZ 34, 188, 190; 62, 96, 98 ff.; 64, 382, 390,
   391; 55, 261, 264; 48, 58, 61; 78, 41, 44; 80, 360, 363; 94, 373, 377;
   83, 1, 3; 98, 341, 351; Lagevorteil 66, 173, 176; 67, 200, 206; 70,
   212, 218; 83, 61, 67; 83, 1, 3; 86, 152, 159; NJW 1976, S. 1312, 1313,
   NJW 1977, S. 1817; NJW 1979, S. 1043; 94, 373, 377, 378.
2) BGH WM 1965, S. 500; BGHZ 30, 338, 356 ff.; 92, 34, 46; 98, 341, 351,
   352.
3) BGH WM 1965, S. 500; BGHZ 30, 338, 356 ff.; 92, 34, 46; 98, 341, 351,
   352.
4) BGH WM 1962, S. 1008, 1012; BGH NJW 1964, S. 796; NJW 1966, S. 877;
   NJW 1968, S. 293; BGHZ 65, 241, 244 ff.

Erweiterung der unternehmerischen Tätigkeit zu verwirklichen
gilt.

aaa) Rechtsprechung des BGH zur Abgrenzung konkreter Vermögenswert / bloße Chance und Aussicht

Zu der Frage der Abgrenzung eines bereits geschützten konkreten Vermögenswertes von der bloßen Chance oder Aussicht hat der
BGH in zahlreichen Entscheidungen Stellung genommen. Es soll
daher zunächst anhand dieser Entscheidungen dargestellt werden,
in welchen Einzelfällen der BGH einen eigentumskräftig verfestigten Vermögenswert bejaht hat, um dann eine Einordnung der
vorliegenden Fallkonstellation vornehmen zu können.

Verneint wurde ein konkreter Vermögenswert u. a. in folgenden
Fällen:
BGH-Urteil vom 22.11.1962 betreffend die rechtswidrige Versagung der Genehmigung, auf einem Waldgrundstück einen "Märchen-
wald" einzurichten: Da der Betrieb erst in Zukunft aufgebaut
werden sollte, fehlte es nach Ansicht des BGH zur Zeit der
Genehmigungsversagung noch an einem rechtlich geschützten enteignungsfähigen Gegenstand.[1]
BGH-Urteil vom 20.09.1962 zur Versagung der Erteilung einer
Apothekenkonzession: Die Versagung löst keine Entschädigung
aus Enteignung aus, da kein konkreter Vermögenswert gegeben
sei, solange eine Apothekenkonzession nicht erteilt und damit
der Betrieb noch nicht gestattet sei.[2]
BGH-Urteil vom 23.01.1961 zur Versagung des Betriebes einer
Rezeptsammelstelle, die der Inhaber einer Stadtapotheke auf
dem Lande einrichten wollte: Der Wert der Stadtapotheke sei
durch die Versagung nicht betroffen, da die Organisationseinheit "Rezeptsammelstelle" erst künftig geschaffen werden
sollte und damit noch nicht zum geschützten bisherigen gewerblichen Tätigkeitsbereich gehöre.[3]

---

1) BGH VersR 1963, S. 254.
2) BGH NJW 1962, S. 2342.
3) BGHZ 34, 188 ff. sowie BGH LM Nr. 19 Art. 14 (cf) GG (Schrotthandelfall).

BGH-Urteil vom 28.05.1962: Ein Bauverbot für das Grundstück
eines Gewerbetreibenden stellt nur dann einen Eingriff in den
Gewerbebetrieb dar, wenn das Grundstück bereits dergestalt in
die Organisation des Betriebes einbezogen war, daß es mit zur
den Betrieb bildenden 'Einheit sachlicher und anderer Mittel'
gehörte.[1]

BGH-Urteil vom 28.02.1963 betreffend die Versagung einer im
Güterkraftverkehr erforderlichen Genehmigung: Ein Eingriff in
den Betrieb des betroffenen Spediteurs liege nicht vor, da
mangels Genehmigungserteilung ein Recht auf Betrieb eines entsprechenden Unternehmens noch nicht bestanden habe.[2]

BGH-Urteil vom 31.01.1972 "Vorratsgrundstück": Auch die auf
das sorgfältigste vorbereitete und gesicherte Planung einer
Betriebserweiterung auf einem bisher nicht bebauten Grundstück sei so lange noch kein konkreter Wert, der in den
Schutz der Eigentumsgarantie einzubeziehen sei, wie erst noch
in der Zukunft die Bebauung erfolgen müsse.[3]

Bejaht hat der BGH das Vorliegen eines durch Art. 14 GG bereits geschützten Vermögenswertes demgegenüber in folgenden
Fällen:
BGH-Urteil vom 09.04.1956 über ein Anbauverbot für eine Baumschule: Da das Anbauverbot dazu führte, 80 % des Bestandes
bereits gepflanzter Setzlinge wieder zu vernichten, was sich
auf die organisatorische und wirtschaftliche Struktur des lau-
fenden Betriebes auswirkte, sei der Wert des bereits vorhandenen Gewerbebetriebes Baumschule als solcher betroffen gewesen.[4]

---

1) BGH WM 1962, S. 1008, 1013.
2) BGH VersR 1963, S. 628, 677, 679.
3) BGH NJW 1972, S. 758; ebenso WM 1968, S. 121, 123; WM 1972, S. 427;
   NJW 1962, S. 2366; BGHZ 30, 281, 287 ff.; BGH NJW 1963, S. 1916, 1917.
   Auch kein Schutz des Gewerbebetriebes auf Fortbestand einer bestimmten
   Gesetzeslage BGH NJW 1964, S. 769; ebenso kein Schutz auf bestimmten
   Lagevorteil: BGHZ 48, 58, 60 ff. (Rheinuferstraße); 55, 261, 264
   (Soldatengaststätte); 45, 150, 155 ff. (Küstenfischer); BGH WM 1967,
   720 (Bau einer Umgehungsstraße); BGH WM 1975, S. 834 (Durchschneidung
   eines Grundstücks).
4) BGH LM Nr. 49 zu Art. 14 GG; ebenso WM 1965, S. 521; LM Nr. 11 zu Art.
   14 (Fb); BGHZ 32, 208, 211, 212; BGH NJW 1980, S. 2701.

BGH-Urteil vom 23.06.1975 betreffend die Versagung der Ausnah-
megenehmigung zur Befahrung einer öffentlichen Straße mit
schwerem LKW (§ 46 StVO): Die Versagung betreffe einen bereits vorhandenen Gewerbebetrieb, der auf eine solche Straßen-
benutzung angewiesen sei - da einziger Zugang zu der in einem
Steinbruch gelegenen Abraumhalde -, in der Substanz, da die
gewerbsmäßige Nutzung der Abraumhalde für den Betrieb von wir-
schaftlichem Wert sei.[1]
BGH-Urteil vom 25.06.1964 über die Untersagung einer Betriebserweiterung auf einem benachbarten Pachtgrundstück: In der
Entscheidung hat der BGH eine vermögenswerte Rechtsposition
angenommen mit der Begründung, die zur Erweiterung eingeleite-
ten Maßnahmen seien bereits so hinreichend konkretisiert gewesen, daß das Erweiterungsobjekt schon in den vorhandenen Gewerbebetrieb einbezogen sei.[2]
BGH-Urteil vom 29.09.1975 betreffend die rechtswidrige Versagung einer Baugenehmigung. Die Beeinträchtigung der baulichen
Ausnutzung eines Grundstücks wirke sich als Substanzverlust
des Grundrechtes Eigentum aus. Denn die Baugenehmigung ver-
leihe dem Bauherrn nicht erst das Recht zum Bauen, sondern
setze dieses voraus. Die Beeinträchtigung der Ausübung dieses
Rechtes sei daher ein vorhandener Vermögenswert, der durch
die Versagung der Baugenehmigung unmittelbar betroffen sei.[3]

Diese Entscheidungen lassen deutlich die Tendenz der Rechtsprechung des BGH erkennen, auch die in die Zukunft gerichtete Unternehmertätigkeit, also die Fortsetzung der betrieblichen Weiterentwicklung, zu schützen. Entscheidend ist jedoch,
daß bereits eine vermögenswerte Position vorhanden ist.

Im Fall der Nichtzulassung eines Arzneimittels könnte ein vermögenswertes Recht i.S. Art. 14 GG dadurch begründet sein,
daß der Arzneimittelhersteller bereits vor der Erteilung der
Zulassung seinen Betriebsapparat in Gang gesetzt hat und ein

---

1) BGH NJW 1975, S. 1880.
2) BGH NJW 1965, 2101, 2104.
3) BGHZ 65, 182, 186; DVBl 1971, S. 464; 66, 182, 189.

vertriebsfertiges Arzneimittelprodukt vorliegt.
Allein die Tatsache, daß Betriebskapital zur Entwicklung eingesetzt wurde, begründet allerdings noch keine nach Art. 14
Abs. 1 GG schützenswerte Rechtsposition.[1]
Ein solcher Wert könnte aber die bereits zur Vertriebsfertig-
keit geführte Arzneimittelentwicklung selbst sein. Wie ausgeführt wurde, nimmt die Rechtsprechung bei Betriebserweiterun-
gen an, daß es für die Bejahung einer vermögenswerten Rechtsposition des Gewerbebetriebes nicht unbedingte Voraussetzung
sei, daß der Betrieb, in den eingegriffen werde, bereits in
Gang gesetzt ist. Es genüge, wenn er so eingerichtet sei, daß
er ohne den Eingriff unbeschränkt ausgeübt werden könne. Eine
bereits hinreichend konkretisierte Maßnahme zur Einleitung
einer Betriebserweiterung liege beispielsweise vor, wenn ein
für eine Betriebserweiterung auserwähltes benachbartes Pachtgrundstück bereits im Zeitpunkt der geplanten Betriebserweiterung in die wirtschaftliche Organisationseinheit des Gewerbebetriebes einbezogen gewesen sei und mit zu der die Betriebsorganisation bildenden "Einheit sachlicher und anderer Mittel" gehört habe.[2] Planung und Vorbereitung einer beabsichtigten Betriebserweiterung allein, mögen sie auch noch so
weitgehend durchgeführt sein, schaffen allerdings nicht konkret den erweiterten und von der Eigentumsgarantie mit umfaß-
ten Betrieb.[3]

Im Falle der Nichterteilung einer Arzneimittelzulassung kann
die Vermarktung erst mit der Zulassung beginnen. Auch wenn
die Betriebsorganisation zur Vermarktung des Arzneimittels
noch so konkret durchgeführt sein mag, ist die Vermarktung
doch abhängig von der Zulassungserteilung. Ein "produktiv wir-
kender Wert"[4] kann daher vor der Arzneimittelzulassung nicht
angenommen werden.

---

1) BGHZ 45, 150, 155; 65, 155, 170; 83, 190, 195; Fikentscher, Kronstein-
   festgabe, S. 261, 275 ff.
2) Vgl. Seite 176 und dortige Fßn. 2, sowie BGHZ 90, 4, 15; 90, 17, 25;
   91, 20, 28; 98, 341, 347.
3) Vgl. Seite 175 und dortige Fßn. Nr. 3.
4) BGH WM 1962, 1008, 1012; BGHZ 98, 341, 351.

Es liegt daher nahe, diese Fallkonstellation mit den vom BGH
entschiedenen Fällen der Versagung einer erforderlichen behördlichen Zulassung zu einer bestimmten gewerblichen Betätigung zu vergleichen[1]), die für sich allein noch keinen zur
Entschädigung verpflichtenden Eingriff in den als Eigentum
geschützten Gewerbebetrieb darstellt. In diesen Entscheidungen wurde zur Begründung ausgeführt, der Antragsteller habe
zwar einen Anspruch darauf, daß ihm bei Erfüllung der gesetzlichen Voraussetzungen die Konzession erteilt werde, es bestehe jedoch, solange die Konzession nicht erteilt sei, kein
Recht auf Betreibung des Gewerbebetriebes. Die Umsetzung dieser Rechtsprechung müßte also dazu führen, die Aussicht auf
Zulassung eines Arzneimittels nicht dem Eigentumsschutz zu
unterstellen. Denn auch der Arzneimittelhersteller kann erst
dann, wenn die Arzneimittelzulassung erteilt ist, mit dem Vertrieb des Arzneimittels beginnen, d. h. die Zulassung ist die
gesetzliche Voraussetzung für den Beginn der wirtschaftlichen
Tätigkeit.

Anders entscheidet der BGH hingegen im Falle der Versagung
einer Baugenehmigung, wo er im Gegensatz zu den vorgeschilder-
ten Fällen Bestandsschutz annimmt. Hier folgt das Recht zum
Bauen jedoch unmittelbar aus dem Eigentumsrecht des Art. 14
GG selbst (Grundsatz der Baufreiheit). Die Baugenehmigung verleiht dem Bauherrn also nicht erst das Recht zu bauen, sondern setzt dieses voraus. Die Baugenehmigung steht deshalb
auch nicht im Ermessen der Behörde.[2])

---

1) Vgl. die auf S. 174, 175 wiedergegebenen BGH-Entscheidungen.

2) Vgl. die auf S. 176 wiedergegebene BGH-Entscheidung sowie dortige Fßn.
   3; Schack, BB 1963, S. 1227, Fßn. 29; Hoppe, DVBl 1964, S. 165, 166;
   R. Schneider, VerwArch. 1967, S. 197, 208; E. Schneider, Enteignung,
   S. 30 ff.; Rüfner, BB 1968, S. 881, 882 u. Fßn. 29; Kessler, DRIZ
   1968, S. 258, 262; Schröer, NJW 1984, S. 1864, 1865; Dolde, NVwZ 1985,
   S. 250, 251; Wolff, VerwR Bd. I, S. 536; Kröner, S. 42 ff., 53, 54;
   Krohn, AgrarR 1984, Beil. II. 21 B 2; Jaenicke, VVDStRl 20, 135, 159;
   Krohn-Löwisch, Rdn. 155; Krohn, S. 9, 10; Westermann, Nipperdey-Fest-
   schrift, S. 765, 769; Battis, S. 89, 90; Peter, JZ 1964, 549 ff;
   Badura, AöR 1973, S. 153, 166, 167; Kreft, WM 1977, S. 382 ff., 384.

- 179 -

Die Versagung der Baugenehmigung trifft daher die Bebauungs-
fähigkeit des Grundstückes als vorhandene vermögenswerte Nutzbarkeit und damit ein bereits bestehendes Recht. Hierauf wird
sogleich unter bbb noch zurückzukommen sein.

bbb) Kritik der Literatur

In der Literatur ist die Rechtsprechung des BGH auf Kritik
gestoßen. Vor allem wird die Praxis des BGH, zwischen der Ablehnung einer Baugenehmigung und der Versagung einer gewerblichen Erlaubnis zu unterscheiden, als rechtlich nicht begründ-
bar bezeichnet.[1]
Ferner wird darauf hingewiesen, daß der BGH im Vertrauen auf
eine rechtmäßige Verwaltungspraxis erbrachte Dispositionsschä-
den dann ausgleicht, wenn ein rechtmäßiger begünstigender Verwaltungsakt widerrufen oder ein rechtswidriger begünstigender
Verwaltungsakt, auf dessen Bestand der Begünstigte vertraut
hat, zurückgenommen wird.[2] Es sei nicht einzusehen, weshalb
im Gegensatz dazu das Vertrauen auf eine rechtmäßige Verwal-
tungsentscheidung dann nicht geschützt sei, wenn diese Verwal-
tungsentscheidung aufgrund rechtswidriger Prüfung unterblei-
be. Das Risiko rechtswidrigen Staatshandelns werde in diesem
Fall auf den Bürger überwälzt.[3]

Diese Bedenken wären jedoch nur dann berechtigt, wenn die in
der Position des Antragstellers begründete Erwerbschance einem konkret vorhandenen Wert gleichzusetzen wäre. Das ist
aber grundsätzlich zu bezweifeln, weil das Entschädigungs-
recht an konkreten vermögenswerten Rechten ausgerichtet ist.[4]

---

1) Heidenhain, S. 171; ebenso Bettermann, 47. DJT II L. 109; Bender 47.
DJT II, L 20 ff.; Rüfner, DVBl 1967, S. 186, 187; Luhmann, S. 113 ff.;
Franke, VerwArch 1966, S. 357, 374; Weyreuther, 47. DJT I B 171; Jans-
sen, DVBl 1967, S. 192, Anm. 34.

2) Löwer, S. 172.

3) Löwer, S. 172.

4) BVerfGE 51, 193, 222; 68, 193, 223; 58, 303, 353; BGHZ 98, 341, 351;
Maunz-Dürig-Papier, Art. 14 Rdn. 86 u. 99; v. Münch, Grundgesetz-Kommentar, Art. 14 Rdn. 17 u. 35; Ossenbühl, S. 106 ff.; Rüfner, in:
Erichsen-Martens, S. 557, 558; Wolff-Bachof, VerwR Bd. I, S. 536; Löwer, S. 407 ff.; Battis, S. 90; Wittig, NJW 1967, 2185, 2188.

Dies zeigt die Entstehungsgeschichte des Art. 14 GG.
So ist aus den Motiven zum Grundgesetz keinerlei Hinweis darauf ersichtlich, daß der grundrechtliche Eigentumsschutz sich
auch auf Erwerbsschutz und Gewerbefreiheit, also die bloße
Möglichkeit, Eigentum erst zu erwerben, erstrecken sollte.
Vielmehr ist gerade im Unterschied zur Weimarer Verfassung,
auf deren Art. 153 der Art. 14 GG im wesentlichen zurückgeht,
die dortige Bestimmung des Art. 111 WRV (Recht zum Erwerb von
Grundeigentum) nicht in das Grundgesetz mit übernommen worden. Ein auf Schutz des Erwerbswillens ausgerichteter Antrag
wurde, nachdem er in den Beratungen des Grundsatzausschusses
nicht auf Resonanz stieß, schließlich fallengelassen.[1] Im
Gegensatz zu vorhandenen Vermögenswerten sollten Erwerbsaussichten also nicht geschützt werden. Dieser historischen Interpretation könnte auch nicht entgegengehalten werden, daß
die Auslegung des Eigentumsbegriffs i.S. Art. 14 Abs. 1 GG
durch Rechtsprechung und Wissenschaft fortgeführt und erweitert worden ist. Denn wie bereits gezeigt wurde, schützt die
Rechtsprechung eben gerade keine bloßen Erwerbsaussichten
oder Ansprüche auf Erteilung von Rechten oder Erlaubnissen,
sondern nur bereits vorhandene bzw. gewährte vermögenswerte
subjektive Rechte (dinglicher, obligatorischer, mitglied-
schaftsrechtlicher oder urheberrechtlicher Art) und den eingerichteten und ausgeübten Gewerbebetrieb, wenn jeweils ein konkret vorhandener Vermögenswert vorliegt[2], und diese Auffassung der Rechtsprechung wird überwiegend geteilt.[3]

Auf der Grundlage der bisherigen Ausführungen kann also nicht
angenommen werden, daß die bloße Entwicklung eines Arzneimittels bereits eine konkret geschützte Vermögensposition darstellt, die einen Anspruch aus enteignungsgleichem Eingriff

---

1) Antrag der Deutschen Partei 19.11.1948, DruckS Nr. 298; Beratung im
   Ausschuß für Grundsatzfragen 30.11.1948, 26. Sitzung, S. 27; Rücknahme des Antrags 16.12.1948, DruckS Nr. 402; vgl. auch Wittig, NJW
   1967, S. 2185, 2186.
2) BVerfGE 22, 241, 253; 24, 220, 226; 45, 142, 170; 48, 403, 412 ff.;
   53, 257, 289; 58, 81, 109; 69, 272, 300 ff.
3) Wie vor, S. 179, Fßn. Nr. 4 und Papier, VSSR 1973, S. 31, 37, 46.

begründen könnte.

Eine abweichende Beurteilung könnte allerdings dann in Betracht kommen, wenn der Arzneimittelhersteller für seine Entwicklung ein Patent erworben hat und durch die Versagung der Zulassung an der Nutzung des Patents gehindert wird.

bb) Schutz der patentierten Arzneimittelentwicklung

Das Patent ist ein vom Eigentumsschutz des Art. 14 Abs. 1 Satz 1 GG umfaßtes vermögenswertes Recht.[1]
Für Arzneimittel bestehen die folgenden Patentmöglichkeiten[2]:
- Schutz eines neuen Stoffes oder eines neuen Stoffgemisches (Stoff- oder Erzeugnispatent). Der Patentinhaber ist berechtigt, jedem Dritten zu untersagen, dieses neue Erzeugnis herzustellen, anzubieten, in Verkehr zu bringen, zu gebrauchen oder zu einem dieser Zwecke einzuführen oder zu besitzen.
- Schutz eines bekannten Stoffes, wenn seine Verwendung in einem Heil- oder Diagnostizierverfahren neu und erfinderisch ist. Der Schutz bezieht sich nur auf Herstellung usw. zu dem neuen Zweck (zweckgebundener Erzeugnisschutz und zweite Indikation.
- Schutz eines Verfahrens zur Herstellung von Arzneimitteln (Verfahrenspatent), und zwar bei allen Arzneimitteln, wenn das Verfahren selbst neu und erfinderisch ist. Bei neuen Arzneimitteln sind auch bekannte Verfahren patentierbar, wenn sie zu einem Produkt mit überraschenden, therapeutischen Wirkungen führen (Analogieverfahren).

Da die Anmeldung einer Erfindung zum Patent im allgemeinen in einem frühen Stadium der Entwicklung erfolgt, der Antrag auf Zulassung als Arzneimittel dagegen erst bei Abschluß der Ent-

---

1) v. Münch, Grundgesetz-Kommentar, Art. 14 Rdn. 13.
2) Kraft, S. 25, 28.

wicklung erfolgt, besteht das Patent regelmäßig bereits im Zeitpunkt der Antragstellung beim BGA. Die Anerkennung des Patentes
und damit die Schaffung eines vermögenswerten Rechtes ist also
nicht von der Zulassungsentscheidung des BGA abhängig. Das Patent ist vielmehr schon vorher als bestehendes, selbständiges
Vermögensrecht vorhanden, in das durch die Entscheidung des BGA
eingegriffen werden könnte.

c) Eingriff
Eingriff in diesem Sinne kann auch die förmliche Ablehnung eines Antragsbegehrens sein. Zwar verweigert die Behörde dadurch
gerade ein Tätigwerden, jedoch ist diese Entscheidung selbst
hoheitliches Handeln. Die rechtswidrige Zulassungsversagung
könnte als Eingriff in dieses Vermögensrecht zu qualifizieren
sein, wenn die Entscheidung sich unmittelbar beeinträchtigend
auf den Patentschutz auswirkte und dem betroffenen Arzneimittelhersteller eine außerhalb der Grenzen der Sozialbindung des Ei-
gentumsrechtes liegende Belastung auferlegt würde.
Das Patent gewährt dem Inhaber das ausschließliche Recht, die
patentierte Erfindung zu nutzen und Dritten die gewerbliche Verwertung der Erfindung zu untersagen. Dieses durch § 9 Patentge-
setz gewährleistete Recht der ausschließlichen Nutzung der patentierten Arzneimittelerfindung beinhaltet denknotwendig das
Recht des Inhabers, von seiner Erfindung selbst Gebrauch machen
zu können. Die effektive Nutzung eines Arzneimittelpatentes
setzt den Vertrieb des Medikamentes am Markt voraus. Kann aber
aufgrund der Nichtzulassungsentscheidung des BGA weder der Patentinhaber noch irgendein Dritter die patentierte Arzneimittelerfindung nutzen, bedeutet dies im Ergebnis den Totalentzug des
Patentinhaltes.
Die Parallele zum Fall der rechtswidrigen Versagung einer Bauerlaubnis, in der der BGH einen Vermögenseingriff bejaht hat,
läßt sich daher ziehen. Wie im Falle der rechtswidrigen Versagung der Bauerlaubnis, durch die die bereits vorhandene Bebau-
ungsfähigkeit des Grundstücks unmöglich gemacht wird, trifft
die rechtswidrige Versagung der Zulassung, bei der es sich wie
bei der Baugenehmigung um eine gebundene, nicht im Ermessen der
Behörde stehende Erlaubnis handelt, unmittelbar eine bereits

- 183 -

vorhandene, vermögenswerte Nutzbarkeit. Die Nichtzulassung
eines patentierten Arzneimittels durch das BGA wirkt sich
unmittelbar beeinträchtigend auf die Ausübung des Patentes aus
und stellt sich daher als unmittelbarer Eingriff in die
Rechtsstellung des Patentinhabers dar.

d) Sozialbindung

Es fragt sich, ob sich dieser Eingriff noch im Rahmen der Sozi-
alpflichtigkeit des Eigentums bewegt oder schon nicht mehr als
Inhalts- und Schrankenbestimmung des Eigentums i.S. Art. 14
Abs. 1 Satz 1 GG angesehen werden kann.

aa) Rechtsprechung des BGH - Indikation der Entschädigungs-
    pflicht durch die Rechtswidrigkeit der hoheitlichen Maß-
    nahmen

Der BGH nimmt die Abgrenzung zwischen Noch-Sozialbindung und
Enteignung anhand materieller Kriterien vor. Ausgangspunkt dieser Rechtsprechung ist die Sonderopfertheorie, die Feststellung eines Sonderopfers, das bejaht wird, wenn im konkreten
Fall ein Verstoß gegen den Gleichheitssatz vorliegt, der dem
betreffenden einzelnen oder einzelnen Gruppen ein besonderes,
anderen nicht zugemutetes Opfer im Interesse der Allgemeinheit
auferlegt.[1]
Da die Bildung von Vergleichsgruppen im Einzelfall schwierige
Abgrenzungsprobleme aufwerfen kann, ist als weiteres Abgrenzungskriterium die Prüfung der Situationsgebundenheit des Eigentums hinzugetreten.[2] Als bloße Inhaltsbestimmung des

---

1) BGHZ 6, 270, 280; vgl. auch Kröner, S. 57 ff.; Wilke, S. 49; Wagner,
   Jahrreißfestschrift, S. 441, 448; Wolff-Bachof, VerwR Bd. I, S. 546 ff.

2) BGHZ 23, 30, 33 ff. (Grünflächenurteil); 48, 46, 50 (Nachbarrecht);
   MDR 1964, S. 486; 48, 98, 101; 57, 370, 374; NJW 1974, S. 53 (Immis-
   sionsrecht); 40, 355, 368 ff. (Anschluß u. Benutzungszwang); LM Nr. 42
   u. 44 (A) Art. 44 GG Schlachthof; BGHZ 5, 144, 151 ff. u. 55, 366, 372
   ff. (Polizei- u. ordnungsrechtliche Normen), LM Nr. 29 zu Art. 14 GG
   (Ba), 43, 196, 202 ff.
   Naturschutz: DöV 1959, S. 750; 57, 178, 183
   Gewässerschutz: BGHZ 60, 126, 130 ff. u. 145, 149 ff.
   Umlegungen: BGHZ 27, 15, 24 ff.; 31, 49, 58
   Bausperre: BGHZ 30, 338, 340 ff.
   Anliegerrechte: BGHZ 48, 65, 67 ff.; 49, 231 ff; 57, 359, 362 ff.
   Denkmalschutz: BGHZ 72, 211, 218,; 99, 24, 31.
   Kiesabbau: 87, 66, 71; 90, 4, 15.

Eigentums sieht der BGH Beschränkungen an, wenn sie sich lediglich als Konkretisierung der dem Eigentum seiner Natur
nach innewohnenden Pflichtigkeit darstellen. Eine entschädigungspflichtige Enteignung liege dagegen vor, wenn die von
der Natur der Sache her gegebene Möglichkeit der wirtschaftlichen Nutzung untersagt oder beschränkt werde.

Durch die Nichtzulassung eines Arzneimittels könnte dem einzelnen Hersteller als Patentinhaber i.S. obiger Definition
ein die Grenzen der Eigentumspflichten überschreitendes besonderes Opfer im Interesse der Allgemeinheit auferlegt werden,
wie daraus deutlich wird, daß eine zu Unrecht versagte Zulassung die Verwertung des Patents verhindert. Andererseits ist
zu bedenken, daß eine voreilig erteilte Zulassung zwar die
Nutzung des Patents ermöglicht, dies jedoch unter Umständen
auf Kosten einer Gesundheitsgefährdung des Verbrauchers. Patentschutz und Arzneimittelrechtsschutz stehen sich also
quasi "janusköpfig" gegenüber. "Beide Schutzformen stehen in
einem Spannungsverhältnis zueinander."[1]

Angesichts des durch den Genehmigungsvorbehalt nach § 25 AMG
bezweckten Schutzes der Gesundheit der Verbraucher könnte die
Beschränkung des Patents jedoch durch ein legitimes Regelungs-
ziel gerechtfertigt sein.
Dafür spricht, daß die Gesundheitsinteressen der Verbraucher
im Vergleich zu den Vermögensinteressen des Arzneimittelherstellers aufgrund der Höherrangigkeit des betroffenen Rechtsgutes als schutzwürdiger bewertet werden müssen, nicht zuletzt auch in Anbetracht des hohen Gefährdungspotentials, das
ein nicht den Zulassungskriterien entsprechendes Arzneimittel
für die Gesundheit der Verbraucher beinhaltet. Zudem sind andere, gleichermaßen geeignete, die Interessen der betroffenen
Patentinhaber weniger beschränkende Regelungsmechanismen zum
Schutze der Gesundheit der Verbraucher nicht denkbar.

---

1) Deutsch, Arzneimittel u. gewerblicher Rechtsschutz, S. 112.

- 185 -

Diese hierdurch bewirkte Belastung der Patentinhaberstellung
erscheint in Abwägung der betroffenen Rechtsgüter, im Hinblick auf die Größe der möglichen Gesundheitsgefährdung einer
unabsehbar großen Zahl von Bürgern, nach den Maßstäben der
Sonderopfertheorie und der Pflichtigkeit kraft Situationsgebundenheit auch zumutbar.

Der Genehmigungvorbehalt des § 25 AMG als solcher ist daher
mit Rücksicht auf die betroffenen höherwertigen Interessen
des Gesundheitsschutzes der Bevölkerung eine zulässige Konkretisierung der Sozialpflichten des Patentinhabers. Dies gilt
allerdings nur, solange die Erfordernisse des Gesundheitsschutzes eine Beschränkung der aus dem Patent folgenden
Rechtsstellung auch tatsächlich erfordern.
Ein über die durch § 25 AMG zulässigerweise gezogene Inhalts-
und Schrankenbestimmung des Patentes hinausgehender, als Enteignung dieser vermögenswerten Rechtsposition zu qualifizie-
render Eingriff könnte aber in der rechtswidrigen Versagung
der Zulassungsgenehmigung nach § 25 AMG liegen, denn in diesem Fall könnte die Zulassungsversagung und damit die Beschränkung des Patentes nicht mehr durch den Gesundheitsschutz gerechtfertigt sein.

Zu entscheiden ist, ob die Rechtswidrigkeit der Entscheidung
gleichgesetzt werden kann mit einer die Grenzen der Sozialpflichtigkeit des Eigentums überschreitenden entschädigungs-
pflichtigen Enteignung und sich daraus ein Anspruch aus enteignungsgleichem Eingriff ergibt. Zu dieser Frage hat der BGH
entschieden, daß Eingriffe grundsätzlich als über die Sozialbindung hinausgehend und damit enteignungsgleich anzusehen
sind, wenn sie rechtswidrig sind[1]

1) BGHZ 32, 208, 211, 212; LM Nr. 24 Art. 14 GG (Ce); NJW 1963, S. 1915,
1916; BGHZ 56, 40, 43 ff.; 58, 124, 127; 73, 161, 166; 78, 41, 46; 90,
17, 28 ff.; 91, 20, 26; 92, 34, 44; ebenso Kröner, S. 86; Rupp, Grundfragen, S. 257, 258, Fßn. 473; Badura, AöR 1973, S. 153 ff., 171; Rüfner, in Erichsen-Martens, S. 574; Krohn, S. 74 ff.; Ossenbühl S. 144
ff., 148, 149; Dagtoglou, BK Art. 34 Rdn. 62; Papier, NVwZ 1983, S.
258, 259; derselbe Jura 1981, S. 72; Schwabe, DöV 1985, S. 27 ff, 28;
Dolde, NVwZ 1985, S. 250, 251; Kessler, DRIZ 1967, S. 374; derselbe
DRIZ 1968, S. 258, 260; Krumbiegel, S. 131; Menger, VerwArch 1959, S.
77, 84; Jaenicke, VVDStRL 20, 135, 157, 158; Wagner, NJW 1967, S.
2333, 2334,; derselbe, Jahrreißfestschrift, S. 441, 463.

Unter Zugrundlegung dieser Rechtsprechung kommt man daher zu
dem Ergebnis, daß die rechtswidrige Zulassungsversagung dem
Patentinhaber eine jenseits der gesetzlichen allgemeinen Opfergrenze liegende Belastung auferlegt, die einen Entschädigungsanspruch aus enteignungsgleichem Eingriff auslöst.

bb) Kritik der Literatur

Die Auffassung, daß schon allein aus der Rechtswidrigkeit die
Entschädigungspflicht nach Enteignungsgrundsätzen folge, wird
zum Teil bestritten.[1]
Auch wenn ein rechtswidriger Eingriff nicht als rechtmäßige
Eigentumsbindung anzusehen sei, könne daraus nicht gefolgert
werden, daß der rechtswidrige Eingriff allein deshalb ein besonderes Opfer darstelle. Der Begriff des "besonderen" Opfers
werde sinnlos, da jeder rechtswidrige Eingriff ein besonderes
und niemals ein allgemeines Opfer darstelle. Die Übertragung
der Lehre vom besonderen Opfer auf den rechtswidrigen Eingriff beruhe daher auf einer willkürlichen, inhaltlichen Ver-
doppelung des Sonderopferbegriffes.[2]
Auch fehle es an der Vergleichbarkeit der Opferlage, da der
von einem rechtmäßigen Eingriff Betroffene diese entschädi-
gungslos oder entschädigungspflichtig hinzunehmen habe, während der von einem rechtswidrigen Eingriff Betroffene einen
Anspruch auf Beseitigung der rechtwidrigen Beeinträchtigung
geltend machen könne.[3]
Ob diese Kritik berechtigt ist, die Rechtsprechung also tatsächlich im Falle rechtswidriger Hoheitsakte die Grenzen der

---

1) Bender, Rdn. 55 ff., 56; derselbe, DöV 1968, S. 156, 160; derselbe,
47. DJT II, S. 20; Weyreuther, 47. DJT I, B 156 ff.; Heidenhain, S. 99
ff.; Bettermann, 41. DJT II, C 82 ff.; Rupp, NJW 1982, S. 1731, 1733;
Ipsen, DVBl 1983, S. 1029 ff., 1033; Lerche, JuS 1961, S. 273, 240;
Dürig, JZ 1955, S. 521 ff., 523; derselbe, JZ 1954, 4 ff.; Michelis,
Festschrift f. Larenz, S. 927 ff, 948 ff.; Bauschke-Kloepfer, NJW
1971, S. 1233, 1236.

2) Heidenhain, S. 117; Bender, DöV 1968, S. 156, 160; Weyreuther, 47. DJT
I, B 154.

3) Heidenhain, S. 101.

Sozialpflichtigkeit des Eigentums inhaltlich anders faßt,
soll anhand der Rechtsprechung zum enteignenden rechtmäßigen
Hoheitseingriff untersucht werden, da hierzu die Sonderopfertheorie und der Gedanke der Pflichtigkeit kraft Situationsgebundenheit entwickelt wurden.
Tragender Gedanke der Sonderopfertheorie ist der Grundsatz
der Lastengleichheit aller Staatsbürger. Ein hoheitlicher Eingriff ist daher dann als Enteignung zu qualifizieren, wenn er
eine Verletzung des Gleichheitssatzes beinhaltet, die dem Bürger ein besonderes, anderen nicht zugemutetes Opfer im Interesse der Allgemeinheit auferlegt.
Der BGH hat dementsprechend ausgeführt, daß es sich bei der
Enteignung um ein Opfer handelt, das gerade nicht den Inhalt
und die Grenzen der betroffenen Rechtsgattung allgemein und
einheitlich festlegt, sondern das aus dem Kreise der Rechtsträger einzelne oder Gruppen von ihnen unter Verletzung des
Gleichheitssatzes besonders treffe. Der Verstoß gegen den
Gleichheitssatz kennzeichne die Enteignung. Eine zulässige
Eigentumsbindung kennzeichne demgegenüber eine Regelung, die
der betroffenen Gattung von Rechten allgemein eigentümlich
sein solle und dem Wesen des betroffenen Rechts nach eigentümlich sein könne, allgemein bestimmte Pflichten (beispielsweise Duldungspflichten) auferlege und die Rechtsträger unter-
schiedslos einheitlich bei der Ausübung ihrer Rechte sozial
binde.2)
Der in dieser Entscheidung herausgestellte Gedanke der Pflichtigkeit ist auch das maßgebliche Abgrenzungskriterium anhand
dessen in Weiterentwicklung der Sonderopfertheorie situations-
bezogen entschieden wird, ob lediglich eine Konkretisierung
der dem Eigentum von der Natur der Sache her anhaftenden Sozialbindung oder eine die Grenzen der Inhaltsbestimmung über-
schreitende Enteignung vorliegt. Konrektisierung, Sozialbindung des Eigentums sind alle dem Eigentum von vornherein
anhaftenden allgemeine Pflichten.2) Eine Maßnahme, die sich
im Rahmen dieser sich aus der Sozialbindung des Eigentums er-

---

1) BGHZ 6, 270, 280.
2) Wie vor, Seite 183, dortige Fßn. Nr. 2.

gebenden, kraft Natur oder gesetzlicher Festlegung vorgegebenen Pflichtigkeiten und Pflichten bewegt, begründet daher keine Entschädigungspflicht. Anders dagegen eine Beschränkung,
die den Rahmen der allgemeinen sozialen "Pflichtigkeit" überschreitet, da in diesem Fall ein über die Grenze der Sozialpflichtigkeit hinausgehendes, besonders Opfer auferlegt
wird.[1]
Diese Überlegungen lassen sich auch auf den Fall einer rechtswidrigen hoheitlichen Maßnahme anwenden. Eine rechtswidrige
Maßnahme liegt außerhalb der gesetzlichen Pflichtenbestimmung
und überschreitet daher diese gesetzlich definierte allgemeine Opfergrenze. Die Rechtswidrigkeit des Eingriffs als solche
begründet das Sonderopfer, da sie sich nicht im Rahmen der
durch den Grundsatz der Gesetzmäßigkeit bestimmten Sozialbindung bewegt und dadurch dem einzelnen eine Belastung auferlegt, die von keiner vorgegebenen Pflichtigkeit im Rahmen der
Sozialbindung gedeckt ist und sich damit als ungleiche Behandlung darstellt. Diese Feststellung, daß ein rechtswidriger
Eingriff die gesetzliche allgemeine Opfergrenze überschreitet
und eine Entschädigungspflicht entsprechend den Enteignungsgrundsätzen begründet, ist somit ein in originärer Anwendung
der Grundsätze des Sonderopferbegriffs und des Gedankens der
Situationsgebundenheit gewonnenes Prüfungsergebnis.

Der zweite gegen die Spruchpraxis des BGH bei rechtswidrigen
Eingriffen vorgebrachte Einwand, der rechtswidrige Eingriff
wirke tatsächlich nicht "enteignungsgleich", da der Betroffene, anders als der durch eine rechtmäßige Maßnahme Belastete,
hiergegen Rechtsmittel ergreifen könne, richtet sich gegen
die vom BGH postulierte Vergleichbarkeit der beiden Opferla-
gen.[2]
Eine grundsätzliche Stellungnahme kann im Rahmen dieser Arbeit

1) BGHZ 6, 270, 280; Krumbiegel, S. 84, 108 ff.; Kreft, Ehrengabe f. Heu-
singer, S. 167, 176 ff.; Ule, VerwArch 1963, S. 345, 349, 350;
Weyreuther, NuR 1980, S. 137, 138, 139; derselbe, DöV 1977, S. 422; dagegen: Sellmann, NJW 1965, S. 1689, 1693; Bender, Rdn. 41 ff., 44 ff.

2) Vgl. oben, Seite 185, dortige Fßn. Nr. 1.

unterbleiben.
Denn für die vorliegende Fallkonstellation besteht die Vergleichbarkeit der Opferlage und trifft das Argument nicht,
daß aufgrund der Möglichkeit der Rechtsmitteleinlegung keine
enteignungsgleiche Belastung eintrete. Zwar kann der durch
die rechtswidrige Versagung der Arzneimittelzulassung in der
Ausübung des Patentes betroffene Arzneimittelhersteller anders als der durch eine rechtmäßige Nichtzulassungsentscheidung Betroffene, gegen diese Entscheidung Rechtsmittel einle-
gen und im Rahmen des Rechtsmittelverfahrens die Rechtslage
klären lassen. Im nachhinein kann hierdurch jedoch nicht mehr
die in der Hinderung der Ausübung der Rechtsposition als Patentinhaber liegende Beeinträchtigung beseitigt werden.[1] In
diesem Fall wird daher dem durch eine rechtswidrige Zulassungsentscheidung betroffenen Arzneimittelhersteller eine
nicht abwendbare, die Grenzen der Sozialpflichtigkeit über-
schreitende Belastung auferlegt, so daß ein in der Rechtswir-
kung der Enteignung "gleicher" Eingriff vorliegt, der einen
Entschädigungsanspruch aus enteignungsgleichem Eingriff begründet.

---

1) Ossenbühl, NJW 1983, S. 2 (Fßn. 16), 4, 5.

II. Verzögerung der Zulassungsentscheidung unter Nichtein-
    haltung der Frist gem. § 27 Abs. 1 AMG

1. Amtshaftung gem. § 839 Abs. 1 S. 1 BGB i.V.m. Art. 34 GG

Wie bereits bei der Untersuchung der Ansprüche der Verbrau-
cher/Patienten ausgeführt[1]), stehen zur Zeit beim BGA ca.
9.000 Zulassungsanträge zur Bearbeitung an. Die regelmäßige
Bearbeitungsdauer beträgt das 2- bis 3-fache der in § 27 AMG
auf 4 Monate festgelegten Regelzulassungsfrist.

Ein Amtshaftungsanspruch gegen das BGA würde sich hieraus
aber nur dann ergeben, wenn die zögerliche Bearbeitung sich
als Verletzung einer zugunsten der Hersteller wirkenden Amtspflicht darstellen würde. Aus § 27 AMG kann eine solche materiellrechtlich drittschützende Wirkung zugunsten der Hersteller nicht hergeleitet werden.
Wie dargelegt[2]), handelt es sich lediglich um eine formelle,
den organisationsinternen Entscheidungsprozeß reglementieren-
de Bestimmung.

Mit der Einführung des § 27 AMG sollte zudem nicht zugunsten
des Vermögensinteresses der Hersteller an einer schnellen Vermarktung eine Beschleunigung des Zulassungsverfahrens erreicht
werden, sondern im Interesse eines optimalen Gesundheitsschutzes der Patienten/Verbraucher von Arzneimitteln einer unange-
messenen Verzögerung der Anwendung neuartiger, wirksamer Arzneimittel durch das Zulassungsverfahren begegnet werden.[3])
Aus einer Überschreitung der formellen 4-Monatsfrist des § 27
AMG allein kann also kein Amtshaftungsanspruch der Hersteller
hergeleitet werden, da sowohl der formelle Charakter dieser
Amtspflicht als auch die vom Gesetzgeber mit der Einführung
der Frist verfolgten Ziele der Annahme eines Drittschutzes
zugunsten der Hersteller entgegenstehen.

---

1) Unter A III 2 f, S. 71.
2) Unter A IV 5 b, S. 118.
3) Kloesel, NJW 1976, S. 1769, 1771.

Es könnte sich allerdings für den Fall, daß der Zulassung keine Versagungsgründe entgegenstehen, aus der Länge der Bearbeitungsdauer eine Verletzung des aus § 25 Abs. 2 AMG folgenden
materiellen Rechts des Herstellers auf Zulassung ergeben. Wie
dargelegt[1]), kommt der Pflicht des BGA auf Beachtung des Zulassungsrechts des Herstellers zu dessen Gunsten drittschützende Wirkung zu. Die Pflicht des BGA, die Zulassung für ein
beantragtes Arzneimittel zu erteilen, wenn Versagungsgründe
nach § 25 AMG nicht vorliegen, beinhaltet damit gleichzeitig
auch die Verpflichtung, über den Antrag in einer den Umständen entsprechend angemessenen Zeit zu entscheiden. Denn das
Recht liefe ins Leere, wenn es durch übermäßige Verzögerung
erst zu einer Zeit verwirklicht würde, zu der das Arzneimittel z. B. bereits durch Weiterentwicklung oder Konkurrenzpro-
dukte ursprünglich gute Marktchancen eingebüßt hätte. Damit
würde das Recht auf Zulassung verletzt, wenn das BGA den Zeitpunkt der Erteilung der Zulassung unangemessen - ohne sachlichen Grund - lang hinauszögert. Insoweit ist daher auch die
Pflicht des BGA zur zügigen Entscheidungsfindung eine zugunsten der Hersteller wirkende Pflicht. Ob die Bearbeitung hinreichend zügig - und damit pflichtgemäß - erfolgte, kann dabei jeweils nur im Einzelfall, abhängig von der Schwierigkeit
der Prüfung (völlig neue Entwicklung oder bekannte Wirkungsweise) entschieden werden. In der Sache begründete längere
Bearbeitungszeiten können sich demnach nur aus der Schwierigkeit der Prüfungsmaterie und Bedeutung des Einzelfalles ergeben, nicht aber aus der Arbeitsüberlastung und personellen
Unterbesetzung der Zulassungsbehörde, letztere Gesichtspunkte
könnten allenfalls den einzelnen, untergeordneten Mitarbeiter, nicht aber die für die Gesamtorganisation Verantwortlichen, entlasten.

2. Haftung aus enteignungsgleichem Eingriff

Aus der nicht rechtzeitigen Erteilung der Zulassung eines beantragten patentierten Arzneimittels könnte sich ein Haftungs-

---

1) I 1 b, s. 164 ff.

anspruch aus enteignungsgleichem Eingriff ergeben, wenn das
"schlichte" Unterlassen dieser gem. § 25 Abs. 2 AMG und § 27
Abs. 1 AMG gebotenen Handlung als Eingriff in das Ausübungs-
recht des Patentinhabers im Sinne des Enteignungsrechtes angesehen werden könnte.

a) Rechtsprechung

Der BGH vertritt in ständiger Rechtsprechung die Auffassung,
daß ein Eingriff positives Handeln voraussetzt. Art. 14 Abs.
3 GG garantiere Schutz gegen das Nehmen, nicht aber gegen das
Vorenthalten.[1] Ein Unterlassen könne nur ausnahmsweise dann
dem positiven Handeln im Sinne eines Eingriffs gleichgesetzt
werden, wenn es sich wie ein in den Rechtskreis des Betroffenen eingreifendes Handeln qualifizieren lasse[2]
Ein solches "qualifiziertes" Unterlassen nimmt der BGH einmal
in den Fällen an, in denen die Behörde gebotenes Handeln förmlich verweigert, zum anderen dann, wenn die Behörde zwar un-
förmlich, aber unzweideutig eine endgültig ablehnende Haltung
einnimmt.[3] Im vorliegenden Fall des "schlichten" Untätigblei-
bens der Zulassungsbehörde wären diese Voraussetzungen nicht
erfüllt und der BGH würde daher einen Eingriffstatbestand ver-
neinen.

b) Literatur

Die Literatur hat sich gegen diese Differenzierung des BGH
ausgesprochen.[4]
Es sei, so beispielsweise Ossenbühl, nicht einzusehen, warum
für die Entschädigung ausschlaggebend sein solle, ob die Be-

---

1) BGHZ 12, 52, 56; 32, 208, 211; 56, 40, 42; 65, 182, 189; DVBl 1968, S.
   214, 215; BGH DVBl 1969, S. 209; DVBl 1971, S. 464, 465; ebenso
   Wagner, NJW 1966, S. 569, 570.

2) BGHZ 32, 208, 211; 56, 40, 42; DVBl 1969, S. 204; NJW 1985, S. 71, 72.

3) BGH DVBl 1972, S. 827; DVBl 1973, S. 142 m.w.N.

4) Ossenbühl, S. 157, 158, 159; Bender, Rdn. 405 ff., derselbe, DöV 1968,
   S. 156, 160; Busse, BauR 1971, 236, 239; Battis, S. 33; Löwer, S. 132
   ff., 133, 138, 139, 312 ff., 318 ff.; Luhmann, S. 112 ff.; Menger, VerwArch 1972, S. 81, 82; Schrödter/Schmaltz, DVBl 1971, S. 465, 466; Leisner, VVDStRL 20, S. 185, 193; Weyreuther, 47. DJT I B 170, 171; Heidenhain, JZ 1968, S. 487, 493.

hörde ihren Willen, das Gebotene zu unterlassen, offenbare
oder nicht. Ossenbühl will daher ein Unterlassen ebenso wie
im Zivil- und Strafrecht dann dem Eingriff durch positives
Tun gleichsetzen, wenn gegenüber dem Betroffenen eine Rechtspflicht der Behörde zum Handeln besteht.[1] Die Verletzung dieser Rechtspflicht müsse genügen, um bei Vorliegen der weiteren Voraussetzungen eine Entschädigung zu begründen. Es gebe
keinen vernünftigen Grund, beispielsweise die säumige Bearbeitung von Baugesuchen, entschädigungsrechtlich anders zu bewerten als die rechtswidrige Verweigerung einer Bauerlaubnis.
Der Antragsteller sei gegenüber der säumigen Bearbeitung seines Antrags nicht weniger schutzwürdig.[2]

c) Ergebnis

Die gegen die Rechtsprechung vorgetragene Argumentation überzeugt. Für den Betroffenen bedeutet es keinen Unterschied, ob
er durch rechtswidriges Handeln oder durch rechtswidriges Untätigsein an der Ausübung seiner Rechtsposition gehindert
wird. Dann aber muß der BGH sich beim Wort nehmen lassen und
dieses den Rechtskreis des Antragstellers unmittelbar beein-
trächtigende Untätigsein "wie ein in den Rechtskreis des Betroffenen eingreifendes Handeln qualifizieren". Für die Frage
des Enteignungsschutzes kann es entscheidend nur darauf ankommen, ob in eine vermögenswerte, durch Art. 14 Abs. 1 Satz 1
GG geschützte Rechtsposition eingegriffen wird. Die Art und
Weise, in der diese Beeinträchtigung erfolgt, ist demgegenüber unerheblich, denkbar ist im Einzelfall sogar, daß das
Untätigsein der Behörde für den Betroffenen schwerer wiegt
als eine Ablehnungsentscheidung. Bei feststehender Eigentums-
verletzung hier weitere Differenzierungen einzuführen, wie
die zwischen schlichtem und qualifiziertem Unterlassen, würde
dem Ausgangspunkt der BGH-Rechtsprechung widersprechen.[3]
Auch die rechtswidrig säumige Bearbeitung eines für ein patentiertes Arzneimittel gestellten Zulassungsantrages begründet
daher für den Untätigkeitszeitraum einen Entschädigungsanspruch aus enteignungsgleichem Eingriff.

---

1) Ossenbühl, S. 158, 159.
2) Ossenbühl, S. 158, 159.
3) Löwer, S. 318.

III. Widerruf der Zulassung nach § 30 AMG i.V.m. § 25 AMG
sowie sonstige nachträgliche Beschränkungen der Zulassung
1.   Amtshaftungsanspruch, § 839 Abs. 1 S. 1 BGB i.V.m.
Art. 34 GG

Auch in diesem Fall kann sich ein Amtshaftungsanspruch gegen
das BGA nur dann ergeben, wenn die Prüfung der Voraussetzungen des § 30 AMG drittschützende Wirkung zugunsten der Hersteller entfaltet.
Die Voraussetzungen, unter denen nach § 30 AMG die Zulassung
zurückgenommen bzw. widerrufen werden muß, entsprechen den
Versagungsgründen des § 25 AMG.
Damit kann auf die Ausführungen unter A III 1[1]) Bezug genommen werden.
Auch im Rahmen der Prüfung nach § 30 AMG ist das BGA demnach
verpflichtet, nur unter den Voraussetzungen des § 25 AMG die
Zulassung zurückzunehmen. Liegen keine Versagungsgründe vor,
hat der Arzneimittelhersteller daher ein Recht auf Beibehalt
der Zulassung. Die Prüfung nach § 30 AMG dient damit auch dem
Schutz des Herstellers auf Wahrung seines Zulassungsrechts.
Eine fehlerhafte Rücknahmeentscheidung löst daher, wenn auch
die übrigen Voraussetzungen nach § 839 BGB i.V.m. Art. 34 GG
vorliegen, einen Schadenersatzanspruch aus Amtspflichtverletzung gegen das BGA aus.

2.   Haftung aus enteignungsgleichem Eingriff

Auch in diesem Fall könnte sich ein Entschädigungsanspruch
aus enteignungsgleichem Eingriff ergeben. Anders als in den
vorstehend zu I. und II. untersuchten Fallgruppen kommt als
eigentumskräftig verfestigte vermögenswerte Rechtsposition,
deren Beeinträchtigung ein enteignungsgleicher Eingriff sein
könnte, neben dem Arzneimittelpatent auch die Arzneimittelge-
nehmigung selbst in Betracht. Die Arzneimittelzulassung ist
eine auf öffentlichem Recht beruhende Rechtsposition, die dem
Arzneimittelhersteller alle Vermarktungsmöglichkeiten eröffnet.

---

1) S. 21 ff.

Daß öffentlich-rechtliche Vermögenspositionen Eigentumsschutz
genießen können, ist in der Rechtsprechung und der überwiegen-
den Literatur anerkannt.[1] Voraussetzung ist, daß die durch
die Erlaubnis begründete öffentlich-rechtliche Position einen
konkret vorhandenen eigentumskräftig verfestigten Vermögenswert beinhaltet, dem privaten Nutzen dienen soll, der privaten Verfügungsbefugnis unterliegt und durch eigene Leistung
erworben wurde.

Die Arzneimittelzulassung begründet eine solche eigentumsähn-
liche Rechtsposition, da sie dem Arzneimittelhersteller die
Rechtsmacht verleiht, daß durch eigene persönliche Leistung
und Kapitaleinsatz entwickelte Arzneimittel eigenverantwort-
lich und im privaten Interesse zu nutzen.

Daher würde beispielsweise der rechtswidrige Entzug bzw. die
rechtswidrige Einschränkung dieser Rechtsposition einen Entschädigungsanspruch aus enteignungsgleichem Eingriff begründen, da diese Entscheidung für den betroffenen Arzneimittelhersteller zwar mit Rechtsmittel angreifbar ist, sich für den
Hinderungszeitraum jedoch als nicht abwendbares Sonderopfer
darstellt.

Der rechtswidrige Entzug bzw. die rechtswidrige Einschränkung
dieser Rechtsposition[2] ist für den betroffenen Arzneimittelhersteller eine zwar mit Rechtsmitteln angreifbare Entscheidung, bedeutet aber für den Zeitraum bis zur Entscheidung des
Rechtsstreites ein nicht abwendbares Sonderopfer, das einen
Entschädigungsanspruch aus enteignungsgleichem Eingriff begründet.

Sowohl für patentierte als auch für nicht patentierte Arzneimittel kann also im Falle des rechtswidrigen Entzuges der Zulassung Enteignungsentschädigung verlangt werden.
Nicht zu dem eigentumsrechtlich geschützten Bestand der

---

1) Vgl. hierzu bereits S. 180 und dortige Fßn. 4 u. 5 BVerfGE 22, 241,
   253; 23, 220, 226; 69, 272, 300 ff.

2) Zur rechtswidrigen Entziehung einer Rechtsposition vgl. nur BGH WM
   1962, S. 1008, 1011.

durch die Zulassung geschaffenen Rechtsposition gehören
jedoch die allgemeinen Gegebenheiten und Chancen, die sich
günstig auf die Vermarktung des Arzneimittels auswirken und
von dem Arzneimittelhersteller geschäftlich genutzt werden.
Insofern handelt es sich nach ständiger Rechtsprechung nur um
äußere, soziale Bedingungen, auf deren Fortbestand der einzelne jedoch, da er sie nicht selbst geschaffen und gestaltet
hat, keinen Rechtsanspruch hat.[1]
Ein Beispielsfall ist die nachträglich eingeführte Verschreibungspflicht für metamizolhaltige Arzneimittel. Usprünglich
waren diese Medikamente nicht verschreibungspflichtig. Nachdem erstmals im Juni 1981 eine öffentliche Anhörung über die
Nutzen/Risikobewertung metamizolhaltiger Arzneimittel stattgefunden hatte, wurde 1982 für alle metamizolhaltigen Injekti-
onspräparate die Verschreibungspflicht angeordnet.[2] Von Juli
1981 bis August 1986 gingen beim BGA 563 Berichte über Verdachtsfälle von Gesundheitsschädigungen ein, die mit der Anwendung von Metamizol in Verbindung gebracht werden. 236 dieser Verdachtsfälle betreffen Überempfindlichkeitsreaktionen,
insbesondere anaphylaktische Schocks - 13 % mit tödlichem Verlauf, in 162 Fällen lagen hämatologische Veränderungen vor,
Agranulozytose (Verminderung der Zahl der neutrophilen Granu-
lozyten im Blut) und aplastische Anämie (Reduktion der Ery-
throzyten im Knochenmark) - 25 % hiervon mit tödlichem Verlauf. 24 Meldungen betreffen schwere Hautreaktionen (Lyell-
Syndrom, Stevens-Johns-Syndrom und Erythema), 11 mit tödlichem Ausgang.
Bei 58 der insgesamt 95 Todesfälle wird der Zusammenhang mit
Metamizol als wahrscheinlich bewertet.
Am 19.09.1986 fand eine weitere Sondersitzung nach Stufenplan
statt. Als Konsequenz aus dieser Sondersitzung wurde nunmehr
für alle metamizolhaltigen Arzneimittel kraft Rechtsverordnung gem. § 48 Abs. 1 AMG beginnend ab 01.01.1987 Verschreibungspflicht angeordnet, daneben wurde durch das BGA für zahlreiche Medikamente eine Einschränkung der Indikation verfügt.

1) Vgl. S. 175, FßNn. 3.
2) PharmZtg 1986, 2428.

Es ist zu vermuten, daß sich diese Änderung der Rechtslage
für die betroffenen Arzneimittelhersteller nachteilig auf den
Absatz dieser Medikamente auswirken könnte.

Ein Entschädigungsanspruch entsteht hieraus jedoch nicht, da
der Zulassungsanspruch selbst hierdurch nicht unmittelbar konkret betroffen ist, sondern sich die Veränderung der Rechtslage lediglich als Änderung der allgemeinen Gegebenheiten und
Chancen darstellt, auf deren Fortbestand der Arzneimittelhersteller aber keinen Anspruch hat, da es sich insoweit um Rahmenbedingungen seiner Tätigkeit handelt, die er nicht selbst
geschaffen und gestaltet hat.

3. TEIL ZUSAMMENFASSUNG DES WESENTLICHEN ERGEBNISSES

Es wurde untersucht, ob das BGA den Patienten/Arzneimittelver-
brauchern bzw. den Arzneimittelherstellern für Schäden haftet, die diese aus der Zulassung eines nicht den Zulassungskriterien entsprechenden Arzneimittels bzw. umgekehrt der
Nicht- oder erst verspäteten Zulassung eines diese Kriterien
erfüllenden Arzneimittels erleiden. Eine weitere denkbare
Fallgruppe ist der Widerruf einer Zulassung, obwohl die Zulassungsvoraussetzungen weiterhin vorliegen.

Die Bejahung eines Schadensersatzanspruches aus Amtspflichtverletzung, § 839 Abs. 1 S. 1 BGB i.V.m.Art. 34 GG, hängt entscheidend davon ab, ob die materielle Zulassungsprüfung nach
§§ 21 ff. AMG drittschützende Wirkung zugunsten der Arzneimittelverbraucher bzw. der Arzneimittelhersteller entfaltet. Ausgehend von der historischen Interpretation kommt es bei der
Beurteilung der Drittbezogenheit darauf an, ob die verletzte
Amtspflicht in erster Linie lediglich als Dienstvorschrift
bzw. Ordnungsvorschrift den internen Dienstbetrieb regelt
oder den Zweck verfolgt, den Bürger bzw. späteren Geschädigten zu schützen und dessen Interessen zu wahren. In der Rechtsprechung und Wissenschaft sind Fallgruppen entwickelt worden, in denen typischerweise von einer Drittbezogenheit ausgegangen wird. Dazu zählen unerlaubte Handlungen i.S.d. § 823
Abs. 1 BGB, die Nichterfüllung öffentlich-rechtlicher Ansprüche und in gewisser Hinsicht auch die Aufsicht über Wirtschaftseinheiten. Der Vergleich mit diesen Fallgruppen zeigt,
daß die vom BGA im Rahmen der Zulassungsprüfung zu beachtenden Pflichten in verschiedener Hinsicht Ähnlichkeiten zu solchen Amtspflichten aufweisen, die allgemein als drittschützend gelten. Eine Bejahung der Amtshaftung des BGA wäre daher
ohne Bruch zur bisherigen Rechtsprechung zum Drittschutz bei
Amtspflichtverletzungen möglich.

Auch der Umstand, daß sich im Zeitpunkt der Zulassungsentscheidung der Kreis der potentiell geschädigten Arzneimittelverbraucher noch nicht auf bestimmte individuelle Einzelperso-

nen eingrenzen läßt, steht einer Bejahung der drittschützenden Wirkung zugunsten der Verbraucher nicht entgegen. Denn
eine so enge Auslegung des Begriffs des Dritten entspricht
weder dem historischen Zweck des § 839 BGB noch einem fiskalischen Bedürfnis. Auch in der Rechtsprechung und Literatur finden sich zahlreiche Hinweise dafür, daß die Individualisierbarkeit des späteren Geschädigten schon im Zeitpunkt der Amtshandlung kein zwingendes Kriterium für die Bewertung einer
Amtspflicht als drittschützend ist.

Unter Berücksichtigung der Kriterien, die Rechtsprechung und
Literatur im Rahmen der Fallgruppenbildung als wesentlich für
die Bewertung einer Amtspflicht als drittschützend erachten,
nämlich, Entstehungsgeschichte, Sinn und Zweck der Norm, Verletzung absolut geschützter Rechtsgüter nach § 823 Abs. 1
BGB, tatsächliche Verantwortungsübernahme, ergibt sich für
die Beurteilung der Prüfungspflichten des BGA und § 25 AMG
folgendes: Anlaß für die Neufassung des AMG war die durch den
Contergan-Fall ausgelöste Diskussion über die Arzneimittelsicherheit. Aus den Gesetzesmaterialien ergibt sich, daß der
Schutz der Gesundheit der Patienten/Verbraucher von Arzneimitteln wesentliches mit der Einführung des Zulassungsverfahrens
im AMG verfolgtes Ziel war.

Für die Annahme eines drittschützenden Charakters der dem Gesundheitsschutz dienenden Prüfungspflichten des BGA spricht
auch die Überlegung, daß der Staat sich im AMG die Zulassung
vorbehält und damit auch eine faktische, durch die Monopolstellung bei der Zulassung noch besonders unterstrichene Verantwortung übernimmt. Hinzu kommt, daß die Schadensfolge typischerweise Gesundheitsschäden und damit dem Bereich der unerlaubten Handlungen gem. § 823 BGB zuzuordnen sind.

Es kann danach als Ergebnis festgestellt werden, daß alle die
Prüfpflichten des BGA nach §§ 25 ff. AMG, deren Beachtung
oder Nichtbeachtung bei der Zulassung eines Arzneimittels zu
unmittelbaren Auswirkungen auf die Gesundheit der Patienten/-
Arzneimittelverbraucher führen können, drittschützende Wir-

kung zu deren Gunsten entfalten. Dies sind die Prüfpflichten
nach § 25 Abs. 2 Nr. 3 - 5 AMG (Qualität, Wirksamkeit, Unbedenklichkeit), da sowohl Qualitätsmängel, fehlende therapeutische Wirksamkeit und unvertretbare schädliche Wirkungen eines
Arzneimittels zu Gesundheitsschäden führen können.

Die Zulassungsvoraussetzungen der Vollständigkeit der Unterlagen (§ 25 Abs. 2 Nr. 1 AMG), ausreichende Prüfung (§ 25 Abs.
2 Nr. 2 AMG) sowie die Beachtung der 4-Monatsfrist des § 27
Abs. 1 AMG haben demgegenüber lediglich eine dienende, eher
formale Funktion, um die Einhaltung der Voraussetzungen der
Nr. 3 - 5 (Qualität, Wirksamkeit, Unbedenklichkeit) sicherzu-
stellen. Eine Verletzung dieser Pflichten führt deshalb nicht
zwangsläufig oder unmittelbar zu einer Gesundheitsschädigung
der Patienten und Arzneimittelverbraucher, solange das gem. §
25 Abs. 2 Nr. 1 u. 2 AMG amtspflichtwidrig zugelassene Arzneimittel trotz dieses Pflichtverstoßes eine ausreichende Qualität und Wirksamkeit und keine unvertretbaren Nebenwirkungen
aufweist.

Gleiches gilt für die 4-Monatsfristregelung des § 27 Abs. 1
AMG. Jedoch wird man § 27 Abs. 1 AMG als Grundsatz für den Regelfall ansehen müssen. Bei konkreter Verzögerung wird die
gesetzliche Regelannahme von 4 Monaten Bearbeitungszeit eine
wesentliche Rolle bei der Bemessung der Amtspflicht zur zügigen Bearbeitung der Anträge bilden, so daß insoweit § 27 Abs.
1 AMG drittschützende Wirkung zugunsten der Arzneimittelverbraucher entfaltet.
Das Beschleunigungsverfahren des § 28 Abs. 3 AMG dient,
soweit auf die Zulassungsvoraussetzungen des § 25 Abs. 2 Nr.
3 - 5 AMG (Qualität, Wirksamkeit, Unbedenklichkeit) Bezug genommen wird, ebenfalls unmittelbar dem Gesundheitsschutz der
Verbraucher.

Der Arzneimittelhersteller ist aufgrund seines nach § 25 Abs.
2 AMG bestehenden Rechts auf Zulassung materiellrechtlich insoweit geschützt, als die Zulassungsentscheidung innerhalb

einer den Besonderheiten des Einzelfalls Rechnung tragenden
angemessenen Frist zu ergehen hat und nur bei Vorliegen von
Versagungsgründen nach § 25 Abs. 2 u. 3 AMG eine Zulassung
versagt bzw. wieder entzogen werden kann.

Der Amtshaftungsanspruch der Verbraucher würde allerdings
dann nicht geltend gemacht werden können, wenn sich das BGA
im Falle bestehender Ansprüche der Verbraucher gegen den Arzneimittelhersteller auf die Subsidiaritätsklausel des § 839
Abs. 1 S. 2 BGB berufen könnte. Anhand der Entstehungsgeschichte der Norm konnte gezeigt werden, daß diese Regelung
auch nach der Überleitung der Beamtenhaftung auf den Staat
noch rechtsgültig ist. Der Schutzzweck hat, bezogen auf den
Amtsträger, weiterhin seine Berechtigung im Hinblick auf die
Möglichkeit der Regreßnahme. Hinzugetreten ist, und insoweit
hat der Schutzzweck des § 839 Abs. 1 S. 2 BGB eine Wandelung
erfahren, das Fiskalinteresse des Staats. Diesem gewandelten
Schutzzweck muß durch eine dementsprechende Auslegung der Subsidiaritätsklausel Rechnung getragen werden. § 839 Abs. 1 S.
2 BGB ist danach in den Fällen nicht anwendbar, in denen der
nach § 839 Abs. 1 S. 1 BGB i.V.m. Art 34 GG Verantwortliche
gegenüber der Haftung nach allgemeinem Deliktsrecht keiner
Haftungserweiterung ausgesetzt ist. Dies gilt für alle Tätigkeitsbereiche, bei denen die Amtshandlung zugleich den Tatbestand der §§ 823, 826 BGB verwirklicht. Die durch Arzneimittel verursachten Schäden sind typischerweise Gesundheitsschäden und damit dem Bereich des in § 823 Abs. 1 BGB geschützten
absoluten Rechtsguts Gesundheit zuzuordnen. Etwaige Pflichtverletzungen des BGA fallen also in einen Bereich, der außerhalb des durch Dienstpflichten geregelten hoheitlichen Bereichs zu den unerlaubten Handlungen gem. § 823 BGB gehört.
Damit geht die Verantwortlichkeit des BGA insoweit nicht über
diejenige Haftung hinaus, mit der jedermann, auch wenn ihm
keine Amtspflichten obliegen, infolge des allgemeinen Deliktsrechts rechnen muß. Die Subsidiaritätsklausel ist im Rahmen
der Amtshaftung des BGA für Pflichtverstöße bei der Zulassung von Arzneimitteln daher nicht anzuwenden.

Das Haftungsinstitut des enteignungsgleichen Eingriffs wurde
als weitere mögliche Anspruchsgrundlage der Hersteller in Betracht gezogen.
Das gegen dieses Haftungsinstitut vorgebrachte Argument der
Verfassungswidrigkeit wegen Verstoßes gegen Art. 14 Abs. 3 GG
wurde als nicht überzeugend abgelehnt.

Entgegen zahlreicher Stimmen in der Literatur ist auch an der
BGH-Formel "Rechtswidrigkeit = Sonderopfer" festzuhalten. Die
rechtswidrige Gesetzesanwendung überschreitet den Rahmen der
durch Gesetz vorgegebenen Sozialpflichtigkeit, trifft den einzelnen daher jenseits der gesetzlichen allgemeinen Opfergrenze. Wegen der fehlenden Sozialbindung liegt daher eine Eigen-
tumsverletzung vor. Ein Haftungsanspruch aus enteignungsgleichem Eingriff besteht danach in den drei untersuchten Fallva-
rianten dann, wenn eine eigentumsrechtlich verfestigte Rechtsposition beeinträchtigt wird, was hinsichtlich patentierter
Arzneimittel für alle Fallgruppen anzunehmen ist.

Die Versagung oder zögerliche Bearbeitung einer Arzneimittelzulassung für ein nicht patentiertes Arzneimittel erscheint
demgegenüber eigentumsrechtlich nicht schützenswert, da in
diesem Falle lediglich eine bloße Chance und Aussicht, die
sich dem Arzneimittelhersteller bietet, beeinträchtigt wird,
die als solche aber noch keine konkrete, vermögenswerte Nutzbarkeit beinhaltet.

Literaturverzeichnis

Alternativkommentare: Kommentar zum Bürgerlichen Gesetzbuch, Bd. 3, Besonderes Schuldrecht, Neuwied 1979.

Aschenbrenner, R.: Unordnung statt Neuordnung. Zu dem Kommentar von Prof. Dr. med. Reinhard Aschenbrenner, in Heft 25/1976, S. 1655 f., DÄBl 1976, S. 2328 ff.

Aschenbrenner, R.; Lewandowski, G.: Arzneimittelprüfung: Fortschritte und Erwartungen, Der Internist, 1973, S. 1 ff.

Aust, M.; Jacobs, R.: Die Enteignungsentschädigung, 2. Aufl., Berlin/New York, 1984.

Bachof, O.: Die verwaltungsgerichtliche Klage auf Vornahme einer Amtshandlung, 2. Aufl., Tübingen, 1968.

Bachof, O.: Verwaltungsgerichtsbarkeit und Justiz unter besonderer Berücksichtigung des Bonner Grundgesetzes, SJZ 1950, S. 162 ff.

Badura, P.: Der Eigentumsschutz des eingerichteten und ausgeübten Gewerbebetriebes, AöR 1973, S. 153 ff.

Bäumler, H.: Anmerkung zum BVerfG, Beschl. vom 12.06.1979, 1 BvL 19/76, DöV 1980, S. 339 ff.

Baier, H.: Streit der Weltbilder in der Medizin, G.A. Neuhaus (Hrsg.), Pluralität in der Medizin, Frankfurt/Main 1980, S. 15 ff.

Barré-Sinoussi, F.: Isolation of a Lymphotropic Retroviruses from a Patient Risk for Acquired Immune Deficiency Syndrome (Aids), Science 1983 (220), S. 868 ff.

Bartlsperger, R.: Verkehrssicherungspflicht und öffentliche Sachen, Hamburg, 1970.

Bartlsperger, R.: Die Folgen von Staatsunrecht als Gegenstand der Gesetzgebung, NJW 1968, S. 169 ff.

Battis, U.:   Erwerbsschutz durch Aufopfe-
                                     rungsentschädigung, Berlin 1969.

Battis, U.:   Eigentumsschutz und Entschädi-
                                     gung, Zur Eigentumsrechtspre-
                                     chung des BVerfG, NVwZ 1982,
                                     S. 585 ff.

Baumann, H.:   Gedanken zur Subsidiarität der
                                     Amtshaftung, AcP 1969, S. 317 ff.

Baur, F.:   Die "Naßauskiesung" - oder wo-
                                     hin treibt der Eigentumsschutz?,
                                     NJW 1982, S. 1734 ff.

Bauschke, E.;   Enteignung, enteignungsgleicher
Kloepfer, M.:   Eingriff, Aufopferung. Zur An-
                                     spruchsvielfalt im öffentlichen
                                     Entschädigungsrecht, NJW 1971,
                                     S. 1233 ff.

Bender, B.:   Empfiehlt es sich, die Folgen
                                     rechtswidrigen hoheitlichen Ver-
                                     waltungshandelns gesetzlich zu re-
                                     geln (Folgenbeseitigung - Folgen-
                                     entschädigung), in: 47. DJT,
                                     Bd. 2, S. L7 ff., München, 1969.

Bender, B.:   Staatshaftungsrecht.
                                     Heidelberg, Karlsruhe, 1981.

Bender, B.:   Gefahrenabwehr und Risikovorsorge
                                     als Gegenstand nukleartechnischen
                                     Sicherheitsrechts, NJW 1979,
                                     S. 1425 ff.

Bender, B.:   Zur Problematik der durch Staats-
                                     unrecht begründeten öffentlich-
                                     rechtlichen Kompensations- und
                                     Restitutionspflichten, DöV 1968,
                                     S. 156 ff.

Bender, B.:   Zur staatshaftungsrechtlichen
                                     Problematik der Waldschäden.
                                     VerwArch 1986, S. 335 ff.

Berg, K.-H.:   Technische Regeln und Richtlinien
                                     auf dem Gebiet der Reaktorsicher-
                                     heit, in: 3. Deutsches Atom-
                                     rechtssymposium, 1975, S. 91 ff.

Bernhardt, F.:   Arzneimittelgesetz, Berlin,
                                     Frankfurt, 1961.

- 205 -

Bernsmann, W.:

Die Entwicklung des Gesetzes über
den Verkehr mit Arzneimitteln in
der Bundesrepublik Deutschland,
DAZ 1971, S. 1437.

Bernzen, M.:

Das Subsidiaritätsprinzip als
Prinzip des deutschen Staats-
rechts, Kieler Diss., 1966.

Bettermann, K.-A.:

Vom Sinn der Amtshaftung.
Bemerkungen zu BGHZ 34, 99, JZ
1961, S. 482.

Bettermann, K.-A.:

Rechtsgrund und Rechtsnatur der
Staatshaftung, DöV 1954, S. 299
ff.

Bettermann, K.-A.:

Zur Lehre vom Folgenbeseitigungsanspruch, DöV 1955, S. 528 ff.

Bettermann, K.-A.:

Buchbesprechung (Werner Futter,
Die Subsidiarität der Amtshaftung), DVBl 1976, S. 351.

Bettermann, K.-A.;
Nipperdey/Scheuner:

Die Grundrechte, Handbuch der
Theorie und Praxis der Grundrechte, Berlin, 1959.

Marschall v. Bieberstein, W.:

Versicherungsleistungen bei
Amtspflichtverletzung, Fest-
schrift für Reimer Schmidt,
S. 771 ff.

Marschall v. Bieberstein, W.:

Reflexschäden und Regreßrechte.
Die Ersatzansprüche Dritter bei
mittelbaren Vermögensschäden infolge vertraglicher und ähnlicher
Beziehungen zum Verletzten.
Stuttgart, Berlin, Köln, Mainz
1967.

Blüchel, K.:

Die weißen Magier. Das Milliar-
dengeschäft mit der Krankheit,
München, Gütersloh, Wien, 1976.

Blumenbach, L.;
Stille, G.:

Grundzüge der klinischen Beurteilung bei der Zulassung von Arzneimitteln, in: Lewandowski,
Schnieders (Hrsg.), Grundzüge der
Zulassung und Registrierung von
Arzneimitteln in der Bundesre-
blik Deutschland, München, Luga-
no, 1977.

Böhm, D.:
Die Entschädigung der Contergan-Kinder, Abriß und Leitfaden für die Eltern der Contergan-Kinder und Kommentar und Material-sammlung, Siegen, 1973.

Böhmer, E.:
Haftungsverzicht zum Nachteil Dritter, MDR 1968, S. 13 ff.

Bonner Kommentar:
Kommentar zum Bonner Grundge-setz, Hamburg, 1950 ff.

Bonsmann, P.:
Subsidiäre Staatshaftung und Versicherungsvertragsgesetz, ZRP 1969, S. 52 ff.

Bove, J. R.:
Transfusion - Associated Aids - A Cause For Concern, The New England Journal of Medicine, 1984, S. 115 ff.

Brandenburg, H.-F.:
Teleologische Reduktion der Amtshaftung? - BGH, NJW 1973, S. 463; JuS 1974, S. 710.

Breuer, R.:
Gefahrenabwehr und Risikovor-sorge im Atomrecht, DVBl 1978, S. 829 ff.

Breuer, R.:
Direkte und indirekte Rezep-tion technischer Regeln durch die Rechtsordnung; AöR 1976, S. 46 ff.

Breuer, R.:
Strukturen und Tendenzen des Umweltschutzrechts, Der Staat 1981, S. 393 ff.

Brook, I.:
Approval of Zidovudine (AZT) for Acquired Immunodeficiency Syndrome. A Challenge to the Medical and Pharmaceutical Com-munities, JAMA 1987 (258), S. 1517.

Bruck, E.;
Müller-Sieg, H.:
Kommentar zum Versicherungs-vertragsgesetz, 8. Aufl., Berlin-New York, 1987.

Brüggemann, D.:
Zur Konkurrenz zwischen Amts-haftung und Haftung nach StVG bei Hoheitsfahrten, DAR 1955, S. 233 ff.

Bülow, P.:   Amtshaftung und Verweisungsprivileg nach Inkrafttreten des Staatshaftungsgesetzes, DVB1. 1981, S. 813.

Büttner, G.:   Neuordnung des Arzneimittelgesetzes, gleiche Chancen auch für besondere Therapierichtungen, DÄB1. 1973, S. 1331 ff.

Bullinger, G.:   Gesicherte wissenschaftliche Erkenntnis, GewArch 1982, S. 119 ff.

Burkhardt, R.:   Prüfung von Arzneimitteln in der Diskussion, kontrollierte Versuche und ärztliche Ethik, DÄB1. 1978, S. 2841 ff.

Burkhardt, R.;
Kienle, G.:   Die Zulassung von Arzneimitteln und der Widerruf von Zulassungen nach dem Arzneimittelgesetz von 1976, Stuttgart, 1982.

Burkhardt, R.;
Fischer, K.;
Kümmel, H.-Chr.;
Aschenbrenner, K. M.;
Knipping, W.:   Zur Anwendbarkeit entscheidungstheoretischer Verfahren auf Entscheidungen über Arzneimittel, in: Kienle/Burkhardt, Die Zulassung von Arzneimitteln und der Widerruf von Zulassungen nach dem Arzneimittelgesetz von 1976, Stuttgart 1982, S. 251 ff.

Burkhardt, R.;
Kienle, G.;
Patzlaff, M;
Schreiber, K.:   Die Clofibratstudie, in: Kienle/Burkhardt, Die Zulassung von Arzneimitteln und der Widerruf von Zulassungen nach dem Arzneimittelgesetz von 1976, Stuttgart 1982, S. 127 ff.

Busse, F.:   Die Entschädigung für Verzögerungen im Baugenehmigungsverfahren aus der Sicht der Antragsteller, BauR 1971, S. 236.

Bydlinski, F.:   Juristische Methodenlehre und Rechtsbegriff, Wien, 1982.

Caemmerer, E. v.:   Ausgleichsprobleme im Haftpflichtrecht in rechtsvergleichender Sicht, ZfRV 1968, S. 81 ff.

Canaris, C. W.:   Die Feststellung von Lücken im Gesetz, Berlin 1964.

Cramer, H.-J.: Die Arzneipolizei, die Kontrolle der Pharma-Industrie und der Ärzte in den USA, Düsseldorf, Wien 1973.

Curran, J. W. u.a.: Acquired Immunodeficiency Syndrome. The Past as Prologue, Ann. intern. Med. 1983, S. 401 ff.

Curran, J. W. u.a.: Acquired Immunodeficiency Syndrome (Aids) Associated with Transfusions, The New England Journal of Medicine, 1984, S. 69 ff.

Czajka, D.: Der Stand von Wissenschaft und Technik als Gegenstand richterlicher Sachaufklärung, DöV 1982, S. 99 ff.

Dartyan, D. G.; Wernicke's Encephalopathy in
Vinters, H. V.: Aids Patient treated with Zidovudine, Lancet 1987, S. 919, 920 (Leserbrief).

Davis, u.a.: Acquired Immunodeficiency. Ann. intern. Med. 1982, S. 284.

Delius, H.: Die Haftpflicht der Beamten, Berlin 1901.

Deutsch, E.: Anmerkung zu BGH-Urteil vom 08.11.1973 - III ZR 129/71, JZ 1974, S. 710.

Deutsch, E.: "Aids auf Rezept" sprengt das Haftungsrecht, die Neue Ärztliche, 9.4.1987, S. 2.

Deutsch, E.: Arztrecht und Arzneimittelrecht. Eine zusammenfassende Darstellung mit Fallbeispielen und Texten, Berlin 1983.

Deutsch, E.: Haftungsrecht, Bd. 1: Allgemeine Lehren, Köln, Berlin 1976.

Deutsch, E.: Unerlaubte Handlungen und Schadensersatz. Ein Grundriß. Köln, Berlin 1987.

Deutsch, E.:	Das Recht der klinischen Forschung am Menschen. Zulässigkeit und Folgen der Versuche am Menschen, dargestellt im Vergleich zu dem amerikanischen Beispiel und den internationalen Regelungen, Frankfurt/Main, Bern, Las Vegas, 1979 (Klinische Forschung).
Deutsch, E.:	Versicherungsvertragsrecht, Karlsruhe 1984.
Deutsch, E.:	Das Arzneimittelrecht im Haftungssystem, VersR 1979, S. 685 ff.
Deutsch, E.:	Die Gesundheit als Rechtsgut in Haftungsrecht und Staatshaftungsrecht, in: 25 Jahre Karlsruher Forum 1983, S. 93 ff.
Deutsch, E.:	Die Problematik des Begriffs der allgemeinen wissenschaftlichen Anerkennung in der Medizin, in: G. A. Neuhaus (Hrsg.), Pluralität in der Medizin, Frankfurt/Main, 1980, S. 141 ff.
Deutsch, E.:	Der Doppelblindversuch, rechtliche und ethische Zulässigkeit der kontrollierten klinischen Forschung am Menschen, JZ 1980, S. 289.
Deutsch, E.:	Schutz von Wirtschaftsdaten und Zweitanmelderproblematik, in: Arzneimittel u. gewerblicher Rechtsschutz, S. 112 ff., Mainz 1986.
Deutsch, E.:	Das Risiko bei der Zulassung von Arzneimitteln, VersR 1988, S. 869.
Deutsch, E.:	Der Stand der Wissenschaft DNÄ vom 11.7.1989, S. 2.
Dewar, A.:	Ischaemic Heart Disease: A secondary Prevention Trial Using Clofibrat. Report by a Research Committee of the Scottish Society of Physicians. British Medical Journal 1971 (4), S. 775.

Dörr, D.:

Die neuere Rechtsprechung des Bundesverfassungsgerichts zur Eigentumsgarantie des Art. 14 GG. Ein Beitrag zur Harmonisierung der Schranken von Art. 14 GG und Art. 12 GG, NJW 1988, S. 1049 f.

Dolde, K.-P.:

Enteignungsgleicher Eingriff und Amtspflichtverletzung durch Aufstellung nichtiger Bebauungspläne, NVwZ 1985, S. 250 ff.

Dolde, K.-P.:

Bestandsschutz im Immissionsschutzrecht, in: Festschrift für Bachof, S. 193 ff., München, 1984.

Mc. Dougal, J. St. u. a.:

Concise Report. Screening Tests for Blood Donors presumed to have transmitted the acquired immunodeficiency Syndrome, Blood, 1985, S. 772 ff.

Drews, B.;
Wacke, G.;
Vogel/Martens:

Gefahrenabwehr, Allgemeines Polizeirecht (Ordnungsrecht) des Bundes und der Länder, 9. Aufl., Köln, Berlin, Bonn, München, 1986.

Düring, G.:

Zurück zum klassischen Enteignungsbegriff, JZ 1954, S. 4 ff.

Düring, G.:

Grundfragen des öffentlich-rechtlichen Entschädigungsrechts, JZ 1955, S. 521 ff.

Düring, G.:

Der Staat und die vermögenswerten öffentlichrechtlichen Berechtigungen seiner Bürger, Festschrift für Willibald Apelt, München, Berlin, 1958.

Ehmann, H.:

Arbeitsschutz und Mitbestimmung bei neuen Technologien, Berlin 1981.

Engelhardt, H.:

Die neueste Entwicklung der Rechtsprechung zum Staatshaftungsrecht, NVwZ 1985, S. 621 ff.

Enneccerus, L.;
Nipperdey, C.:

Lehrbuch des Bürgerlichen Rechts, Bd. 1, 1. Halbband, Allgemeiner Teil, 15. Aufl., Tübingen, 1959.

Erdsiek, G.:

Bedarf unser Haftungsrecht einer Überprüfung und wenn ja, in welchen Punkten?, KF 1960, S. 3 ff.

- 211 -

Erfle, V. u.a.:   Prevalence of Antibodies to Human
                                    T-Lymphotropic Virus III
                                    (HTLV-III) in Hemophelics and
                                    other Patients chronically substi-
                                    tuted with Blood Products. Blut
                                    1985, S. 243 ff.

Erichsen, H.-U.:   Zur Haftung der Bundespost.
                                    DöV 1965, S. 158 ff.

Erichsen, H.-U.:   Allgemeines Verwaltungsrecht,
Martens, W.:   8. Aufl., Berlin, New York 1988.

Erman, W.:   Handkommentar zum Bürgerlichen
                                    Gesetzbuch, 1. Bd., 7. Aufl., Mün-
                                    ster, 1981.

Ermann, W.:   Anmerkung zu einer Buchbespre-
                                    chung, JZ 1955, S. 294 ff.

Etmer, F.;   Deutsches Seuchengesetz,
Lundt/Schiwy: München, 1969 ff.

Feiden, K.:   Die Neuordnung des Arzneimittel-
                                    rechts, Frankfurt, 1983.

Feorino, P. M. u.a.:   Lymphadenopaty Associated Virus,
                                    Interfection of a Blood-Donor-
                                    Recipient Pair with Acquired
                                    Immunodeficiency Syndrome,
                                    Science 1984 (225), S. 69 ff.

Fiebig, U.:   Arzneimittelsicherheit als politi-
                                    sche Frage, DÄBl 1973, S. 3130 ff.

Fincke, M.:   Strafbarkeit des 'Kontrollierten
                                    Versuchs' beim Wirksamkeitsnach-
                                    weis neuer Arzneimittel, NJW
                                    1977, S. 1094 ff.

Fincke, M.:   Arzneimittelprüfung strafbare Ver-
                                    suchsmethoden, Heidelberg, Karls-
                                    ruhe, 1977.

Fincke, M.:   Prüfung von Arzneimitteln in der
                                    Diskussion (IV) Strafrechtswidri-
                                    ge Methoden der klinischen
                                    Prüfung, DÄBl 1978, S. 2519 ff.

Fikentscher, W.:   Das Recht am Gewerbebetrieb (Un-
                                    ternehmen) als "sonstiges" Recht
                                    im Sinne des § 823 Abs. 1 BGB in
                                    der Rechtsprechung des Reichsge-
                                    richts und des Bundesgerichts-
                                    hofs, in: Festgabe für Heinrich
                                    Kronstein, Karlsruhe, 1967, S.
                                    261 ff.

Fischerhof, H.:

Deutsches Atomgesetz und Strahlenschutzrecht, Bd. 1, 2. Aufl., Baden-Baden, 1978.

Fischl, M. u.a.:

The Efficacy of Azidothymidine (AZT) in the Treatment of Patients with Aids and Aids-related Complex. A Double-Blind, Placebo-Controlled Trial. The New England Journal 1987 (317), S. 185 ff.

Franke, F.-J.:

Der Folgenentschädigungsanspruch - Folgenbeseitigung durch Entschädigung -, VerwArch 1966, S. 357.

Friedrich, V.;
Hehn, A.;
Rosenbrock, R.:

Neunmal teurer als Gold, Die Arzneimittelversorgung in der Bundesrepublik, Reinbek, 1977.

Friesewinkel, H.:

Die möglichen Auswirkungen staatlicher Einflußnahme auf die Arzneimittelentwicklung, DÄBl 1977, S. 2915 ff., 2972 ff.

Füchsel, K.:

Ist die Subsidiaritätsklausel des § 839 Abs. 1 S. 2 mit Art. 34 GG vereinbar?, DAR 1972, S. 313 ff.

Futter, W.:

Die Subsidiarität der Amtshaftung. Instrument der Haftungslenkung, Berlin, 1974.

Futter, W.:

Anmerkung zu BGH-Urteil vom 20.06. 1974 III ZR 27/73, JZ 1975, S. 766 ff.

Futter, W.:

Zur Anwendbarkeit der Sudsidiaritätsklausel im Staatshaftungsrecht, NJW 1977, S. 1225 ff.

Gallo, R. C.:

Isolation of Human T-cell Leukemia Virus in Acquired Immune Deficiency Syndrome (Aids), Science 1983 (220), S. 865 ff.

Gallo, R. C.:

Origin of Human T-Cell Leukaemia Lymphoma Virus, Lancet 1983, S. 962 ff.

Gallo, R. u.a.:

Detection, Isolation and continuous Production of Cytphatic Retroviruses (HTLV-III) from Patients with Aids and Pre-Aids, Science 1984 (224), S. 497 ff.

Gallwas, H.-U.: Zulassungspflicht für Arzneimittel. Verfassungsrechtliche
Anmmerkungen zum Regierungsentwurf des Arzneimittelgesetzes.
ZRP 1975, S. 113 ff.

Gehre, H.: Die Entwicklung der Amtshaftung
in Deutschland seit dem 19. Jahr-
hundert, Diss. Bonn, 1958.

Gemtos, P. A.: Haftungsausschluß bei Schuldner-
mehrheit, Tübingen, 1969.

Giese, Fr.: Die Verfassung des Deutschen
Reiches, 8. Aufl., Berlin, 1931.

Gill, P. S.: Azidothymidine Associated with
Bone Marrow Failure in the Ac-
quired Immunodeficiency Syndrome
(Aids), Ann. intern. Med. 1987
(107), S. 505 ff.

Gitter, W.: Möglichkeiten der Fortentwick-
lung des Rechts der sozialen Sicherheit zwischen Anpassungszwang
und Bestandsschutz, NZA 1984, S.
137 ff.

Glaser, K.: Das Subsidiaritätsprinzip und die
Frage seiner Verbindlichkeit nach
Verfassungs- und Naturrecht,
Diss. München, 1965.

Gönner, N. T.: Der Staatsdienst aus dem Ge-
sichtspunkt des Rechts und der
Nationalökonomie betrachtet,
Landeshut, 1808.

Götz, V.: Anmerkung zu BGH-Urteil vom
26.01.1984, III ZR 216/82, DVBl
1984, S. 395.

Götz, V.: Eigentum, Sozialbindung, Enteignung, in: Agrarrecht, Heft
4/1984, Beilage I.

Götz, V.: Der enteignungsgleiche Eingriff,
AgrarR 1984, S. 1 ff.

Goldsmith, J. u.a.: T-Lymphocyte Subpopulation Ab-
normalities in Apparently Heal-
thy Patients with Hemophilia.
Ann. intern. Med. 1983, S. 294.

Grannell, M. u.a.: Transmission of Simian Acquired Immunodeficiency Syndrome (Saids) with Blood or Filtered Plasma, Science 1984 (223), S. 74 ff.

Gross, R.: Notwendigkeit und Zulässigkeit der kontrollierten klinischen Prüfung, DÄBl 1979, S. 1091 ff.

Haas, D.: System der öffentlich-rechtlichen Entschädigungspflichten, Karlsruhe, 1955.

Hamann: Anmerkung zu BGH-Urteil vom 09.10.1952, GS Z2/52, NJW 1952, S. 1176.

Hamanns, H.: Wirksamkeitsnachweis nach dem Arzneimittelgesetz, DÄBl 1978, S. 2608 ff.

Hanau, P.: Hinkende Gesamtschulden, VersR 1967, S. 516 ff.

Hanning, A.; Schmieder, K.: Gefahrenabwehr und Risikovorsorge im Atom- und Immissionsschutzrecht (zugleich eine Besprechung) der Entscheidungen des OVG Lüneburg vom 22.11.1976 (Kraftwerk Stade) und des OVG Münster vom 07.07.1976 (Kraftwerk Voerde), Beil. Nr., 14/77, DB 1977.

Hansen-Dix, F.: Die Gefahr im Polizeirecht, im Ordnungsrecht und im Technischen Sicherheitsrecht, Köln, Berlin, Bonn, München 1982.

Hasskarl, H.: Prüfung von Arzneimitteln in der Diskussion (I), Rechtliche Zulässigkeit der klinischen Prüfung, DÄBl 1978, S. 1087 u. S. 1150 ff.

Hasskarl, H.: Prüfung von Arzneimitteln in der Diskussion (VII), Ergebnis einer Auseinandersetzung, DÄBl 1979, S. 161 ff.

Hasskarl, H.; Kleinsorge, H.: Arzneimittelprüfung, Arzneimittelrecht, 2. Aufl., Stuttgart, New York, 1979.

Hauß, F.: Anm. zu BGH-Urteil vom 09.03. 1965, VI ZR 218/63, in: LM Nr. 23 zu § 426.

Heady, J. A.:	A cooperative trial on the primary prevention of ischaemic heart disease using clofibrate: design, methods, and progres, Bull Wld Hlth Org. 1973 (48), S. 243 f.
Heady, J. A.:	The coronary Drug Project Research Group: Clofibrate and Niacin in Coronary Heart Disease. JAMA 1975 (231), S. 360 ff.
Heidenhain, M.:	Amtshaftung und Entschädigung aus enteignungsgleichem Eingriff, Berlin 1965.
Heidenhain, M.:	Folgen rechtswidrig hoheitlichen Verwaltungshandelns. Bemerkungen zum öffentlich-rechtlichen Beratungsstand des 47. DJT: "Empfiehlt es sich, die Folgen rechtswidrig hoheitlichen Verwaltungshandelns gesetzlich zu regeln (Folgenbeseitigung, Folgenentschädigung)?", JZ 1968, S. 487 ff.
Hendler, R.:	Zur bundesverfassungsrechtlichen Konzeption der grundgesetzlichen Eigentumsgarantie - DVBl 1983, S. 873.
Henning, K. J.:	Der Nachweis der Wirksamkeit von Arzneimitteln, NJW 1978, S. 167 ff.
Hensel, H.; Kienle, G.:	Unordnung statt Neuordnung, DÄBl 1977, S. 1817 ff.
Herken, H.:	Pharmakologie - Basis der Arzneimittelprüfung, Der Internist 1973, S. 6 ff.
Herken, H.; Kewitz, H.:	Der Wirksamkeitsnachweis für Arzneimittel, Basis jeder rationalen Therapie, DÄBl 1977, S. 2235 ff.
Herken, H.:	Arzneimittelsicherheit, Med.Klin 1974, S. 659 ff.
Herken, H.:	Sicherheit der Therapie-Erwartung und Wirklichkeit. Kinderarzt 1976, S. 1171 ff.

Heydt, V.:

Naturalrestitution und Verwal-
tungsrechtsweg bei Amtshaftungs-
klage, JR 1967, S. 169 ff.

Hippel, E. v.:

Verbraucherschutz, 3. Auflage,
Tübingen 1986.

Hohenester, H.:

Die Ausgleichshaftung der öffent-
lichen Hand und des von § 898 f.
RVO erfaßten Personenkreises,
NJW 1962, S. 1140 ff.

Hohenester, H.:

Reform des Kraftfahrzeug-Haft-
pflichtrechts? NJW 1964, S. 84 ff.

Honsell, H.:

Der verlorene Schadensfreiheits-
rabatt - BGHZ 66, 398, JuS 1978,
S. 745 ff.

Hornung, H.:

Apotheken- und Arzneimittel-
gesetzeskunde mit geschichtlicher
Rückschau, Suttgart, 1955.

Immich, H.:

Die Clofibratstudie, DÄBl 1979,
S. 1441 ff.

Ipsen, J.:

Enteignung, enteignungsgleicher
Eingriff und Staatshaftung - Zu
den Auswirkungen der Eigentums-
rechtsprechung des BVerfG auf die
Haftung für staatliches Unrecht,
DVBl. 1983, S. 1029.

Ipsen, J.:

Die Genehmigung technischer Groß-
anlagen, Rechtliche Regelung und
neuere Judikatur, AöR 1982, S.
259 ff.

Isensee, J.:

Subsidiaritätsprinzip und Verfas-
sungsrecht, eine Studie über das
Regulativ des Verhältnisses von
Staat und Gesellschaft, Berlin,
1968.

Ising, P.:

Einseitiger Haftungsausschluß bei
mehreren Schadensverursachern,
Diss. Köln, 1969.

Jaenicke, G.:

Gefährdungshaftung im öffentlichen Recht, VVDStRL 20, Berlin ,
1963, S. 135 ff.

Jahn, E.;
Jahn, H.-J.;
Krasemann, E. O.;
Rudolph, F.;
Thiemeyer, T.:

Die Gesundheitssicherung in der
Bundesrepublik Deutschland, Analyse und Vorschläge zur Reform,
3. Aufl., Köln, 1973.

Janssen, G.:   Entschädigungsrechtlicher Adhä-
                      sionsprozeß in der Verwaltungs-
                      gerichtsbarkeit, DVBl. 1967,
                      S. 190 ff.

Janssen, G.:   Gefährdungshaftung im deutschen
                      öffentlichen Recht? NJW 1962, S.
                      939 ff.

Jellinek, W.:   Schadensersatz aus Amtshaftung
                      und Enteignungsentschädigung,
                      JZ 1955, S. 147 ff.

Kahlke, G.:   Die auslaufende Rechtsprechung
                      des BGH zur anderweitigen Ersatz-
                      möglichkeit i.S. § 839 Abs. 1 S.
                      2 BGB, VersR 1981, S. 604 ff.

Kaufer, E.:   Die Ökonomik der pharmazeuti-
                      schen Industrie, Wirtschafts-
                      recht und Wirtschaftspolitik,
                      Baden-Baden, 1976.

Kessler, H.:   Empfiehlt es sich, die Folgen
                      rechtswidrigen hoheitlichen Ver-
                      waltungshandelns gesetzlich zu re-
                      geln (Folgenbeseitigung, Folgen-
                      entschädigung)?, DRIZ 1968, S.
                      258.

Kessler, H.:   Der enteignungsgleiche Eingriff
                      in der Rechtsprechung des Bundes-
                      gerichtshofs, DRIZ 1967, S. 374.

Keuk, B.:   Die Solidarhaftung der Nebentä-
                      ter, AcP 1968, S. 175 ff.

Kienle, G.:   Arzneimittelsicherheit - Wunsch
                      und Realität, Pharmztg, 1975, S.
                      476.

Kienle, G.:   Der Wirksamkeitsnachweis im Arz-
                      neimittelrecht, ZRP 1976, S. 65
                      ff.

Kienle, G.:   Arzneimittelsicherheit und Ge-
                      sellschaft. Eine kritische Unter-
                      suchung, Stuttgart, New York,
                      1974.

Kienle, G.:   Die Verkennung des kontrollierten
                      klinischen Versuchs, MMW 1981, S.
                      281 ff.

Kienle, G.: Der kontrollierte klinische Versuch - Beweis oder Entscheidungsinstrument, MMW 1978, S. 1115 ff.

Kienle, G.;
Burkhardt, R.: Der Wirksamkeitsnachweis für Arzneimittel, Analyse einer Illusion, Stuttgart 1983.

Kirchbach, J. v.: Wissenschaftsfreiheit und Arzneimittelkontrolle. Ein Beitrag zum Verständnis von Art. 5 Abs. 3 GG, Frankfurt/M., 1985.

Kirchhof, P.: Sicherheitsauftrag und Handlungsvollmachten der Polizei, DöV 1976, S. 449.

Kirchner, Chr.: Internationale Marktaufteilungen. Möglichkeiten ihrer Beseitigung mit einer Fallstudie über den internationalen Arzneimittelmarkt, Frankfurt/Main, 1975.

Kleinsorge, H.: Im Zugzwang? DNÄ vom 26./27.5. 1989, Seite 2.

Kloepfer, M.: Chemikaliengesetz, Berlin 1981.

Kloesel, A.: Arzneimittelgesetz, 2. Aufl., Stuttgart, 1962.

Kloesel, A.;
Cyran, W.: Arzneimittelrecht mit amtl. Begründung, weiteren Materialien und einschlägigen Rechtsvorschriften sowie Sammlung gerichtlicher Entscheidungen, Kommentar, 3. Aufl., Stuttgart, 1976 ff.

Kloesel, A.: Das neue Arzneimittelrecht, NJW 1976, S. 1769 ff.

Köhler, u. a.: Untersuchung auf LAV/HTLV - III Antikörper bei Insasssen Berliner Haftanstalten mit Hepatitis-Risiko, Bundesgesundheitsblatt 1985, S. 328 ff.

Knauber, R.: Die jüngere Entschädigungsrechtsprechung des BGH nach dem Naßauskiesungsbeschluß des BVerfG, NVwZ 1984, S. 753 ff.

Knipping, W.: Clofibrat-Studie wertlos: Rechenfehler und Pannen, Medical Tribune 30.03.1979, S. 10.

Konow, K.-O.:

Amtshaftungsanspruch und Gleichheitsgebot, DVBl. 1971, S. 454 ff.

Kraft, A.:

Gewerblicher Rechtsschutz für Arz-
neimittel in der Bundesrepublik
Deutschland: Der Status quo,
Mainz, 1986.

Krasnow, L. R.;
Kidera, G. J.:

Clofibrate in Coronary Heart
Disease, Effect on Morbidity and
Mortality, JAMA 1972 (219), S.
845 ff.

Kreft, F.:

Anm. zu BGH-Urteil vom 20.06.
1974, III ZR 27/73, in: LM Nr. 26
zu § 839 (E).

Kreft, F.:

Der Gewerbebetrieb als verfassungsrechtlich geschütztes Eigentum nach der Rechtsprechung des
BGH, WM 1977, S. 382 ff.

Kreft, F.:

Aktuelle Fragen des Staatshaftungsrechts in der neueren Rechtsprechung des BGH, Köln, 1980.

Kreft, F.:

Buchbesprechung (Kommentar zum
Staatshaftungsgesetz Alfred
Schäfer und Heinz Joachim Bonk),
NJW 1982, S. 1577.

Kreft, F.:

Grenzfragen des Enteignungs-
rechts, in: Ehrengabe für Hen-
singer, München 1968, S. 167.

Kreienberg, W.:

Internationaler Standard, DÄBl
1978, S. 2614 ff.

Kriele, M.:

Wer entscheidet über die Wirksamkeit von Arzneimitteln, ZRP
1975, S. 260 ff.

Kriele, M.:

"Stand der Medizinischen Wissenschaft" als Rechtsbegriff,
NJW 1976, S. 355 ff.

Kriele, M:

Stand der medizinischen Forschung als Rechtsbegriff, oder:
Was heißt wissenschaftlich anerkannt in der Medizin?, PharmaR
1979, S. 28.

Kröner, H.:

Die Eigentumsgarantie in der
Rechtsprechung des Bundes-
gerichtshofs, 2. Aufl., Köln,
Berlin, Bonn, München, 1969.

Krohn, G.:   Enteignung und Enteignungsentschädigung unter besonderer Berück-
sichtigung der Rechtsprechung des
Bundesgerichtshofs, Köln, 1980.

Krohn, G.:   Die Gewährleistung des Eigentums
aus der Sicht der Rechtsprechung
des BGH's, Beilage I/1984, in:
Agrarrecht, Heft 4/1984, S. 17 ff.

Krohn, G.;
Löwisch, G.:   Eigentumsgarantie, Enteignung,
Entschädigung: Handbuch für die
Praxis, 3. Aufl., Köln, 1984.

Krumbiegel, P.:   Der Sonderopferbegriff in der
Rechtsprechung des Bundesge-
richtshofs, Berlin, 1975.

Küchenhoff, G.:   Subsidiaritätsprinzip nicht erkannt? - Gefahr für die Subsidiaritätsprinzip, BayVBl 1977, S.
622 ff.

Küchenhoff, G.:   Reform des Staatshaftungsrechts?,
BayVBl 1976, S. 740 ff.

Küchenhoff, G.:   Das Prinzip der staatsrechtlichen
Subsidiarität im Arbeitsrecht,
RdA 1959, S. 201 ff.

Kühne, G.:   Anmerkung zu BGH-Urteil vom
18.06.1973, III ZR 207/71, JR
1974, S. 70 ff.

Kullmann: Die Haftungsregelung des § 84
AMG, PharmR 1981, S. 112 ff.

Kuschmann, H.:   Die Abgrenzung der Enteignung und
der Aufopferung von der Amtshaf-
tung in der Rechtsprechung des
Bundesgerichtshofs, NJW 1966,
S. 574 ff.

Lässig, C. L.:   Primäre Amtshaftung bei Verkehrs-
unfällen von Hoheitsträgern -
BGHZ 68, 217, JuS 1978, S. 679 ff.

Laforet, W.:   Verwaltung und Ausführung der
Gesetze nach dem Bonner Grund-
gesetz, DöV 1949, S. 221 ff.

Landmann, R. v.;
Rohmer, G.:   Gewerbeordnung, 1. Bd., 11. Aufl.,
München, Berlin, 1956.

Larenz, K.:   Methodenlehre der Rechtswissenschaft, 5. Aufl., Berlin u.a.
1983.

- 221 -

Leibholz:	Arzneimittelsicherheit und Grundgesetz, Rechtsgutachten, Göttingen, 1974.
Leisner, W.:	Gefährdungshaftung im öffentlichen Recht? VVDStRL 20, Berlin 1963, S. 185 ff.
Leisner, W.:	Eigentumswende? Liegt der Grundwasserentscheidung des Bundesverfassungsgerichts ein neues Eigentumsverständnis zugrunde? DVBl, 1983, S. 61 ff.
Leisner, W.:	Folgerungen aus der höchstrichterlichen Rechtsprechung zur Gewährleistung des Eigentums, Beilage I/1984, in: Agrarrecht, Heft 74/1984, S. 21 ff.
Lembeck; F.:	Pharmakologie als Grundlage für die praktische Arzneitherapie, Therapiewoche 1973, S. 3832 ff.
Leonhardt, F.:	Besonderes Schuldrecht des BGB, 2. Bd., München, Leipzig 1931.
Lerche, P.:	Amtshaftung und enteignungsgleicher Eingriff, JuS 1961, S. 237 ff.
Liefmann-Keil, E.:	Der Arzneimittelmarkt im Rahmen der Weiterentwicklung der gesetzlichen Krankenversicherung, Frankfurt/Main, 1973.
Loening, E.:	Die Haftung des Staates aus rechtswidrigen Handlungen seiner Beamten nach deutschem Privat- und Staatsrecht, Frankfurt/Main, 1879.
Loesch, Lutz v.:	Lebens- u. Arzneimittelrecht der Vereinigten Staaten von Amerika, Studien zum internationalen Wirtschaftsrecht und Atomenergierecht, Göttingen, 1975.
Löwer, W.:	Staatshaftung für unterlassenes Verwaltungshandeln, Hamburg, 1979.
Lüderitz, B.:	Therapieabbruch mit Risiko, DNÄ vom 2.5.1989, S. 2.
Lüderitz, B.:	Behandlungsfreiheit für Ärzte, DNÄ vom 8./9.12.1989, S. 2.

Luhmann, N.:

Öffentlich-rechtliche Entschädigung rechtspolitisch betrachtet,
Berlin, 1965.

Lukes, R.:

Die nach dem Stand von Wissen-
schaft und Technik erforderliche
Vorsorge gegen Schäden. - Die
Problematik des unbestimmten
Rechtsbegriffs und seiner Konkre-
tisierung, in: 6. Deutsches Atom-
rechtssymposium, S. 49 ff., Köln,
Berlin, Bonn, München, 1980.

Lukes, R.;
Backherms, J.:

Die Berücksichtigung von Kriegs-
einwirkungen im atomrechtlichen
Genehmigungsverfahren, AöR 1978,
S. 334 ff.

Lukes/Feldmann/Knüppel:

Länderbericht Bundesrepublik
Deutschland Gefahren und
Gefahrenbeurteilungen in der
Rechtsordnung der Bundesrepublik
Deutschland, in: Lukes (Hrsg.),
Gefahren und Gefahrenbeurteilung
im Recht, Teil II, Köln, Berlin,
Bonn, München, 1980, S. 71 ff.

Machleid, W.:

Staatshaftung im Bereich des MRG
52, NJW 1955, S. 1819 ff.

Maier, P.;
Meye, J.;
Neumann, E.;
Simon, I.:

Materialien zur Analyse des Arzneimittelmarktes, Berlin, 1973.

v. Mangoldt-Klein:

Das Bonner Grundgesetz, 3. Aufl.,
Berlin, Frankfurt, 1985.

Marburger, P.:

Atomrechtliche Schadensvorsorge:
Möglicheiten und Grenzen einer
normativen Konkretisierung, Köln,
Berlin, Bonn, 2. Aufl., München,
1985.

Marburger, P.:

Die Regeln der Technik im Recht,
Köln, Berlin, Bonn, München, 1979.

Marcetus, K.:

Bedeutung und wesentlicher Inhalt
des Arzneimittelgesetzes, NJW
1961, S. 1143 ff.

Marwick, Ch.:

AZT (Zidovudine) Just a Step away
from FDA Approval for Aids
Therapy, JAMA 1987 (257), S. 1281.

Maunz, T.;
Dürig, G.:
Grundgesetz,
6. Aufl., München, 1986 ff.

Mayer, K.:
Beschränkte Amtshaftung bei Verletzung der Straßenverkehrssiche-
rungspflicht?, NJW 1973, S. 1918.

Medicus, D.:
Subsidiarität von Ansprüchen,
JuS 1977, S. 637 ff.

Medicus, D.:
Haftungsbefreiung und Gesamtschuldnerausgleich, JZ 1967, S.
398 ff.

Meister, H.:
Amtsausübung, Amtspflichtverlet-
zung und Staatshaftung, NJW 1964,
S. 1702 ff.

Menger, Chr.-Fr.:
Höchstrichterliche Rechtsprechung
zum Verwaltungsrecht, VerwArch
1959, S. 77 ff.

Menger, Chr.-Fr.:
Über die Identität des Rechtsgrun-
des der Staatshaftungsklagen und
einiger Verwaltungsstreitsachen,
Jellink Gedächtnisschrift,
München, 1955, S. 347 ff.

Menger, Chr.-Fr.:
Zum enteignungsgleichen Eingriff
und zur Amtspflichtverletzung
durch Untätigbleiben des Gesetz-
und Verordnungsgebers, VerwArch
1972, S. 81 ff.

Michaelis, K.:
Zur Rechtswidrigkeit als Haftungsgrund bei der Amtshaftung und
beim sog. enteignungsgleichen Eingriff, in: Festschrift für
Larenz, München, 1973, S. 927 ff.

Miller, A.:
Die Bedeutung der Eintragung in
das Arzneispezialitätenregister,
Diss. Würzburg, 1973.

Müller-Römer, D.:
Arzneimittelrecht von A-Z, Neu-
Isenburg, München, 1978.

Münch, I. v.:
Grundgesetzkommentar, Bd. I,
3. Aufl., München, 1985.

Münchener Kommentar:
Bürgerliches Gesetzbuch, Bd. 3,
2, Schuldrecht, Bes. Teil,
München, 1986.

Mugdan, B.:	Die gesammelten Materialien zum Bürgerlichen Gesetzbuch für das Deutsche Reich, II. Band, Recht der Schuldverhältnisse, Berlin, 1899.
Murswieck, D.:	Die staatliche Verantwortung für die Risiken der Technik: verfassungsrechtliche Grundlagen und immissionsschutzrechtliche Ausformung, Berlin, 1985.
Nicolaysen, G.:	Eigentumsgarantie und vermögenswerte subjektive Rechte, Festschrift für Schack, Hamburg, 1966, S. 107 ff.
Nicklisch, F.:	Konkretisierung wissenschaftlich-technischer Standards bei der Genehmigung komplexer Großanlagen, BB 1981, S. 505 ff.
Nicklisch, F.:	Wechselwirkungen zwischen Technologie und Recht. Zur kontrollierten Rezeption wissenschaftlich-technischer Standards durch die Rechtsordnung, NJW 1982, S. 2533 ff.
Nicklisch, F.:	Technische Regelwerke - Sachverständigengutachten im Rechtssinne?, NJW 1983, S. 841 ff.
Nicklisch, F.; Schottelius, D.; Wagner, H.:	Die Rolle des wissenschaftlich-technischen Sachverstandes bei der Genehmigung chemischer und technischer Anlagen, Heidelberg, 1982.
Nöldeke:	Die civilrechtliche Haftung des Richters nach dem BGB, in: Gruchot's Beiträge zur Erläuterung des Deutschen Rechts, Bd. 42, S. 795 ff.
Nord, D.:	Arzneimittelkonsum in der Bundesrepublik Deutschland. Eine Verhaltensanalyse von Pharma-Industrie, Arzt und Verbraucher, Stuttgart, 1976.
N. N.:	Effektivität von Azidothymidin erneut belegt. Aifo 1987, S. 621.

N. N.:   Internationales Arzneimittelunwe-
                          sen: Clioquinol (Entero-Vioform,
                          Mexaform S), Arzneimittel-Brief
                          1975, S. 78 ff.

N. N.:   Wirbel um Tambocor, Zulassung zu
                          überstürzt eingeschränkt? Medical
                          Tribune vom 12.5.1989, S. 10 ff.

Okochi, K. u.a.:   A Retrospective Study on Trans-
                          mission of Adult T-Cell Leukemia
                          Virus by Blood Transfusion:
                          Seroconversion in Recipients, San-
                          guinis 1984, S. 245.

Oliver, M. F.;   A co-operative trial in the pri-
Heady, J.A. u.a.:   mary prevention of ischaemic
                          heart disease using clofibrate.
                          Report from the Committee of Prin-
                          cipal Investigators. British
                          Heart Journal 1978 (40), S. 1069.

Olivet, P.:   Die Haftungszurechnung beim
                          Rechtsinstitut des enteignungs-
                          gleichen Eingriffs, NVwZ 1986, S.
                          431 ff.

Ossenbühl, F.:   Der polizeiliche Ermessens- und
                          Beurteilungsspielraum, DöV 1976,
                          S. 463 ff.

Ossenbühl, F.:   Staatshaftungsrecht, München,
                          1983.

Ossenbühl, F.:   Abschied vom enteignungsgleichen
                          Eingriff, NJW 1983, S. 1 ff.

Ossenbühl, F.:   Anmerkung zu BGH-Urteil vom
                          29.03.1984, III ZR 11/83, JZ
                          1984, S. 744.

Ossenbühl, F.:   Neuere Entwicklungen im Staatshaf-
                          tungsrecht: Vortrag, gehalten vor
                          der Jur. Ges. zu Berlin am
                          06.06.1984, Berlin, 1984.

Pabel, H.:   Zulassung fixer Arzneimittelkom-
                          binationen nach dem Arzneimittel-
                          gesetz, DAZ 1985, 1058 ff.

Pagendarm, K.:   Verhältnis von öffentlich-recht-
                          lichen Entschädigungsansprüchen
                          zu Amtshaftungsansprüchen im Hin-
                          blick auf § 839 Abs. 1 S. 2 BGB,
                          DöV 1955, S. 520 ff.

Palandt, O.: Bürgerliches Gesetzbuch, 47. Aufl., München, 1988.

Papier, H.-J.: Die Forderungsverletzung im öffentlichen Recht, Berlin, 1970.

Papier, H.-J.: Verfassungsschutz sozialrechtlicher Rentenansprüche, -anwartschaften und -"erwerbsberechtigungen", VSSR 1973, S. 33.

Papier, H.-J.: Der enteignungsgleiche und enteignende Eingriff, Jura 1981, S. 65 ff.

Papier, H.-J.: Das neue Staatshaftungsrecht, NJW 1981, S. 2321.

Papier, H.-J.: Zum Schicksal des enteignungsgleichen Eingriffs, NVwZ 1983, S. 258 ff.

Papier, H.-J.: Enteignungsgleiche und enteignende Eingriffe nach der Naßauskiesung - Entscheidung - BGHZ 90, 17 und BGH, NJW 1984, 1876, JuS 1985, S. 184 ff.

Papier, H.-J.: Eigentumsgarantie im Wandel, NJW 1984, S. 987 ff.

Papier, H.-J.: Die Verantwortlichkeit für Altlasten im öffentlichen Recht, NVwZ 1986, S. 256 ff.

Peter, Chr.: Zur neueren Enteignungsrechtsprechung des BGH. Bericht und Kritik, JZ 1969, S. 549 ff.

Petermann, T.A. u.a.: Transfusion - Associated Acquired Immunodeficiency Syndrome in The United States, JAMA 1985, S. 2913 ff.

Pfeiffer, B.-W.: Praktische Ausführungen aus allen Theilen der Rechtswissenschaft mit Erkenntnissen des Oberappellationsgerichts zu Cassel, Bd. II, Hannover, 1828.

Plagemann, H.: Der Wirksamkeitsnachweis nach dem Arzneimittelgesetz von 1976, Baden-Baden, 1979.

Plagemann, H.: Flexibilität contra Vertrauens-
schutz im Recht der gesetzlichen
Rentenversicherung? Zum Eigentumsschutz von Rentenanwartschaften
nach dem Beschluß des BVerfG vom
01.07.1981, NJW 1982, S. 558.

Plischka, H.-P.: Technisches Sicherheitsrecht. Die
Probleme des technischen Sicherheitsrechts, dargestellt am Recht
der überwachungsbedürftigen Anlagen (§ 24 GewO), Berlin 1969.

Plum, W.: Aids und Hepatitis B in den USA
und das Produkthaftpflichtrisiko
für Medizintechnikhersteller,
VersR 1986, S. 528 ff.

Poetzsch-Heffter, F.: Handkommentar der Reichsverfas-
sung, 3. Aufl., Berlin, 1928.

Pontzek, K.-F.: Anmerkung zu BGH-Urteil vom
18.12.1972, III ZR 40/70, NJW
1973, S. 846.

Rehm, H.: Die rechtliche Natur des Staats-
dienstes nach deutschem Staats-
recht, historisch und dogmatisch
dargestellt, Annalen des
Deutschen Reichs (Hirth's
Annalen), 1884, S. 565 ff.; 1885,
S. 65 ff.

Reinhardt, R.: Einige Grundgedanken über § 839
BGB und die Staatshaftung, DöV
1955, S. 542 ff.

Reinicke, G. u. D.: Anmerkung zu BGH-Urteil vom
03.02.1954, VI ZR 153/52, NJW
1954, S. 1641 ff.

Rengeling, H.-W.: Die immissionsschutzrechtiche Vorsorge, - Inhalt und Grenzen der
Pflicht gem. § 5 Nr. 2 BImSchG
bei der Anlagengenehmigung,
Baden-Baden, 1981.

Rengeling, H.-W.: Probalistische Methoden bei der
atomrechtlichen Schadensvorsorge,
Köln, Berlin, Bonn, München, 1986.

Richman, D. D. u.a.:   The Toxicity of Azidothymidine
                        (AZT) in the Treatment of
                        Patients with Aids and Aids-Rela-
                        ted Complex. A Double-Blind,
                        Placebo-Controlled Trial. The New
                        Engl. Journal 1987 (317), S. 192
                        ff.

RGRK-Bearbeiter: Das Bürgerliche Gesetzbuch mit
                        besonderer Berücksichtigung der
                        Rechtsprechung des Reichsgerichts
                        und des Bundesgerichtshofes, Kom-
                        mentar 1980, 12. Aufl., Berlin,
                        1974 ff.

Rüfner, W.:   Der Folgenbeseitigungsanspruch -
                        ein materiellrechtlicher oder ein
                        prozessualer Anspruch? - Eine Be-
                        trachtung de lege lata - DVBl.
                        1967, S. 186 ff.

Rüfner, W.:   Zum gegenwärtigen Stand des deut-
                        schen Staatshaftungsrechts, BB
                        1968, S. 881 ff.

Rüfner, W.:   Überschneidungen und gegenseitige
                        Ergänzungen der Grundrechte.
                        Der Staat, 1968, S. 41.

Rohwer-Kahlmann, H.:   Zum Eigentumsschutz sozialrechtli-
                        cher Positionen. DVBl. 1964, S. 7
                        ff.

Roth-Stielow, K.:   Grundrechtsschutz und Schadensaus-
                        schluß im Atomrecht, DöV 1979, S.
                        167 ff.

Rittstieg, A.:   Die Konkretisierung technischer
                        Standards im Atomrecht, Köln, Ber-
                        lin, Bonn, München, 1982.

Ruland, F.:   Zur Subsidiarität der Amtshaftung
                        gegenüber Lohnfortzahlung und Lei-
                        stungen der Sozialversicherung,
                        VSSR 1975, S. 92 ff.

Ruland, F.:   Der Anwendungsbereich der Amtshaf-
                        tung, BayVBl. 1976, S. 581 ff.

Rupp, H.-H.:   Widerruf amtlicher ehrenkränken-
                        der Behauptungen, NJW 1961, S.
                        811 ff.

Rupp, H.-H.:   Reform der Staatshaftung trotz
                        Teilrichtigkeit des Staatshaf-
                        tungsgesetzes?, NJW 1982, S. 1731
                        ff.

- 229 -

Salzwedel, J.: Staatsrechtslehrertagung 1961:
Verfassungsinterpretation, AöR
1962, S. 96 ff.

Sander, A.: Das System der Zulassung und Nach-
zulassung von Arzneimitteln im
Entwurf eines zweiten Arzneimittelgesetzes, Pharm. Ind. 1976, S.
428.

Sander, A.;
Scholl, H.-O.: Kommentar für die juristische und
pharmazeutische Praxis zum neuen
Gesetz über den Verkehr mit Arz-
neimitteln (Arzneimittelgesetz),
Köln, 1977 ff.

Sarwey, O. v.: Das öffentliche Recht und die Ver-
waltungsrechtspflege, Tübingen,
1880.

Schack, F.: Gefährdungshaftung auf dem Gebie-
te des deutschen öffentlichen
Rechts, DöV 1961, S. 728.

Schack, F.: Der Eigentumsschutz gewerblicher
Rechtspositionen in der Rechtsprechung des Bundesgerichtshofes, BB
1963, S. 1227.

Schäfer, H.: Was heißt "nach dem neuesten
Stand der Wissenschaft", Therapie
der Gegenwart, 1963, S. 373 ff.

Schattke, H.: Grenzen des Strahlenminimierungs-
gebots im Kernenergierecht, DVBl.
1979, S. 652 ff.

Scheuner, U.: Probleme der staatlichen Schadens-
haftung nach deutschem Recht, DöV
1955, S. 545 ff.

Scheuner, U.: Korreferat zu dem Thema: Amtshaftung und enteignungsgleicher Ein-
griff. JuS 1961, S. 243.

Scheuner, U.: Pressefreiheit, VVDStRL 22, Berlin, 1965, S. 1 ff.

Schimanski, W.: Beurteilung medizinischer Gutachten. Methoden der Kritik an ärzt-
lichen Verwaltungs- und Gerichts-
expertisen, Berlin, New York,
1976.

Schleeh, J.:   Zur Problematik der öffentlich-rechtlichen Folgenbeseitigung, AöR 1967, S. 58 ff.

Schneider, E.:   Enteignung und Aufopferung, Berlin, 1964.

Schneider, E.:   Anmerkung zu BGH-Urteil vom 28.04. 1966, III ZR 197/64, NJW 1966, S. 1263 ff.

Schneider, H.:   Diskussionsbeiträge, in: Kreft, Aufopferung und Enteignung, Karlsruhe 1968, S. 32 ff.

Schneider, R.:   Rechtsnorm und Individualrecht im Bereiche des verfassungsrechtlichen Eigentumsschutzes, VerwArch 1967, S. 197 ff.

Schnieders, B.:   Arzneimittelregelungen in der Bundesrepublik und der Europäischen Gemeinschaft, PharmR 1982, S. 28 ff.

Schnieders, B.:   Das Gesetz über den Verkehr mit Arzneimitteln und die Aufgaben des Instituts für Arzneimittel des Bundesgesundheitsamtes, DAZ 1977, 1825.

Scholmer, J.:   Das Geschäft mit der Krankheit, Köln, 1984.

Scholz, R.:   Identitätsprobleme der verfassungsrechtlichen Eigentumsgarantie, NVwZ 1982, S. 337.

Scholz, R.:   Versicherungsaufsicht und Amtshaftung, NJW 1972, S. 1217 ff.

Schrödter, H.:   Zur Bindungswirkung der Teilungsgenehmigung, DVBl. 1982, S. 323.

Schrödter, H.; Schmaltz, H.-K.:   Anmerkung zu BGH-Urteil vom 26.10.1970, III ZR 132/67, DVBl. 1971, S. 465 ff.

Schröer, H.-H.:   Wiederbelebungsversuche des enteignungsgleichen Eingriffs, NJW 1984, S. 1864 ff.

Schöer, L.:   Amtshaftung und Enteignungsentschädigung, JZ 1955, S. 308 ff.

Schüpbach, J. u.a.:   Serological Analysis of a Sub-
group of Human T-Lymphotropic Re-
troviruses (HTLV-III) Associated
with Aids, Science 1984 (224), S.
503 ff.

Schulze-Osterloh, L.:   Entschädigungspflichtige Inhalts-
und Schrankenbestimmungen des Ei-
gentums und Enteignung. Tendenzen
und neuere Rechtsprechung des Bundesverfassungsgerichts, NJW 1981,
S. 2537 ff.

Schwabe, J.:   Anmerkung zu BGH-Urteil vom
28.06.1984, III ZR 35/83, DöV
1985, S. 27 ff.

Schwabe, J.:   Die Enteignung in der neueren
Rechtsprechung des Bundesverfassungsgerichts, JZ 1983, S. 273
ff.

Schwendy, K.-D.:   Subsidiarität der Amtshaftung im
Verhältnis zum privaten Mitschädi-
ger, AcP 1979, S. 367 ff.

Schwerdtfeger, G.:   Die Bindungswirkung der Arzneimittelzulassung, Baden-Baden, 1983.

Schwerdtfeger, G.:   Eigentumsgarantie, Inhaltsbestimmung und Enteignung, BVerfGE 58,
300 ("Naßauskiesung"), JuS 1983,
S. 104.

Sellmann, M.:   Sozialbindung des Eigentums und
Enteignung, Entwicklungstenden-
zen, NJW 1965, S. 1689.

Sellner, D.:   Technischer Fortschritt und technisches Risiko im Lichte der
Rechtsprechung, in: 7. Deutsches
Atomrechtssymposium, München
1983, S. 265 ff.

Sellner, D.:   Kontrolle immissionsschutzrechtli-
cher und atomrechtlicher Entschei-
dungen im Verwaltungsgerichtspro-
zeß, BauR 1980, S. 391 ff.

Sendler, H.:   Guter Rechtsschutz und Verfahrens-
beschleunigung - Zum Entwurf ei-
ner Verwaltungsprozeßordnung.
DVBl. 1982, S. 812.

Sieg, K.:

Anmerkung zu BGH-Urteil vom 29.10.1968, VI ZR 137/67, JZ 1969, S. 263 ff.

Soergel, H.-T.:

Bürgerliches Gesetzbuch mit Einführungsgesetz und Nebengesetzen, 11. Aufl., Stuttgart u.a. 1985, Bd. 4, Schuldrecht III, § 705-853.

Sommer, W.-E.:

Aufgaben und Grenzen richterlicher Kontrolle atomrechtlicher Genehmigungen, zugleich ein Beitrag zur Auslegung des Begriffs "Stand von Wissenschaft und Technik", Heidelberg, 1983.

Staudinger, I. v.:

Kommentar zum Bürgerlichen Gesetzbuch mit Einführungsgesetz und Nebengesetzen, 12. Aufl., Berlin, 1986 ff.

Stein, E.:

Die Wirtschaftsaufsicht, Tübingen, Bonn, 1964.

Stödter, R.:

Über den Enteignungsbegriff, Bemerkungen zum Enteignungsbeschluß des Bundesgerichtshofs, DöV 1953, S. 17.

Stoll, H.:

Zur richterlichen Fortbildung der Staatshaftung für Unfallschäden. Festschrift für Hauß, S. 349 ff.

Süsterhenn, A.;
Schäfer, H.:

Kommentar der Verfassung für Rheinland-Pfalz, Koblenz-Neuendorf, 1950.

Teff, H.;
Munro, C. R.:

Thalidomide, the legal aftermath, 1976.

Thesing, J.:

Industrielle Arzneimittelforschung heute, Mainz, 1983.

Thiele, W.:

Gesamtschuld und Schuldnerausgleich, JuS 1968, S. 149 ff.

Thomä, V.;
Walter, B.:

Zweckentfremdung und Enteignung. Dargestellt an zwei Urteilen des BGH, MDR 1958, S. 203 ff.

Thomssen, R.;
Gerlich, W.:

Hepatitis-B Impfung und Aids. DMW 1983, S. 1373 (Leserzuschrift).

Tietgen, W.:   Amtshaftung im System der Ersatz-
                        leistungen und des Rechtsschut-
                        zes, DVBl. 1955, S. 549 ff.

Tönnies, R.:   Staatshaftung für Versicherungs-
                        aufsicht, zugleich ein Beitrag
                        zur Klärung des Begriffs der
                        Drittbezogenheit im Sinne des §
                        839 BGB, Karlsruhe, 1985.

Ule, C. H.:   Preisstopp für Bauland im Bereich
                        von Entlastungsstädten, eine ver-
                        fassungsrechtliche Untersuchung,
                        VerwArch 1963, S. 345 ff.

Vieweg, K.:   Atomrecht und technische Normung,
                        Der Kerntechnische Ausschuß (KTA)
                        und die KTA-Regeln, Berlin, 1982.

Vogt, M.:   Erworbener Immundefekt (Aids).
                        DMW 1983, S. 1002 ff.

Wacke, A.:   Der Erlaß oder Vergleich mit ei-
                        nem Gesamtschuldner - zur Befrei-
                        ung Mithaftender beim Regreßver-
                        lust durch Gläubigerhandeln -,
                        AcP 1970, S. 42 ff.

Wagner, H.:   Der Haftungsrahmen in der Lehre
                        vom Sonderopfer, in: Festschrift
                        für Hermann Jahrreiss, Köln,
                        1964, S. 441 ff.

Wagner, H.:   Eingriff und unmittelbare Einwir-
                        kung im öffentlichrechtlichen Ent-
                        schädigungsrecht, NJW 1966, S.
                        569 ff.

Wagner, H.:   Die Abgrenzung von Enteignung und
                        enteignungsgleichem Eingriff. Zu-
                        gleich ein Beitrag zur Rechts-
                        widrigkeitslehre, NJW 1967, S.
                        2333 ff.

Wagner, H.:   Die Risiken von Wissenschaft und
                        Technik als Rechtsproblem, NJW
                        1980, S. 665 ff.

Wagner, H.:   Schadensvorsorge bei der Genehmi-
                        gung umeltrelevanter Großanlagen,
                        DöV 1980, S. 269 ff.

Waldeyer, H.-W.:   Die Grenzen der Subsidiaritäts-
                        klausel im Amtshaftungsrecht, NJW
                        1972, S. 1249 ff.

Walter, P.:   Referentenentwurf eines Gesetzes
                            zur Neuordnung des Arzneimittel-
                            rechts. DAZ 1974, S. 1024.

Weber, E.:   Möglichkeiten und Grenzen der
                            Arzneimittelsicherheit in der
                            Pharmakotherapie. Pharma.Ztg.
                            1978, S. 855.

Weber, W.:   Öffentlich-rechtliche Rechtsstel-
                            lung als Gegenstand der Eigentums-
                            garantie in der Rechtsprechung,
                            AöR 1966, S. 382 ff.

Weber, H.:   Anmerkung zu BVerfG, Beschl. v.
                            14.07.1981, 1 BvL 24/78, JuS
                            1982, S. 852 ff.

Weber, H.:   Anmerkung zu BVerfG, Beschl. v.
                            12.06.1979, 1 BvL 19/76, JuS
                            1981, S. 142 ff.

Weitnauer, H.:   Die Haftung aus Amtspflichtverlet-
                            zung, Düsseldorf, 1956.

Weitnauer, H.:   Grundsätze der Haftung, KF 1962,
                            S. 3.

Weitnauer, H.:   Die Produkthaftung für Arzneimit-
                            tel, Pharm.Ind. 1978, S. 425 ff.

Wertenbruch, W.:   Der Schadensersatzanspruch des
                            Beamten bei Verletzung der Fürsor-
                            gepflicht, JuS 1963, S. 181 ff.

Westphal, E.:   Arzneimittelmarkt und Verbrau-
                            cherinteressen, Köln, 1982.

Westermann, H.:   Die Befugnis zum Bauen nach der
                            Rechtsprechung und nach dem Bun-
                            desbaugesetz als Frage der In-
                            haltsbestimmung des Grundeigen-
                            tums im Rahmen des Art. 14 GG,
                            in: Festschrift für H. C. Nipper-
                            dey, Bd. I, München u. Berlin,
                            1965, S. 765 ff.

Weyreuther, F.:   Die Bedeutung des Eigentums als
                            abwägungserheblicher Belang bei
                            der Planfeststellung nach dem Bun-
                            desfernstraßengesetz, DöV 1977,
                            S. 419 ff.

Weyreuther, F.:

Empfiehlt es sich, die Folgen
rechtswidrigen hoheitlichen Ver-
waltungshandelns gesetzlich zu
regeln?, 47. DJT, München, 1968,
I B, 1 ff.

Weyreuther, F.:

Zum Grundrechtsschutz des Waldei-
gentums zugleich eine Besprechung
der Schrift von Erwin Nießlein,
Waldeigentum und Gesellschaft.
Eine Studie zur Sozialbindung des
Eigentums, NuR 1980, S. 137 ff.

Wilke, G.:

Die Haftung des Staates für
rechtswidriges, aber schuldloses
Verhalten eines Amtsträgers in
Wahrnehmung von Hoheitsrechten
(einschließlich der sogenannten
öffentlich-rechtlichen
Gefährdungshaftung),
Frankfurt/Main, 1960.

Wilkins, R. W.:

The Coronary Drug project Findings Leading to Modifications of
its research Protocol with Respect to Dextrothyroxin, JAMA
1970 (214), S. 1303 ff.

Wilkins, R. W.:

The Coronary Drug Project
Research Group Findings leading
to Further Modifications of its
research Protocol With Respect to
Dextrothyroxin, JAMA 1972 (220),
S. 996 ff.

Wilkins, R. W.:

The Coronary Drug Project
Findings Leading to Discontinuati-
on of the 2.5 mg/day Estrogen
Group. JAMA 1973 (223), S. 652
ff.

Wilkins, R. W.:

Trial of Clofibrate in the Treatment of Ischaemic Heart Disease.
Five-year Study by a Group of Phy-
sicians of The Newcastle upon
Tyne Region. British Medical Journal 1971 (4), S. 767.

Winters, K.-P.:

Atom- und Strahlenschutzrecht,
München 1978.

Winters, K.-P.:

Zur Entwicklung des Atom- und
Strahlenschutzrechts, DöV 1978,
S. 265.

- 236 -

Wittig, P.:

Der Erwerb von Eigentum und das Grundgesetz, NJW 1967, S. 2185.

Wittmann, J.:

Rechtsfolgen der rechtswidrigen Ablehnung und Verzögerung von öffentlich-rechtlichen Konzessionen, Genehmigungen und Erlaubnissen unter Berücksichtigung des Rechtsschutzsystems, Diss. Frankfurt, 1972.

Wolany, J.:

Zur Rechtfertigung der bloß subsidiären Haftpflicht bei fahrlässigen Amtspflichtverletzungen, Annales Universitatis Saraviensis 1954, S. 121 ff.

Wolff, H.-J.;
Bachof, O.:

Verwaltungsrecht I, 9. Aufl., München, 1974.

Wolff, H.-J.;
Bachof, O.:

Verwaltungsrecht II, 5. Aufl., München, 1987.

Wolter, U.:

Die Reform der Haftung des pharmazeutischen Unternehmens und der Verbraucherschutz, ZRP 1974, 260 ff.

Wolter, U.:

Die Haftungsregelung des neuen Arzneimittelgesetzes, DB 1976, S. 2001 ff.

Wussow, W.;
Diekstall, H.:

Unfallhaftpflichtrecht, 13. Aufl., Köln, Berlin, Bonn, München, 1985.

Yarchoan, R.;
Broder, S.:

Development of Antiretroviral Therapy for the acquired Immunodeficiency Syndrome and related Disorders. The New Engl. Journal 1987 (316), S. 557 ff.

Zuck, R.:

Subsidiaritätsprinzip und Grundgesetz, München, 1968.

Die Reihe RECHT UND MEDIZIN wird von den Professoren Deutsch (Göttingen), Laufs (Heidelberg) und Schreiber (Göttingen) herausgegeben. Ihr Ziel ist es, Monographien und Dissertationen auf dem Gebiet des medizinischen Rechts zu veröffentlichen. Dieses Gebiet, das an Bedeutung noch zunehmen wird, umfaßt auf der juristischen Seite sowohl zivilrechtliche als auch straf- und öffentlich-rechtliche Fragestellungen. Die Fragen können von der juristischen oder von der medizinischen Seite aus untersucht werden. Übergreifendes Ziel ist es, den medizinrechtlichen Fragen nicht etwa ein gängiges juristisches Denkschema überzuwerfen, sondern die besonderen Probleme der Regelung medizinischer Sachverhalte eigenständig aufzufassen und darzustellen.

Die Adressen der drei Herausgeber sind:

Prof. Dr. Dr. hc. Erwin Deutsch (Zivilrecht und Rechtsvergleichung)
Höltystraße 8
3400 Göttingen

Prof. Dr. Dr. hc. Adolf Laufs (Zivilrecht und Rechtsgeschichte)
Brunsstraße 31
7400 Tübingen

Prof. Dr. Hans-Ludwig Schreiber (Strafrecht und Rechtstheorie)
Linzer Straße 1
3000 Hannover

RECHT UND MEDIZIN

Johannes von Kirchbach

Wissenschaftsfreiheit und Arzneimittelkontrolle
Ein Beitrag zum Verständnis von Art. 5 Abs. 3 GG

Frankfurt/M., Bern, New York, 1985. 362 S.
Europäische Hochschulschriften: Reihe 2, Rechtswissenschaft.
Bd. 485
ISBN 3-8204-9011-6   geb. DM 89.--/sFr. 74.--

Die Kontroverse um das Arzneimittelgesetz von 1976 konzentrierte sich vor allem auf Fragen wissenschaftlich zu erreichender und zu begründender Standards bei der staatlich gesteuerten Zulassung von Arzneimitteln. Der dahinter stehende verfassungsrechtliche Kontext ist jedoch in Gefahr, im gesundheitspolitischen Kampf um die "eine" Arzneimittelsicherheit verloren zu gehen. Diesen Kontext wieder herzustellen, unternimmt die vorliegende Arbeit. Daraus erwächst auch ihre doppelte Zielrichtung: zum einen Normstruktur, Normgehalt und Grenzen der Wissenschaftsfreiheitsgarantie des Art. 5 III GG aufzudecken und zum anderen auf dieser Grundlage eine Reihe von Rechtsfragen, die bei der Zulassung und Erstattungsfähigkeit von Arzneimitteln entstanden sind, einer verfassungsadäquaten Lösung zuzuführen.

Aus dem Inhalt: Verfassungsrechtlicher Wissenschaftsbegriff - Art. 5 III GG als subjektives Recht, objektive Grundsatznorm und Verfahrensgarantie - Grenzen vorbehaltloser Grundrechte - Der gesicherte Stand wissenschaftlicher Erkenntnisse im AMG als Rechtsbegriff - Tierversuche und Arzneimittelzulassung - Bindungswirkung der Arzneimittelzulassung gegenüber Krankenkassen und Festsetzungbehörden.

Verlag Peter Lang Frankfurt a.M. · Bern · New York · Paris
Auslieferung: Verlag Peter Lang AG, Jupiterstr. 15, CH-3000 Bern 15
Telefon (004131) 321122, Telex pela ch 912 651, Telefax (004131) 321131
- Preisänderungen vorbehalten -

Sylvia Zacharias

Arzneimittelzulassung und Verbraucherschutz
Packungsbeilagen zwischen wirksamer Warnung und
trickreicher Tarnung

Frankfurt/M., Bern, New York, 1986. 467 S., m. 26 S. Anhang
Europäische Hochschulschriften: Reihe 31, Politikwissenschaft.
Bd. 96
ISBN 3-8204-9167-8   br./lam. DM 92.--/sFr. 76.--

Die Einführung eines staatlichen Zulassungsverfahrens für Arzneimittel geschah nicht nur zur Angleichung an internationale Handelsstan-
dards, sondern auch im Namen der Volksgesundheit. Im Wortlaut des
Arzneimittelgesetzes von 1976, seinem Verwaltungsvollzug sowie seiner Haftungsregelung ist dieses Ziel unterrepräsentiert. Verrechtli-
chung und Verbürokratisierung bewirken zudem, daß die Kontrolle
der Medizin von Seiten der Laien und potentiellen Arzneimittelopfer,
z.B. über die Information oder auch über die Partizipation in der phar-
makologischen Risikopolitik nicht bessere, sondern schlechtere Voraussetzungen bekommen hat.

Aus dem Inhalt: Analyse staatlich zugelassener Beipackzettel - Rolle
der Verbraucheraufklärung im Arzneimittelsektor - Gesetzliche Fun-
damente der amtlichen Zulassungspolitik - Politik und Soziologie der
Bürokratie - Haftungsphilosophie im AMG 1976.

Verlag Peter Lang Frankfurt a.M. · Bern · New York · Paris
Auslieferung: Verlag Peter Lang AG, Jupiterstr. 15, CH-3000 Bern 15
Telefon (004131) 321122, Telex pela ch 912 651, Telefax (004131) 321131
- Preisänderungen vorbehalten -